产业文化与职业素养丛书

装备制造业文化与职业素养

总主编　孙志春
主　编　袁卫华　蒋方平　南　楠
副主编　刘　彬　蒋惠波　孟凡文　张朝彪

北京理工大学出版社
BEIJING INSTITUTE OF TECHNOLOGY PRESS

版权专有　侵权必究

图书在版编目（CIP）数据

装备制造业文化与职业素养/袁卫华，蒋方平，南楠主编. —北京：北京理工大学出版社，2018.5（2023.8重印）
ISBN 978-7-5682-5594-3

Ⅰ.①装…　Ⅱ.①袁…②蒋…③南…　Ⅲ.①高等学校-制造工业-人才培养-研究-中国　Ⅳ.①F426.4

中国版本图书馆 CIP 数据核字（2018）第 092767 号

出版发行 / 北京理工大学出版社有限责任公司
社　　址 / 北京市海淀区中关村南大街 5 号
邮　　编 / 100081
电　　话 / (010) 68914775（总编室）
　　　　　 (010) 82562903（教材售后服务热线）
　　　　　 (010) 68944723（其他图书服务热线）
网　　址 / http://www.bitpress.com.cn
经　　销 / 全国各地新华书店
印　　刷 / 北京虎彩文化传播有限公司
开　　本 / 787 毫米 × 1092 毫米　1/16
印　　张 / 12.5　　　　　　　　　　　　　　　　　责任编辑 / 王晓莉
字　　数 / 292 千字　　　　　　　　　　　　　　　文案编辑 / 王晓莉
版　　次 / 2018 年 5 月第 1 版　2023 年 8 月第 5 次印刷　责任校对 / 周瑞红
定　　价 / 37.00 元　　　　　　　　　　　　　　　责任印制 / 李志强

图书出现印装质量问题，请拨打售后服务热线，本社负责调换

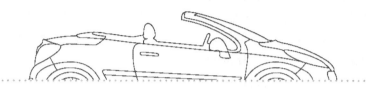 

前言

　　职业教育承担着为企业生产、管理、建设、服务一线培养应用型技术技能型人才的重任。职业院校纷纷开展"校企结合""工学结合"教育教学改革，大力加强学生职业技能的培养。然而，学生仅靠"技能"是难以在企业可持续发展的。大量的企业调研证明，企业对毕业生职业素养的满意度远远低于对其知识与技能的满意度，尤其是在纪律、团队合作、敬业、责任心等方面差距较大。初入职的毕业生对企业的想象与实际情形有差异，无法满足企业要求，在企业中无法找准自己的位置，从而频频跳槽，或者被企业淘汰。习近平总书记在全国高校思想政治工作会议上，将文化素养和文化育人在固基筑魂、立德树人中的重要性提到前所未有的高度。作为企业的人才储备库，职业院校不仅要着力培养学生的职业技能，更要强化学生的职业素养和职业精神。校企合作育人，不仅要在职业技能和岗位标准上实现对接，更要充分发挥文化育人的功能，积极推进产业文化进教育、工业文化进校园、企业文化进课堂，提高学生职业素养。

　　产业文化是现代产业体系的制度之母，也是职业教育文化育人的主要内容。近年来，我国工业化成就举世瞩目，然而相应的产业文化建设滞后，一些企业出现了质量、安全、责任事故，一些青年职工缺乏职业理想和行业文化自信，创新精神和创业能力不足，这都是产业文化素养缺失的表现。产业文化包括产业发展的历程与现状，产业生产、经营、服务、管理等方式，从业人员的群体意识、工作价值观和行为规范。产业文化育人，即通过熏陶、嵌入、渗透等方式，使学生对产业的生产、经营、服务、管理等方式及发展变革知晓、理解并认可，从而消除对企业管理的陌生感，认同遵纪守法、敬业爱岗、注重质量、团队合作、诚实守信等工作价值观和行为规范。开展产业文化教育，可帮助学生了解并认同产业文化，产生职业归属感和自豪感，顺利实现从"校园人"到"职业人"的转变，使其真正成为企业"用得上、留得住"的技能型人才，积极为全面建成小康社会、实现技能强国做贡献。

　　产业文化育人是一项综合工程，其育人的途径与方法是多元的。开设产业文化与职业素养课程是产业文化育人的重要途径之一。学生通过常规教学了解未来从事的产业，学习优秀企业文化，自觉践行社会主义核心价值观，让精益求精、追求卓越、崇尚创新的"工匠精神"融入日常学习与生活，培养良好的职业操守和职业习惯。

　　本书包括产业历程篇、企业文化篇、企业名人篇、职业素养篇。袁卫华撰写第1章，南楠撰写第2~3章，蒋方平撰写第4章，刘彬撰写第5章，张朝彪撰写第6章，孟凡文撰写第7章，蒋惠波撰写第8~10章。本书得到了各级领导、行业企业专家、教育专家、教师同行的支持和热心指导与帮助,在此深表谢意。

在编写过程中,参考并引用了一些书籍、网站的相关文字、图片等资料,在此向所有作者表示感谢。由于内容较多,如有遗漏引用之处,敬请见谅。

本书以"体现文化精髓、激发学习兴趣、提升职业素养"为宗旨,力求突出科学性、思想性和可读性,实现感染人、影响人、启迪人、培养人的目标,可作为职业院校文化育人教材,也可作为企业员工培训教材及广大读者的课外读物。

由于编者水平有限,书中不当之处,欢迎读者批评指正。

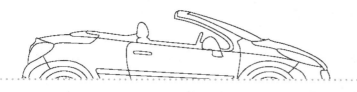

目 录
CONTENTS

第一篇 产业历程篇

第一章 装备制造业概述 ··· 3

第一节 产业与行业划分 ··· 3
第二节 制造业的分类及地位 ··· 5
第三节 装备制造业的分类及地位 ······································· 9

第二章 制造业的发展历程 ··· 20

第一节 远古时代的制造业 ··· 20
第二节 古代制造业 ·· 21
第三节 近现代制造业 ··· 27
第四节 中国制造百年史 ·· 46

第三章 装备制造业的发展历程 ··· 56

第一节 国外装备制造业的发展历程 ··································· 56
第二节 中国装备制造业的发展历程 ··································· 59
第三节 各国制造业振兴战略 ·· 62
第四节 大国重器 ··· 67
第五节 我国装备制造业的发展趋势 ··································· 70

第四章 装备制造业典型产品的发展历程 ···························· 81

第一节 金属切削机床的发展历程 ······································ 81
第二节 工程机械的发展历程 ·· 84
第三节 农业机械的发展历程 ·· 87
第四节 仪器仪表的发展历程 ·· 90
第五节 我国模具的发展历程 ·· 91

第二篇 企业文化篇

第五章 企业文化概述 ... 97

第一节 企业文化的内涵与作用 ... 97
第二节 企业文化的构成 ... 102
第三节 企业文化的建设途径 ... 111
第四节 企业现场管理文化——6S 管理 ... 114
第五节 企业品质管理文化——QC 管理 ... 119
第六节 中华优秀传统文化与企业文化的融合 ... 124

第六章 装备制造业的企业文化案例 ... 130

第一节 德国西门子集团的企业文化 ... 130
第二节 美国福特企业文化的四大改革 ... 133
第三节 日本松下电器的企业文化 ... 136
第四节 海尔集团的企业文化 ... 139
第五节 山推股份的企业文化 ... 143

第三篇 企业名人篇

第七章 装备制造业名人故事 ... 155

第一节 陈舟——创业型名人 ... 155
第二节 梁稳根——自主创新振兴民族工业 ... 156
第三节 牛宜顺——敢为人先创大业，回报社会为人民 ... 157
第四节 谭旭光——工人起步的企业家 ... 159
第五节 胡胜——"大国工匠"的金属雕刻人生 ... 160

第四篇 职业素养篇

第八章 工匠精神 ... 165

第一节 工匠精神的内涵 ... 165

第二节　工匠精神的作用 …………………………………… 170
　　第三节　工匠精神的塑造 …………………………………… 173

第九章　团队协作精神 …………………………………………… 178
　　第一节　团队协作精神的作用 ……………………………… 178
　　第二节　团结协作精神的表现 ……………………………… 180
　　第三节　团队协作精神的培养 ……………………………… 181

第十章　用户至上的服务精神 …………………………………… 184
　　第一节　用户至上是企业发展的根基 ……………………… 184
　　第二节　用户至上的内涵 …………………………………… 184
　　第三节　用户至上的实现 …………………………………… 185

附录1　装备制造业行业分类代码 ………………………………… 187

附录2　制造企业文化宣传口号 …………………………………… 190

参考文献 ……………………………………………………………… 192

第一篇
产业历程篇

第一章

装备制造业概述

第一节 产业与行业划分

一、行业分类标准

根据联合国统计司的《所有经济活动的国际标准行业分类》（ISIC），我国于1984年由国家统计局起草，国家质量监督检验检疫总局、国家标准化管理委员会批准制定了第一个行业分类标准，即GB/T 4754—1984《国民经济行业分类与代码》，标志着我国行业划分开始向国际化、标准化和规范化发展。

1994年对其进行了第一次修订，2002年第二次修订，2011年第三次修订。现行标准是2017年6月30日发布，2017年10月1日实施的GB/T 4754—2017《国民经济行业分类》。

《国民经济行业分类》是依据ISIC基本原则建立的国家统计分类标准，明确规定了全社会经济活动的分类与代码，适用于统计、规划、财政、税收、工商等国家宏观管理中对经济活动的分类，并用于信息处理和信息交换。它将行业按四级划分为20个门类、96个大类、432个中类、1094个小类。行业代码由一位拉丁字母和四位阿拉伯数字组成，其中拉丁字母为门类代码，即用字母A、B、C……依次代表20个门类；前两位阿拉伯数字为大类代码，从01至96按顺序编码；第三位为中类代码，第四位为小类代码。例如：C3321为切削工具制造，其中C为门类代码，制造业；33为大类代码，金属制品业；2为中类代码，金属工具制造；1为小类代码，切削工具制造。

20个门类分别为：A 农、林、牧、渔业；B 采矿业；C 制造业；D 电力、热力、燃气及水生产和供应业；E 建筑业；F 批发和零售业；G 交通运输、仓储和邮政业；H 住宿和餐饮业；I 信息传输、软件和信息技术服务业；J 金融业；K 房地产业；L 租赁和商务服务业；M 科学研究和技术服务业；N 水利、环境和公共设施管理业；O 居民服务、修理和其他服务业；P 教育；Q 卫生和社会工作；R 文化、体育和娱乐业；S 公共管理、社会保障和社会组织；T 国际组织。

统计是推进国家治理体系和治理能力现代化的重要基础性工作。新国民经济行业分类标准的发布，将进一步健全国家统计调查体系，为国家观察新经济活动提供统一的分类标准，使得各项普查、常规统计调查、专项统计调查的调查范围和对象更加规范、准确；为更好地贯彻落实党中央、国务院决策部署，建立健全统计监测制度，反映经济发展新动能提供分类标准基础。

国家发布国民经济发展规划，国务院及各部门制定行业发展规划，都离不开国民经济行业分类。财政、税务、国家标准管理等都需要以行业分类为重要参考依据。工商管理部门的企业登记注册在确定企业经营范围时，也是以国民经济行业分类为依据的。

二、三次产业划分

三次产业的划分最初源于西方经济理论。新西兰经济学家费歇尔在1935年写的《安全与进步的冲突》中提出对产业的划分方法。

在世界经济发展史上，人类经济活动的发展有三个阶段：

第一阶段，即初级阶段，人类的主要活动是农业和畜牧业；

第二阶段，开始于英国工业革命，以机器大工业的迅速发展为标志，纺织、钢铁及机器等制造业迅速崛起和发展；

第三阶段，开始于20世纪初，大量的资本和劳动力流入非物质生产部门。

费歇尔将处于第一阶段的产业称为第一产业，处于第二阶段的产业称为第二产业，处于第三阶段的产业称为第三产业。这一产业分类方法提出后，得到广泛的认同，并一直沿用至今，即第一产业是直接取自于自然界；第二产业是加工取自于自然界的生产物；其余的全部经济活动统归第三产业。它是世界上通用的产业结构分类，但各国的划分不尽一致。

2003年，国家统计局根据GB/T 4754—2002《国民经济行业分类》，印发了《国家统计局关于印发〈三次产业划分规定〉的通知》（国统字〔2003〕14号）。该规定在国民经济核算、各项统计调查及国家宏观管理中得到广泛应用。

2012年12月，国家统计局根据GB/T 4754—2011《国民经济行业分类》，印发了《国家统计局关于印发〈三次产业划分规定〉的通知》（国统字〔2012〕108号）。

我国将三次产业划分如下：

第一产业：即农业，具体包括A门类农、林、牧、渔业（不含A05 农、林、牧、渔服务业）。

第二产业：即工业和建筑业，具体包括B门类采矿业（不含B11 开采辅助活动），C门类制造业（不含C43 金属制品、机械和设备修理业），D门类电力、热力、燃气及水生产和供应业，E门类建筑业。

第三产业：即服务业，指除第一产业、第二产业以外的其他行业。第三产业包括：F 批发和零售业；G 交通运输、仓储和邮政业；H 住宿和餐饮业；I 信息传输、软件和信息技术服务业；J 金融业；K 房地产业；L 租赁和商务服务业；M 科学研究和技术服务业；N 水利、环境和公共设施管理业；O 居民服务、修理和其他服务业；P 教育；Q 卫生和社会工作；R 文化、体育和娱乐业；S 公共管理、社会保障和社会组织；T 国际组织，以及A 农、林、牧、渔业中的A05 农、林、牧、渔服务业，B 采矿业中的B11 开采辅助活动，C 制造业中的C43 金属制品、机械和设备修理业。

三、工业

工业（Industry）是指采集原料，并把它们加工成产品的工作和过程。工业经过了手工业、机器大工业、现代工业几个发展阶段。直到18世纪英国出现工业革命，才使原来以手工技术为基础的工场手工业逐步转变为机器大工业，工业才从农业中分离出来，成为一个独立的物质生产部门。19世纪末20世纪初，进入现代工业的发展阶段。

在我国，工业是第二产业的重要组成部分，具体包括B 采矿业（不含B11 开采辅助活动），C 制造业（不含C43 金属制品、机械和设备修理业），D 电力、热力、燃气及水生产和供应业，行业大类代码为06~46。

国家统计局《中国统计年鉴》对工业的解释为：从事自然资源的开采，对采掘品和农产品进行加工和再加工的物质生产部门。具体包括：①对自然资源的开采，如采矿、晒盐等（但不包括禽兽捕猎和水产捕捞）；②对农副产品的加工、再加工，如粮油加工、食品加工、缫丝、纺织、制革等；③对采掘品的加工、再加工，如炼铁、炼钢、化工生产、石油加工、机器制造、木材加工等，以及电力、自来水、煤气的生产和供应等；④对工业品的修理、翻新，如机器设备的修理、交通运输工具（如汽车）的修理等。

工业的发展程度决定着国民经济现代化的速度、规模和水平，在当代世界各国国民经济中起着主导作用。工业还为自身和国民经济其他各部门提供原材料、燃料和动力，为人民物质文化生活提供工业消费品。工业还是国家财政收入的主要源泉，是国家经济自主、政治独立、国防现代化的根本保证。工业的发展还是巩固我国社会主义制度的物质基础，是逐步消除工农差别、城乡差别、体力劳动和脑力劳动差别，推动社会主义向共产主义过渡的前提条件。

我国把工业划分为重工业和轻工业，源于20世纪50年代初期，借鉴苏联及东欧国家的经验，从生产资料和生活资料的角度，将工业行业划分为重工业和轻工业两部分。国家统计局《中国统计年鉴》中对重工业的定义是"为国民经济各部门提供物质技术基础的主要生产资料的工业"，轻工业的定义是"主要提供生活消费品和制作手工工具的工业"。当时我国生产力落后、经济基础薄弱，重工业产值的比重仅占全部工业的30%左右，这种简单划分适应了经济基础薄弱时期优先发展重工业的经济发展方针，对于了解轻、重工业的发展状况，特别是监测重工业的发展起到了重要作用。然而，随着产业格局的变化，我国工业产业结构从单一转向复杂，各种新产品层出不穷，轻、重工业的划分已难以对工业行业进行科学清晰的界定了。一个明显的例子就是汽车制造业。在计划经济时期，汽车主要用于交通、物流等生产活动，汽车制造是生产资料的生产，汽车制造业当然属于重工业；而现在家庭及个人已成为汽车消费的主体，汽车中基本型乘用车（轿车）的份额越来越大，而这部分汽车的生产活动成为生活资料的生产，重工业已经无法涵盖。再比如通信设备制造业，原先主要属于生产资料的生产，如今随着手机的普及，通信设备中的手机制造已经属于生活资料的生产活动。因此，简单地从生活资料和生产资料的角度，已难以将工业行业进行清晰的界定与划分。从2013年下半年起，国家统计局在工业数据发布中不再使用"轻工业和重工业"这样的分类。使用60多年的"重工业和轻工业"统计分类，悄然退出历史舞台。

第二节 制造业的分类及地位

一、制造业的定义

制造业指对原材料进行加工或再加工的行业，将原材料经过物理变化或化学变化后，转化为可供人们使用的工业用品与生活消费用品。

制造业的内容包罗万象,十分广泛,人们衣、食、住、行、用的各种产品,各行各业的生产设备、军事装备等都是制造业生产出来的,涉及机械、电子、轻工、冶金、石化、纺织、医药、食品、军工等行业。

图1.1 我国的装备制造业

二、制造业的分类

按照GB/T 4754—2017《国民经济行业分类》,制造业为C门类,包括31(13~43)个大类,分别为:

表1.1 制造业的分类

大类代码	类别名称
13	农副食品加工业
14	食品制造业
15	酒、饮料和精制茶制造业
16	烟草制品业
17	纺织业
18	纺织服装、服饰业
19	皮革、毛皮、羽毛及其制品和制鞋业
20	木材加工和木、竹、藤、棕、草制品业
21	家具制造业
22	造纸和纸制品业
23	印刷和记录媒介复制业
24	文教、工美、体育和娱乐用品制造业
25	石油、煤炭及其他燃料加工业
26	化学原料和化学制品制造业
27	医药制造业
28	化学纤维制造业

续表

大类代码	类别名称
29	橡胶和塑料制品业
30	非金属矿物制品业
31	黑色金属冶炼和压延加工业
32	有色金属冶炼和压延加工业
33	金属制品业
34	通用设备制造业
35	专用设备制造业
36	汽车制造业
37	铁路、船舶、航空航天和其他运输设备制造业
38	电气机械和器材制造业
39	计算机、通信和其他电子设备制造业
40	仪器仪表制造业
41	其他制造业
42	废弃资源综合利用业
43	金属制品、机械和设备修理业

制造业可分为：

（1）装备制造业：为国民经济和国防建设提供生产装备的制造业，例如金属制品业、通用设备制造业等（33~40大类中扣除消费类制造业小类）；

（2）消费品制造业：为人们提供生活资料的制造业，例如家电制造业、纺织服装制造业。

三、制造业的地位

制造业是立国之本、兴国之器、强国之基，是一个国家经济的原动力和经济发展的支柱，左右着国家经济发展的命脉和人民的生活水平。

第一，人类的生活无不与制造有关。一个国家如果没有强大的制造业，人民的生活水平就不可能提高。我们每天穿在身上的衣服是机械加工制造的，吃饭时使用的电饭锅、面包机是机械加工制造的，喝茶时使用的开水是工厂制造的燃料烧开的，乘坐的汽车、火车是机械加工制造的，道路、楼房也是用机械修建的……我们随时随地都在享受着制造业带来的便利。美国麻省理工学院（MIT）有本专著《美国制造》，指出"一个国家要想生活得好，就得制造得好"。人类社会经济发展的历史，就是人类利用材料、能源和信息进行物质生产和制造的历史。

第二，制造业是国民经济的主导产业，是国民经济增长的主力。国民生产总值（GDP）的1/3是制造业创造的，工业生产总值的4/5是制造业创造的，国家财政收入的1/3是制造业提供的，工业税收的90%是制造业提供的，出口的90%是制造业提供的，1/4的人口从事制造业。一个国家没有强大的制造业，就无法实现经济快速、健康的发展，就成不了经济强国。

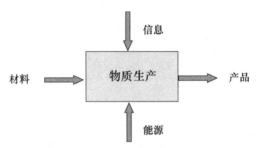

图 1.2　物质生产与材料、能源、产品和信息的关系

20 世纪 70 年代，美国不重视制造业，把制造业称为"夕阳工业"，导致其 20 世纪 80 年代的经济衰退。80 年代后，美国一些国会议员、政府要员纷纷要求政府出面协调和支持制造业的发展。1991 年布什政府期间，白宫发表了 22 项国家关键技术，其中制造技术占 4 项。克林顿上台后，对制造业大力支持，把先进制造技术列为六大国防关键技术之首。结果美国经济连续 8 年取得了 2%~3% 的增长率，同时还保持低通胀率和低失业率。

20 世纪七八十年代，日本非常重视制造业，特别加强汽车制造和微电子制造，结果日本的汽车和家用电器占领了全世界的市场。日本的微电子芯片成为美国高技术产品的关键元件。1991 年海湾战争结束后，日本人说美国赢得这场战争依靠的是日本的芯片，是"日本的芯片打败了伊拉克的钢片"。

1998 年爆发的东南亚经济危机，从另一个侧面反映了发展制造业的重要性。一个国家，如果把经济的基础放在股票、旅游、金融、房地产、服务业上，而无自己的制造业，这个国家的经济就容易形成泡沫经济，一有风吹草动就会产生经济危机。没有发达的制造业就不可能有国家的真正繁荣与强大。

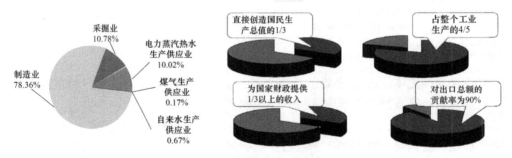

图 1.3　制造业占工业的比重

第三，制造业是国家地位和安全的重要保障。一个国家如果没有强大的制造业，国家安全和稳定将受到威胁，国际地位就不可能提高。国与国之间的竞争主要是制造业的竞争，一个没有制造能力的民族是没有希望的民族。高度发达的现代制造业是国家综合国力和国际竞争力的集中体现。

第四，制造业推动人类物质文明的发展。可以说没有制造业的发展，就没有今天的现代文明。回溯人类社会及制造业的发展历史不难发现，制造业不仅创造了人类，而且造就并推动了人类文明的蓬勃发展。蒙昧—野蛮—文明，这是人类文明进步的阶梯，从茹毛饮血、刀耕火种发展到今天的下五洋捉鳖、上九天揽月，见证的是"制造业文明"的力量。

第三节 装备制造业的分类及地位

一、装备制造业的定义

目前，世界其他国家包括国际组织并没有提出"装备制造业"这个概念。"装备制造业"的概念可以说是中国所独有。它的正式出现，见诸1998年中央经济工作会议明确提出的"要大力发展装备制造业"（中央经济工作会议：《经济日报》，1998年12月10日，第1版）。

装备制造业又称装备工业，是为国民经济和国防建设提供生产技术装备的制造业，即"生产机器的机器制造业"，相当于欧洲国家所指的"资本货物制造业"。

二、装备制造业的分类

装备制造业涵盖了国民经济行业分类中生产投资类产品的全部企业，分属于金属制品业、通用设备制造业、专用设备制造业、汽车制造业、铁路船舶航空航天和其他运输设备制造业、电气机械及器材制造业、计算机通信和其他电子设备制造业、仪器仪表制造业8个大类（大类代码为33～40）中扣除了有关消费类产业制造业小类后的186个小类。

表1.2 装备制造业的分类

大类代码	类别名称	主要产品
33	金属制品业	主要包括切削工具、模具、集装箱、金属压力容器、金属包装容器、锻件及粉末冶金制品、安全消防用金属制品、交通及公共管理用金属标牌制造等
34	通用设备制造业	主要包括金属切削机床、锅炉、内燃机、压缩机、起重运输机、泵、阀门、液压气动件、轴承、齿轮、铸锻件等
35	专用设备制造业	包括采矿、冶金、石化、建筑、化工、轻纺、农林牧渔、医疗仪器、水利机械、环保机械、木材加工、食品饮料等各行业专用设备制造
36	汽车制造业	包括整机和零部件制造
37	铁路、船舶、航空航天和其他运输设备制造业	包括整机和零部件制造
38	电气机械和器材制造业	主要包括发电机、电动机、输配电及控制设备、电线、电缆、光缆、电池等制造
39	计算机、通信和其他电子设备制造业	主要包括计算机、通信设备、广播电视设备、雷达、半导体、集成电路等制造
40	仪器仪表制造业	主要包括工业自动化仪表、电工仪器仪表、量具量仪等制造

按装备功能和重要性，装备制造业主要包含三个方面内容：

（1）重大的先进的基础机械，即制造装备的装备——工业"母机"，主要包括数控机床（NC）、柔性制造单元（FMC）、柔性制造系统（FMS）、计算机集成制造系统（DIMS）、工业机器人、大规模集成电路及电子制造设备等。

（2）重要的机械、电子基础件，主要是先进的液压、气动、轴承、密封、模具、刀具、低压电器、微电子和电力电子器件、仪器仪表及自动化控制系统等。

（3）重大成套技术装备，主要是国民经济各部门、军工所需的重大成套技术装备，如矿产资源的井下开采及露天开采设备，大型火电、水电、核电成套设备，输变电成套设备（超高压交、直流输变电），化工成套设备（石油化工、煤化工、盐化工），黑色和有色金属冶炼轧制成套设备，先进交通运输设备（民用飞机、高速铁路、地铁及城市轨道车、汽车、船舶），大型环保设备（污水、垃圾及大型烟道气净化处理），大型工程所需重要成套设备（大江大河治理、隧道挖掘和盾构、大型输水输气），现代农业成套设备，大型科学仪器和医疗设备，大型的军事装备，通信、航管及航空航天装备，先进的印刷设备等。

装备制造业与每个人都密切相关。例如，我们每天都要使用电，但是必须靠装备制造业提供的发电设备才能用上电。我们每个人都穿衣服，但是要把棉花纺成布，把布做成服装，都需要相应的纺织机械和服装机械。我们驾驶的汽车，由钢板变成车身，由铝变成发动机的机壳或者轮毂，都必须通过装备制造业为它提供机械设备。可以说现代化社会的每一个环节、每一个最终产品的生产过程都离不开各种各样的装备。

三、装备制造业的地位

装备制造业是制造业的核心组成部分，装备制造业位居工业的核心地位，担负着为国民经济发展和国防建设备部门提供工作母机、带动相关产业发展的重任，是各行业产业升级、技术进步的重要保障，是工业的心脏和国民经济的生命线，是支撑国家经济实力、国防能力和综合竞争力的重要基石。没有强大的装备制造业，就不可能实现生产力的跨越发展，国家富强和经济繁荣就无从谈起，国家的稳定和安全也将受到威胁。任何一个国家，特别是大国为了自身的发展和安全，都将装备制造业的发展和升级作为国家战略来对待。

1. 装备制造业是国民经济的脊梁

制造业，特别是装备制造业是国民经济的脊梁。制造业是国民经济的物质基础和工业化的产业主体，是社会进步与富民强国之本。装备制造业的发展水平，直接关系到国民经济的控制力和影响力。美、日、德等发达国家长期以来都毫无例外地把装备制造业作为其经济的主要支柱和强大国力的后盾。中华人民共和国成立60多年来，中国装备制造业从几乎一片空白发展成了国民经济的重要支柱产业，其占全国工业的比重高达4/5，占全国外贸出口的比重为36%以上，是外贸出口的主力。但我国装备制造业占制造业的比重不到30%，仍远低于美国41.9%、日本43.6%、德国46.4%的比重。

2. 装备制造业是产业结构优化升级的推进器

装备制造业承担着对其他产业包括制造业自身提供设备及技术手段的重要职能，其技术水平不仅决定了各产业竞争力的强弱，而且决定了其质量和效益。无论是传统的采掘、重化、轻纺业还是新兴的电子工业，都需要装备制造业为其提供先进的生产装备和测控仪器。

20世纪兴起的信息技术、核技术、空间技术等，无一不是通过装备制造业创造出来的。装备制造业的这种产业关联度高的特点，决定了它不仅对经济增长有很强的带动作用，而且对促进整个工业产业的结构优化升级，也具有关键的作用。发达国家的发展经验充分证明，没有强大的装备制造业，就无法完成工业化，更不可能实现现代化。"工欲善其事，必先利其器。"当今世界工业强国无一不是装备制造业的强国。只有重视并加快装备制造业的发展，才能促使相关产业在优化升级中加速发展。装备制造业是工业化加速的发动机、产业结构优化升级的推进器。

3. 装备制造业是国家国际竞争力的重要标志

装备制造业是衡量一个国家国际竞争力的重要标志，决定着国家在经济全球化进程中国际分工中的地位。历史证明，每一次制造技术与装备的重大突破，都深刻地影响了世界强国的竞争格局。装备制造业的兴衰印证着世界强国的兴衰。以美国、日本、德国为代表的发达国家，其发展历程均是以装备制造业的发展作为其发展前提。实践也证明，装备制造业是创新的主战场，是保持国家竞争实力和创新活力的重要源泉。

我国装备制造业的高端技术对外依存度高。近年来，虽然我国装备制造业发展较快，但关键技术的对外依存度高达50%以上，而发达国家均在30%以下，美国和日本只有5%左右。我国的许多重大技术装备，如航空器、航天器及零件、航空发动机、船舶、飞机的导航仪器仪表、信号系统、精密高档轴承、变频器、数控刀、量具、高速列车的刹车系统等大部分依赖进口；国产普及型、高级型数控机床所用数控系统的90%以上依靠进口；国产彩电、个人电脑、移动电话等产品的芯片一直为跨国公司所垄断，集成电路的90%也依赖进口。大部分国内厂商既没有研发能力，也没有生产能力，完全依赖于跨国公司，或依靠进口、技术转让、设备组装等方式提供。即使形成一定的生产能力，生产技术和设备也是来自国外，一旦出现国外对我国进行技术封锁的情况，将影响产业的可持续发展。可见，我国制造业关键领域的技术几乎受制于发达国家。

我国装备制造业的产量处于国际分工的价值链低端环节。进口的大部分是高附加值产品，而出口的却多是低附加值产品。从价格竞争看，我国具有出口价格竞争力的产品大多是采用成熟技术进行简单组装的低附加值产品，而采用先进技术、价值含量高的产品则大部分不具备价格竞争力。

4. 装备制造业是国家经济安全和国防安全的保障

任何国家在全球化过程中都有经济安全、文化安全和国防安全问题。发达国家凭借科技优势和建立在科技优势基础上的国际规则，形成对落后国家安全上的威胁。美国、欧洲、日本、韩国等都把围绕国家目标组织实施重大专项计划作为提高维护国家安全能力的重要措施。美国有曼哈顿计划、阿波罗登月计划、星球大战计划、信息高速公路计划，欧洲国家先后实施了尤里卡计划、科技框架计划、"空中客车"计划、伽利略计划等，韩国实施了先导技术研发计划、替代能源计划等。

装备制造业是一个国家工业发展的基石，它直接关系着一个国家的工业生产能力，继而直接影响到这个国家的经济实力和国际地位。在当今全球化、恐怖主义、强权政治和霸权主义的大环境下，缺少自有技术装备基础的工业化是靠不住的，也是不安全的。一旦国际国内政治上有风吹草动，西方国家实行经济封锁，外资装备制造企业撤出中国，则将导致我国经济陷入困境。

大型高精度数控加工设备是装备制造业里的重中之重，不但关系着经济实力，更关系着国防安全，所以世界各主要工业国都把这类装备的研发和生产列为头等大事，并且对敌对国家进行着严密的封锁。以美国为首的西方工业发达国家，一直把五轴联动数控机床系统作为重要的战略物资，实行出口许可制度。1949 年 11 月美国牵头成立"巴黎统筹委员会"，简称巴统，正式名为"输出管制统筹委员会"，由 17 个成员方组成，日本也是其中之一，限制成员方向社会主义国家出口战略物资和高技术。

东芝机床事件就是在这样的环境下开始的。苏联早在 1957 年就下水了它们的第一条核动力潜艇"列宁共青团"号，但长期以来其核潜艇部队对美国和西方国家的威胁很有限，原因很简单，它们的技术性能，尤其是噪声指标落后于西方国家。"阿尔法"级攻击核潜艇在挪威海域活动的时候，引起的水声振荡甚至可以被设在大西洋另一侧的百慕大群岛的美国海军水声监听站探测到！苏联决心彻底根除这个问题，要不惜一切代价地从西方国家获取先进的数控加工设备。1981 年 4 月 21 日，苏联与日方东芝机械公司签订了一份 37 亿日元天价的供货合同。为了绕开"巴统"的出口管制，供货合同上明文写的是苏联要 4 台 TDP-70 型两轴联动数控镗铣床，但其实还有另外一份秘密的供货合同，合同里所提到的货物才是苏联真正要的，即 4 台 MBP-110S 型九轴五联动大型数控螺旋桨铣床。拥有了先进的数控加工设备，苏联军工产业鸟枪换炮，很快生产出了大量技术性能先进的核潜艇，甚至其海军建设的进程也因为这批日本机床的到货而大大加快。首先感到不对头的是美国海军。以前美国海军跟踪苏联潜艇简直是太容易了，这些质量低劣的潜艇在海底航行时，发出的噪声简直就像在大吵大嚷，生怕人不知道它来了似的，可以在 200 海里①之外就听到。可后来美国人发现，苏联人的潜艇噪声越来越小，别说监听了，有时靠近身边了都没法发觉，甚至在 1986 年发生了美国和苏联潜艇在直布罗陀海峡相撞的事故。而且它们的航速越来越快、航海性能越来越高。

图 1.4　日本违规出售苏联的 MBP-110S 型九轴五联动大型数控螺旋桨铣床

1985 年 12 月，当事人熊谷独将日苏秘密交易的内容公布于众，美国情报人员随即展开调查。1987 年 5 月 27 日，以美国为首的"巴统"对东芝公司进行了极其严厉的惩处和制裁。东芝公司铸造部部长林隆二，机床事业部部长谷村弘明等人锒铛入狱。

---

①　1 海里 = 1.852 千米。

图 1.5 首先在日本国内披露东芝事件的《朝日新闻》

"巴统"的禁运货单中,中国禁单比其他国家多出了 500 多项。虽然随着国际格局的改变和全球化的出现,"巴统"已于 1994 年 4 月 1 日宣布解散,但其制定的禁运货品列表被后来的瓦森纳协定延续。尖端技术领域的制裁封锁与贸易渗透之战,依然在世界无声地持续着,自立自强、刻苦研发才能无惧这一纸禁单。

四、高端装备制造业

高端装备制造业又称先进装备制造业,是指生产制造高技术、高附加值的先进工业设施设备的行业。高端装备主要包括传统产业转型升级和战略性新兴产业发展所需的高技术高附加值装备,其中航空装备、卫星及应用、轨道交通装备、海洋工程装备、智能制造装备是重点产品。

高端装备制造业以高新技术为引领,处于价值链高端和产业链核心环节,决定着整个产业链综合竞争力的战略性新兴产业,是现代产业体系的脊梁,是推动工业转型升级的引擎。大力培育和发展高端装备制造业,是关系国家综合实力、技术水平和工业基础的一项长期的重点任务,是提升我国产业核心竞争力的必然要求,是抢占未来经济和科技发展制高点的战略选择，对于加快转变经济发展方式、实现由制造业大国向强国转变具有重要战略意义。

中国崛起的关键在于实现工业化

早在2010年，中国制造业产值已超过美国，成为世界第一制造业大国，一举完成了将中国由农业国发展为工业国的夙愿。2015年中国制造业是美国的150%，等于美国、日本、德国之和，而且差距还在拉开。毫不夸张地说，中国的崛起是人类经济史上自英国工业革命以来最为壮观的历史事件之一。为什么这样说？

首先，从人口来看，英国工业革命到现在已将近250年，但是其人口只有全球的0.89%，而中国人口占了全球的18.8%。

其次，从时间来看，从中华人民共和国成立开始算起，距今将近70年，中国能在这么短的时间内成为工业化大国，是非常了不起的。

再次，从崛起方式来看，中国崛起的方式和老牌资本主义国家的方式完全不一样。老牌资本主义国家靠殖民掠夺和帝国主义战争崛起，比如日本在"二战"前就基本实现了工业化，否则不可能挑起世界大战，但它的工业化是靠侵略亚洲和霸占朝鲜半岛与中国东北的市场和自然资源来维系的。而今天中国崛起，原材料是按市场价格买进来的，产品是根据国际贸易协定卖出去的，其工业化的成本非常高昂。即使在这种情况下，我们这样一个大国还能实现工业化，这为人类其他落后国家的工业化开拓了新路。

最后，中国崛起带给世界经济的拉动力量相当于当年英国崛起的100倍，美国崛起的20倍。它已经并将继续给非洲、拉美、亚洲，甚至欧美发达地区带来前所未有的增长机会。

中国为什么能快速崛起？以西方发达国家的现代化历程为参照，对比中国与其他非西方国家在现代化尤其工业化道路上的不同，或能为理解这一问题带来一些启发。

一、世界列强崛起，皆因强大之工业

1. 英国因工业革命成就日不落帝国

英国是世界上第一个工业革命的国家，始于18世纪60年代，以棉纺织业的技术革新为始，以瓦特蒸汽机的发明和广泛使用为枢纽，以19世纪三四十年代机器制造业机械化的实现为基本完成的标志，实现了大机器工业代替手工业，机器工厂代替手工工场。英国不仅在纺织业基本摆脱了传统手工业的桎梏，实现了机械化，还在交通、冶金等诸多领域实现了机器对人的替代。至1850年，英国工业总产值占世界工业总产值的39%，贸易额占世界总量的21%。

英国工业革命使它的社会生产力得到飞速的发展，短短的几十年内，英国由一个落后的农业国一跃成为世界上最先进的资本主义头号工业强国，号称"世界工厂"，称霸世界达半个世纪之久。列宁指出："19世纪中叶英国几乎完全垄断了世界市场。"（列宁：《哈利·奎尔奇》，《列宁全集》第19卷，第370页）

英国是世界上第一次工业革命的发源地，它的成果和经验必然为其他国家所吸取。特别是在 1825 年英国解除了机器输出的禁令以后，机器大量出口，1825—1840 年英国机器出口价值由 2 万英镑增至 60 万英镑，增长了 29 倍。同时，英国的新技术和技术人员也不断外流。这样它对其他国家的影响就更加显著。因此，其他资本主义国家的工业革命发展都比英国快，完成时间都比英国短。法国完成工业革命只用了约 60 年时间（19 世纪初至 19 世纪 60 年代末），美国只用了约 50 年时间（19 世纪初至 19 世纪 50 年代末），德国只用了约 40 年时间（19 世纪 30 年代至 19 世纪 70 年代），日本只用了约 30 年时间（19 世纪 70 年代至 20 世纪初）。

2. 德国因强大的工业实力具备挑战旧有国际秩序的能力

德国工业化比英国晚了 50 年。在 1830 年，德国的工业人口占比仅为不足 3%，依旧是一个农业国，加上德意志还处于四分五裂的状态，这使德意志人成为欧洲的三等公民备受欺凌，以至于 19 世纪德国著名的浪漫主义诗人海涅感慨："陆地属于法国人和俄国人，海洋属于英国人，只有在梦想的空中王国里，德意志人的威力才是无可争辩的。"

直到 1834 年，在李斯特等学者的呼吁下建立起德意志关税同盟，德意志国家才走上了工业化的道路。至 1846 年，关税同盟各德意志诸侯国已有 313 家纱厂和 75 万枚机械纺锭，拥有蒸汽机 1139 台。至 1848 年，德意志诸国铁路线总长达 2500 公里。

随后，德意志国家抓住了第二次工业革命的机会，钢铁工业蓬勃而起，涌现出鲁尔工业区、萨尔工业区等工业重镇。至 1870 年，德国蒸汽机动力达 248 万马力①，煤产量达 3400 万吨，生铁产量达 139 万吨，钢产量达 17 万吨，铁路线长度 18876 公里。

至此，德国工业一举超越法国，总产值占世界工业总产值的 13.2%，而这也为普鲁士在 1871 年普法战争中取胜奠定了物质基础。

图 1.6　第二次工业革命时期，德国蒸汽机动力达 248 万马力

在德意志第二帝国时期，依靠对国内廉价劳动力的剥削和法国、中国等国家的战争赔款，德国工业实力实现跨越式发展——至"一战"前夕，德国城市化率达到 60%，工业产

---

①　1 马力 = 735 瓦特。

量占世界工业总产量的15.7%，钢产量是英国的2.26倍，发电量是英国的3.2倍，铁路里程达60521公里，是英国的90%，煤炭产量为英国的95%，成为欧洲第一大工业国。

雄厚的工业基础也成为德国敢于挑战英国霸权的底气所在。

3. 美苏因强大的工业奠定战后国际新秩序

1800—1850年的美国，仍然是一个落后的农业国，北方的工业以食品加工和纺织业为主，同时也出产木材、矿产等原材料；南方则是种植园经济，种植棉花、茶叶、粮食。

在南北战争后，美国同德国一样抓住了第二次工业革命的机遇，加上美国拥有比德国更好的发展潜力——广袤的国土，丰富的资源，庞大的人口，得天独厚的地理环境，这使美国工业得到爆炸式增长——从1868年到1880年，美国钢铁产量以年均40%左右的速度增长，至"一战"前夕，美国的工业产量居世界首位，占全球工业总产量的32%，钢、煤、石油和粮食产量均居世界首位。

至"二战"前夕，美国的工业产量占全球工业总产量的38.7%。而这正是美国在"二战"期间，平均每两个月建成一艘舰队航母，每年产4万架飞机、2万辆坦克的根源所在。

"一战"前夕，俄国的工业产量占世界工业总产量的8.2%，虽然貌似工业实力不俗，但工业产值中很大一部分来自外国投资的轻工业，本国重工业只占全部工业的1/5，正是因为如此，俄国才被称为"泥足巨人"。

在"一战"中，俄军装备大幅逊色于德军，局部甚至出现了3名士兵共用一只步枪的情况。在苏联建立后，特别是在斯大林的钢铁工业化指导思想和计划经济体制下，迎来了高速工业化的时代，至"二战"前夕，苏联工业产量占世界工业总产量的17.6%，而且工业结构以军工、重工为主体。

正是依靠强大的重工业，苏联在"二战"期间生产了10.8万辆坦克和自行火炮、14.4万架飞机，并最终打赢了卫国战争，与盟军在易北河会师，和美国一道重新划定了战后国际秩序。

二、西方式微，皆因失去强大之工业

1. 没有强大的工业就没有国际地位

回溯历史，在两次世界大战中，中国付出了巨大的代价，虽有战胜国之名，却无战胜国之实——"一战"结束后，山东权益被日本攫取；"二战"后中国的东北等的权益被美国划分给了苏联。这些现象的根源就在于工业实力不如人、综合国力不如人，用"二战"前夕的数据做对比就显而易见了：

美国占世界工业生产的38.7%；

苏联占世界工业生产的17.6%；

德国占世界工业生产的13.2%；

英国占世界工业生产的9.2%；

法国占世界工业生产的4.5%；

中国占世界工业生产的0.3%。

从上述数据可以看出，"二战"前夕中国的工业实力无比羸弱，有限的工厂大多为纺织工业，而重工业几乎为零，从小到铁钉，大到飞机、坦克、战舰基本依赖进口。没有自己的工业体系和国防工业，既无力保障国家安全，又无法支持国民经济的持续发展，在弱肉强食的国际关系法则下，自然饱受欺凌，即便是中国的国家主权也被列强视为可以随意处置的对象。

自1840年以来，我国因工业实力不如人而备受欺凌，这促使以毛泽东为首的第一代领导集体对发展重工业有着近乎宗教般的热忱，即便是节衣缩食、忍饥挨饿也必须建立完善的工业体系，建立强大的国防工业——1949年，中国是一个满目疮痍、贫穷落后的农业国，中国成了拥有齐全工业体系和"两弹一星"、核潜艇等尖端武器装备的世界第六工业国。中国借此摆脱了积贫积弱的印象，中华人民共和国也成为联合国五大常任理事国之一，获得了与美国、苏联、英国、法国这些老牌国际强国平等对话的地位。

三十年河东，三十年河西。随着近几十年来西方大张旗鼓地"去工业化"，以及东亚国家竭尽所能发展工业，全球出现了"北美—西欧—东亚"三大工业中心，这导致过去白人独霸世界的时代一去不复返，在全球政治舞台上，东亚国家开始扮演着越来越重要的角色，国际政治格局也发生了从冷战期间的"两极对抗"，到后冷战时代的"一超多强"，再到如今的"北美—西欧—东亚"三足鼎立时代。各个国家国际地位的变迁，说到底还是由工业实力决定的。

2. 没有强大的工业就没有经济的持续繁荣

无"农"不稳，无"工"不强，无"商"不富。由于农业受制于相对有限的产出，在三个产业中，工业是真正具有强大造血功能的产业，对经济的持续繁荣和社会稳定有着非同寻常的意义。

自2008年金融危机以来，欧美经济一落千丈，中国经济异军突起，已然成为世界经济增长的引擎，其根本就在于中国高速增长的工业实力。德国之所以能够取得欧洲的领导权，特别是在欧债危机后，掌握了处分他国国家主权的权力，完成了希特勒也未尽全功的事业，也是源于其强大的工业实力。

若没有强大的工业，虽然可以依靠出售自然资源风光一时，却无法风光一世。

依靠出售本国资源，阿根廷在20世纪初就是比较富裕的国家，20世纪70年代又得益于日本经济崛起。日本对原材料的大规模需求孕育了大宗商品牛市，于是铁矿石、石油、大豆价格飞涨，这支撑起了阿根廷的经济，其甚至一度步入发达国家门槛，但随着日本对原材料需求的饱和以及日本"失落的二十年"的到来，阿根廷的经济遭受重创，加上民粹主义和国内政客的短视，它成为从发达国家"转型"为发展中国家的笑柄。

巴西同样也是难兄难弟，一方面资源出口跌宕起伏；另一方面市场化改革，使本国工业受到国外产品的严重冲击，制造业在巴西国民经济中的占比由20世纪80年代的29%，萎缩至现在的10%左右，这使巴西永远丧失了搭载工业化末班车的机遇。

3. 西方衰弱在于"去工业化"

自20世纪70年代以来，欧美发达国家逐步将淘汰产能向第三世界国家转移，一方面铸就了"亚洲四小龙"的经济奇迹，另一方面减少了本国因工业发展而带来的环境污染问题。与此同时，它们大力发展"钱生钱"的金融业，创造了近乎天文数字的虚拟经济。

西方国家的这些举措曾经一度被视为明智之举，甚至是很多国内经济学者无比推崇的，有的学者还献计献策要求中国效法。

但事到如今，"去工业化"危害尽显。

英国作为曾经的"日不落帝国"、工业革命的发源地、曾经的全球霸主，给子孙们留下了异常雄厚的家底，虽然在数次败家之后，依旧有罗尔斯·罗伊斯等一批技术底蕴深厚的老牌企业。但在伦敦金融城的灯红酒绿之下，难掩其工业衰败的现实——作为建设全世界第一条铁路的国家，居然无力更新自己的铁路网络，不得不求助于中国；作为老牌工业强国，本国相当一部分通信网络建设居然由中国的华为、中兴等通信公司包办，甚至连英国议会都采购华为的产品；作为曾经的世界霸主，居然在民用核电技术方面缺乏建树，不得不求助于中国和法国的技术支持。

当英国遭受金融危机和欧债风暴影响之时，其前首相布莱尔曾向德国总理默克尔询问经济发展获得成功的秘诀，默克尔悠悠地回答："我们至少还在做东西。"

作为曾经的世界工厂，美国也饱尝"去工业化"的苦果，国民经济在钱生钱的金融游戏下，越玩越虚弱——在低端工业转移到第三世界后，造血能力日益匮乏。

从工业转移出来的人口进入了服务业，而作为吸纳大量就业人口的服务业，也是分为高端服务业和低端服务业，前者主要包括金融、会计、法律、医疗、教育等需要专业知识的服务业岗位，收入较高，门槛也高，而且就业岗位较少；而低端服务业则大多不需要多高深的专业知识和技能，门槛低，收入也偏低。而社会的中间阶层——蓝领工人则在"去工业化"的过程中逐渐消亡，这一方面加速了美国社会贫富的两极分化，在社会各阶级之间筑起藩篱，激化了阶级矛盾；另一方面导致了美国精神的沦丧。

曾几何时，勤劳、勇敢、自信、自强等中国人拥有的优异品质，美国人同样拥有——今天西方人感慨于中国高效率的基建能力和完善的基础设施，和100年前欧洲人感慨美国用一年多时间就建成了帝国大厦如出一辙，正是这种精神使原本落后的美国成为世界头号工业强国。

随着"去工业化"的盛行，一方面，大批工人阶级失业，而另一方面，美国金融业者、会计师、律师、医师的教育成本异常高昂，这些岗位的稀缺性和专业性造成子承父业内循环的情况异常普遍，阶层流动趋于停滞。

教育不再能改变普罗大众的命运，对家庭而言也成为负投资，这直接导致反智主义盛行，人口素质下滑，犯罪率飙升（美国人口占全世界的5%，监狱中囚犯数量却占全球囚犯总量的25%），进而又激化了国内种族矛盾、非法移民问题等潜藏的矛盾。

在勤劳无法致富，教育无法改变人生命运的情况下，原本充满正能量的美国精神，必然被奢靡主义、享乐文化、嘻哈文化取代，使美国的精英阶层可以世袭罔替，永远高高在上，而平民阶层只能随波逐流，逐渐沉沦。"去工业化"对美国社会经济带来了巨大的伤害，为挽救美国的颓势，奥巴马着手大张旗鼓地搞"再工业化"——在第二任期的首份国情咨文中提出"让美国成为新增就业和制造业的磁场"，鼓励制造业回流，其目的就在于力争用强大的工业振兴美国。

三、以史为鉴，坚定发展强大工业不动摇

2011年，中国工业生产总值是美国的120%，是德国的346%，是日本的235%。让西方更加心惊胆战的是，2007年的时候中国工业产值才仅仅是美国工业产值的65%。而美国曾经的三个对手——德国、日本、苏联，三国的工业巅峰实力也就只有美国的70%，美国从来未面对过中国这样的对手——集人口庞大、国土广阔、教育发达、工业体系完备、文明底蕴深厚等特点于一身，确切地说，中国的工业潜力远胜于美国！

随着中国工业转型升级，越来越多的高科技产品会被做成"白菜价"，中国"发达国家粉碎机"的称谓将实至名归，美国高端制造业的造血能力会日益贫乏。而"一带一路"倡议和人民币国际化，则直指美国的政治影响力和美元霸权——实事求是地说，中国工业转型升级、"一带一路"和人民币国际化完全瞄准了美国的软肋，一旦美国的政治影响力被削弱、高端制造业被中国冲击、美元霸权被人民币国际化影响，美国军事力量全球回缩将不可避免。而中国只需发展工业，苦练内功，就有不战而屈人之兵的可能性。如果国人在某些经济学家的忽悠下，搞"去工业化"，则完全是自废武功——当年南非的工业不可谓不强，不仅一只脚跨进核门槛，还能生产号角mk2坦克、蜜獾战车、石茶隼武装直升机等先进装备，但在曼德拉上台后，他遵循西方的价值观，自觉或不自觉地搞"去工业化"，使南非从发达国家沦落为发展中国家。纵览列强兴衰成败，可谓成于工业化，败于"去工业化"。前事不忘，后事之师，希望国人引以为鉴，坚定工业化道路不动摇！

课后练习

1. 三次产业是如何划分的？
2. 谈谈制造业对国民经济的影响。
3. 谈谈装备制造业的地位。

第二章
制造业的发展历程

第一节 远古时代的制造业

人类的制造活动可以追溯到远古时期。200万年前，人与猿相分离，是由于人学会了双足行走和用手制造并使用工具，这是人类进化的关键一步。人类为了改善生活环境而制造出各种各样的工具，最初是石器，如石刀、石斧、石锤等简单工具，而随着狩猎和采集技术的改进，他们依靠自己的智慧使工具在种类、材料、工艺、性能等方面不断丰富、完善并日趋复杂，种类越来越多，出现了有组织的石料开采和加工，形成了原始制造业。

一、古石器时代的制造业

古石器时代（距今200万～50万年前），以使用打制石器为标志，人类能够用卵石、兽骨、牛角、象牙等制造生产和生活用具。

200万年前的砍斫器和石斧　　　　　　100万～50万年前的尖状器和砍砸器

图2.1　古石器时代的工具

二、中石器时代的制造业

中石器时代（距今5万年前），人类可批量生产比较精致的木、角、骨制工具以及刀、矛、锥等，并开始批量生产陶器。

中国最早的陶器制造业从母系氏族时就诞生了，是世界上最早的陶器制造业。陶器成为远古人类生活的必需品，直接改变了人类的生活方式，具有划时代的意义。

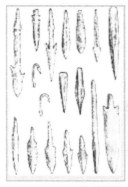 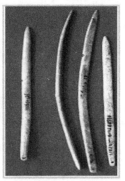  

5万年前的骨鱼叉、骨针　　　　　　　　　中石器晚期的石镞、玉斧

图 2.2　中石器时代的工具

图 2.3　古代半坡人的杰作——人面鱼纹彩陶盆

三、新石器时代的制造业

新石器时代（距今 1 万～5000 年），以使用磨制石器为标志，人类能够批量制造复合工具（如带柄的镰刀、刀和斧子等），并大批量生产陶器。

新石器时代的玉钺、玉刀　　　　　　　　新石器时代的陶器

图 2.4　新石器时代的工具

第二节　古代制造业

这一时期，人类由石器制造向铜器制造等其他机械工艺转变，由简单工具的使用向机械制造转变，造纸、纺织、农业、矿业、印染、兵器都是当时非常有代表性的制造业。

中国古代发明创造丰富，种类繁多。英国李约瑟博士在其《中国科学技术史》的第一卷"总论"中，列举了中国古代传到欧洲、影响巨大的发明 26 种，其中机械有 18 种，占 69%。可见古代机械发明的种类之丰、数量之多、影响之大。

一、金属冶炼业的发展

公元前 4000—前 3000 年，人类发现金属，学会熔炼，可以制造出任意形状的青铜工具。夏商周时期达到鼎盛，青铜铸造部门是商和西周手工业的主要部门。青铜是红铜（纯铜）与锡或铅的合金，因为颜色青灰，故名。青铜出现后，对提高社会生产力起了划时代的作用。后母戊鼎和四羊方尊是青铜器精品。

中国商朝的后母戊鼎、四羊方尊青铜器

欧洲、印度的古青铜器

中国西周时期的青铜编钟

古青铜兵器与货币

图 2.5 青铜器

春秋战国时期，我国发明了生铁冶炼技术，比欧洲国家早 1800 余年。这一时期铁器开始得到普遍使用，而铁器的普遍使用使古代机械在材料制作方面取得了重大突破。战国时期越王勾践剑，埋于地下 2300 多年，出土后仍完好如初，毫无锈迹，寒光闪闪，刃薄锋利。

二、机械的发明与使用

中国古代制造业在唐以前领先于世界，到了宋代已是高峰，明代出现了技术含量高的机械制造。这一时期出现了杠杆、车轮、滑轮、斜面、螺旋等机构和一些较为复杂的机械。今天，这些机械作为机械技术的基础仍占有极其重要的地位。北宋科学家沈括（公元 1031—1095 年）撰写的《梦溪笔谈》、明朝科学家宋应星（公元 1587—约 1666 年）编撰的《天工开物》都详细收录了机械、砖瓦、陶瓷、硫黄、烛、纸、兵器、火药、纺织、染色、制盐、采煤、榨油等生产技术，系统论述了冶铁、炼钢、铸造、淬火等多种加工方法，曾先后被译成英、法、日等多种文本，流传世界。

世界最早铁器——石家庄藁城铁刃铜钺

赫梯帝国的人面兽身像

古代武士的铁盔甲与兵器

古代农业耕作用的各类工具

图 2.6　铁器

图 2.7　沈括与《梦溪笔谈》

1. 动力机械

水车就是利用自然力的最早的动力机械。公元 650 年，人们用水车来磨面，使用大型水车进行灌溉，而这时的水车直径可达 15 米，后来，水车的动力被应用到锻造工作中。在运用风箱进行炼铁操作时，为了保证从水车到风箱的运动传递，人们又发明了连杆机构。

另外，水车还被应用到粉碎矿石、锯木头、驱动深井汲水泵等方面。

汉代提水翻车得到了改进和推广，同时还发明了高转筒车等灌溉工具。

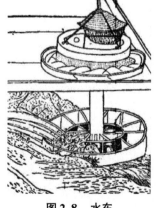

图 2.8　水车

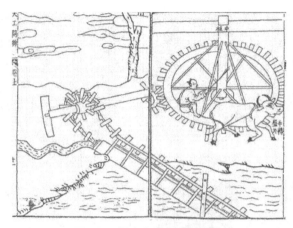

图 2.9　提水翻车与高转筒车

2. 纺织机械

中国古代的纺织与印染技术具有非常悠久的历史，早在原始社会时期，古人为了适应气候的变化，已懂得就地取材，利用自然资源作为纺织和印染的原料，以及制造简单的纺织工具。直至今天，我们日常的衣物、某些生活用品和艺术品都是纺织和印染技术的产物。中国机具纺织起源于五千年前新石器时期的纺轮和腰机。西周时期具有传统性能的简单机械缫车、纺车、织机相继出现，汉代广泛使用提花机、斜织机，唐代以后中国纺织机械日趋完善，大大促进了纺织业的发展。

图 2.10　唐代水转大纺车

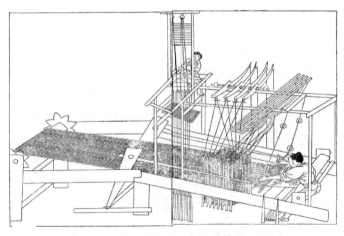

图 2.11　《天工开物》中记载的纺织机械

三、从辘轳到车床

一些水车的圆木棒和钟表的精密零部件都需要准确加工，如果只是使用刀、斧子之类的工具，就很难加工出理想的尺寸和形状。于是人们想到把绳子系在要切削的木棒上，交替拉动绳子的两端，这样棒子就可以转动了。再用刀具接触木棒，顺利进行切削，另外，把绳子系在一根木棒"桥"上（"桥"安装在一根较高的棒子上），然后将绳子绕在工件上，在下端安装一个踏板，用脚踏下面的踏板，工件就可以左右转动，而高帮上的木条则会起弹簧的作用。在中世纪欧洲已经发明了上述的这种装置，叫作"钢球车床"（Pole Lathe），今天把车床叫作"Lathe"。脚踏踏板是最简单的驱动装置，这种装置在中世纪结束的时候已经得到了广泛的应用。另外曲轴——用来把往复运动变为旋转运动，作为踏板的重要组成部分很早以前也被发明了出来。

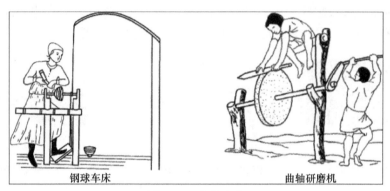

图 2.12 古代车床

四、兵器

中国古代兵器萌芽于原始社会晚期，当时只是以石块、竹木、骨角为原料，经砍削、打磨、烘烤，制成弓、箭、刀、矛、棍等。进入阶级社会以后，为了适应对外进行战争和对内维护统治的需要，兵器制造一直是统治阶级高度重视的官营手工业部门。随着社会生产力的发展，兵器制造技术不断提高，生产规模日益扩大，管理体制逐步完备。中国古代兵器的发展大体经历了青铜兵器、钢铁兵器和火器 3 个发展阶段。

中国的青铜兵器大约出现在原始社会末期。在甘肃省东乡马家窑文化遗址中出土的距今约 5000 年的青铜小刀，是冶炼工艺尚处于将铜、锡、铅矿石混合炼铸青铜的初级阶段的制品。这种工艺不易掌握青铜的成分配比。从商到西周，青铜器的铸造技术发展到鼎盛时期，现已发现的青铜冶铸作坊遗址有河南省的郑州、安阳、洛阳，湖北省的盘龙城，江西省的清江、吴城等，分布地域较广。

中国的人工冶铁技术在春秋时期就已出现。战国之后，冶铁技术不断进步，促进了铁兵器的发展。湖南省长沙市出土的一把春秋末期钢剑，已采用把块炼铁长时间渗碳、反复锻打成块炼渗碳钢的技术，比铁剑锐利而坚韧。北京市丰台区大葆台西汉燕王墓出土的环首刀，采用了铸铁固体脱碳成钢法，夹杂物质很少。汉朝流行一种"百炼钢"技术，使用它能制出含碳量高、杂质少、组织均匀、耐腐蚀性好的优质钢。山东省苍山县出土的汉朝"卅钢环首刀,江苏省徐州市出土的汉朝"五十"钢剑,日本奈良出土的东汉灵帝"百"钢刀,都使用了"百炼钢"技术。初期的块炼钢费工费时,产量很少,故在秦朝以前,仍然是铜铁兵器并用。汉朝以后,先后采用了生铁冶铸、铸铁脱碳钢、灌钢、炒钢等生产效率高、产品质量好的先进工艺,使铁兵器逐步增多。如在河北省满城县西汉刘胜墓中出土了用钢制造的消耗量很大的箭镞。东汉以后,青铜兵器终由钢铁兵器取代。

据文献记载,10世纪时,火药已用于火攻。宋朝以后,火器迅速发展,先后出现了燃烧、爆炸、射击火器,这表明了火药制造技术的不断改进和提高。明万历年间,赵士桢在《神器谱》中,记述了制火药时,用萝卜、蛋清提纯硝的方法,强调了火药的颗粒要细而均匀,"上粗大者不用,下细者不用,止取如粟米一般者入铳",认识到火药燃烧速度与火药颗粒大小的密切关系。随着火药性能的改进,火器制造水平不断提高。《神器谱》记载明末制鸟铳,用熟铁打造法打造而成,质韧而坚。制铳管时,采用钻孔的先进工艺,技术日益精密。明末焦勖在《火攻挈要》中,第一次记述了以口径为基数确定火炮各部位比例的数据,使火炮制造有了科学依据,直至清朝这始终是制造火炮的主要依据。

 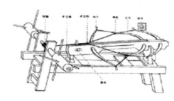 

春秋时期攻击机械弩　　秦汉时期反盗机械装置——机弩　　明代虎尊炮

图 2.13　古代兵器

五、计时工具

为了使农业劳动有规律,把一年分为 365 天,昼夜 12 等分。早期是用日晷计时,用它计时比较准确,但缺点是阴天和夜晚不能使用。还可以用沙漏计时,沙漏即使晚上也能工作,但计时却不准确。

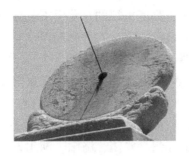 

图 2.14　古代计时工具

清乾隆年间宫廷造办处曾制造大更钟,依靠悬锤的重力驱动,并增添了精确的报更机构,加工精致,富有中国民族特色。更钟的机械结构独特,除具有一般钟表的走时、报时、报刻系统外,又增加了发更、打更系统及定更、调更装置,能够按一年之中二十四节气夜间的长短调整并确定更的起讫和间隔时间。明清两朝中国钟表工匠创制了不少新奇的钟表。

紫檀木楼阁式大更钟　　　清乾隆木楼式时刻更钟

图 2.15　古代更钟

六、交通运输工具

上古时代的运输，全靠手提、头顶、肩扛、背负、橇引完成。后来，又以马、牛来驮运，随着农业、畜牧业和手工业生产的发展，产品不断增多，交换也开始发生，产生了对运输工具的要求，逐步创造出滚木、轮和轴，最后出现了车这种陆地运输工具。原始的车轮没有轮辐，这种车轮在汉、唐时代的著作中被称为"辁"。《左传》记载，曾做过夏王朝"车正"（车辆总管）的奚仲最善于造车。夏代前后，出现了无辐条的辁和各种有辐条的车轮；汉代陆贾的《新语》中还说奚仲"挠曲为轮，因直为辕"，创造了有辐的车轮。由辁发展到轮，车辆的行走部件发生了一次大变革，这就为殷代造车奠定了基础。殷商和西周时已有相当精致的两轮车。然后，陆上交通运输工具不断发展，出现了很多新的工具，如东汉以后出现的指南车和记里鼓车；1980 年出土的秦始皇陵铜车马，代表了当时铸造技术、金属加工和组装工艺的水平。

独轮车的创始者据说就是三国时的蜀相诸葛亮，它的前身就是木牛流马。这种独轮车，在各个地方都不一样：在北方汉族，与排子大车相比身形较小，俗称"小车"；在西南汉族，其在运作时会"叽咯叽咯"响个不停，被称为"鸡公车"；在江南汉族，因它前头尖，后头两个推把如同羊角，被称为"羊角

图 2.16　独轮车

车"。古时候，女子结婚后回娘家时，用的就是这种独轮车，回娘家时，丈夫推着车子，妻子坐在上面，就这样两人双双回到娘家。独轮车在当时是一种既经济又用得最广的交通工具，这在交通运输史上是一项十分重要的发明。

南北朝时期出现了车船。南朝祖冲之所造日行百里的所谓千里船和梁侯景军中的 160 桨快艇，都是人力推进的快速舰艇。唐代的李皋对车船的改进起了承前启后的作用。

第三节　近现代制造业

西方各国的古代制造业发展一直缓慢。但 16 世纪开始，西欧进入了文艺复兴时期，一

场大规模的工业革命在欧洲爆发，大批的发明家涌现出来，各种专科学校、大学、工厂纷纷建立，机械代替了大量的手工业，生产迅速发展，而我国由于战争等因素，经济一直停滞不前，到民国时期制造业发展才又有了起色。

人类社会发生了三次工业革命，第一、二次工业革命使蒸汽机和电机的应用取代了很多人的体力劳动，使人类社会从农业社会发展到工业社会。第三次工业革命以计算机为核心的信息技术的应用，则延伸了人的脑力劳动，使人类社会从工业社会发展到信息社会。

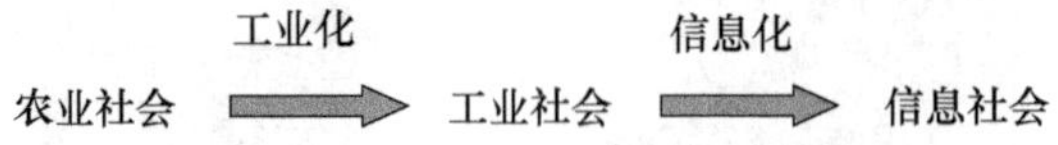

农业社会 —工业化→ 工业社会 —信息化→ 信息社会

图 2.17　工业革命与人类社会进步

表 2.1　三次工业革命的主要成就

项目	第一次工业革命	第二次工业革命	第三次工业革命
特征	机械化（蒸汽化）	电气化	信息化（电子化）
开始时间	18 世纪 60 年代	19 世纪 70 年代	20 世纪 50 年代
完成时间	19 世纪 40 年代	20 世纪初	20 世纪后期
兴起国家	英国	美国、德国	美国
主要标志	蒸汽机的发明和广泛应用	电力的发明及广泛应用	电子计算机的发明和广泛应用
机械制造业	棉纺织业：1765 年哈格里夫斯发明珍妮纺纱机		1946 年发明电子计算机 1952 年发明数控机床
能源动力业	蒸汽机：1785 年瓦特改良蒸汽机（煤炭）	电力： 1866 年西门子发明发电机 1870 年格拉姆发明电动机 1879 年爱迪生发明电灯	原子能：1945 年原子弹爆炸 核能：1954 年核电站建立
通信业		1876 年贝尔发明电话 1895 年马可尼发明无线电报	互联网
交通运输业	轮船：1807 年富尔顿发明蒸汽轮船 火车：1814 年史蒂芬森发明蒸汽机车	电车：1881 年西门子发明有轨电车 汽车：1886 年卡尔·本茨发明三轮内燃机汽车 飞机：1903 年莱特兄弟发明飞机	航空航天： 1957 年发明人造卫星 1981 年发明航天飞机

每一次工业革命都引发了制造业的变革。

一、第一次工业革命——蒸汽化

第一次工业革命以纺织机械的革新为起点，以蒸汽机的发明及广泛应用为标志，使人类的生产和生活方式发生了不可逆转的伟大变化，实现了生产从手工工具到机械化大生产的转变，同时也促进了其他机械、冶金、采煤、化工等部门制造业的发展。自"珍妮纺纱机"和瓦特改良蒸汽机开始，至1840年前后，英国机器大工业基本上取代了手工工场。

表 2.2　第一次工业革命时期的主要发明

时间	发明项目	发明人	国别	动力
1765 年	珍妮纺纱机（多轴纺纱机）	哈格里夫斯	英	手工
1768 年	水力纺纱机	阿克莱特	英	水力
1779 年	走锭纺纱机（骡机）	克隆普顿	英	
1785 年	水力织布机	卡特莱特	英	
1785 年	改良蒸汽机	瓦特	英	蒸汽
1807 年	轮船	富尔顿	美	
1814 年	火车	斯蒂芬森	英	

1733年，英国机械师约翰·凯伊发明飞梭，将织布效率提高了1倍，出现了长期的"纱荒"。

1738年，约翰·怀亚特和刘易斯·保尔合作，发明了第一台纺纱机。

1764年，纺织工詹姆斯·哈格里夫斯晚上回家，开门后不小心一脚踢翻了妻子正在使用的纺纱机。当时他的第一个反应就是赶快把纺纱机扶正。但当他弯下腰来的时候，却突然愣住了，被踢倒的纺纱机还在转，只是原先横着的纱锭变成直立的了。他猛然想到：如果把几个纱锭都竖着排列，用1个纺轮动，不就可以一下子纺出更多的纱了吗？哈格里夫斯非常兴奋，马上试着干。第二年他造出手摇式珍妮纺纱机（以他女儿的名字命名），用1个纺轮带动8个竖直纱锭，工效一下子提高了8倍，极大地提高了生产效率。但由于人力转动，纺的纱细、易断而不结实。

1768年，钟表匠理查德·阿克莱特制造了水力纺纱机，有4对卷轴，以水力作动力，纺的纱韧而粗，可作经线，但必须靠河边建厂。

1771年，在德比附近的克隆福得建立了第一座棉纱厂，工厂雇了600个工人，这标志着人类进入了近代机器大工厂阶段。

哈格里夫斯发明的珍妮纺纱机

阿克莱特发明的水力纺纱机

图 2.18　纺纱机

1779年，为了解决纱粗的问题，工人赛米尔·克隆普顿综合了珍妮机和水力纺纱机的优点，发明了走锭纺纱机（mule 骡机，音译为缪尔纺纱机，又称综合精纱机），能同时转动300~400个纱锭，而且它纺出的纱，又精细又结实。

纺纱机的不断发明和改进，使得棉纱过剩，这样又推动了织布机的发明。1785年，工程师埃地蒙特·卡特莱特发明了水力织布机，将工作效率提高了40倍，传统的手工业逐步解体，被机械化大生产取代。1791年，英国建立了第一个织布厂。

随着棉纺织机器的发明、改进和使用，与此有关的工序也不断革新和机械化。如净棉机、梳棉机、漂白机、整染机等，都先后发明，并被广泛使用，棉纺织工业整个系统都实现了机械化。19世纪初，英国整个轻工业基本上实现了机械化。

随着纺织业的兴起，人们对动力系统提出了更高的要求，原本仅仅用于矿山抽水的蒸汽机经过改良后被用于纺织业——1784年英国建立了第一座蒸汽纺纱厂。之后，蒸汽机又被应用于冶金工业、铁路运输、蒸汽船等领域。到1825年，英国已有蒸汽机1.5万台（37.5万马力）。从矿山到工厂，从陆地到海洋，到处是机器在轰鸣，到处是机器在转动，到处是机器在奔驰。

1785年，机械师卡特莱特发明了水力织布机，比人力织布机的工效高40倍。纺机与织机在相互作用中共同发展。

克隆普顿和他发明的走锭纺纱机　　　卡特莱特发明的水力织布机

图 2.19　走锭纺纱机与水力织布机

以水力为动力的机器要求工厂建在有流水落差的地方，且受气候和季节的限制。新的棉纺机需要比传统的水车和马更充裕、更可靠的动力。1702年，英国托马斯·纽科门发明了一台原始的蒸汽机，但比起它所提供的动力来，其消耗的燃料太多，所以仅适用于从煤矿里抽水。1763年，格拉斯哥大学的技师詹姆斯·瓦特开始改良钮可门的蒸汽机，1769年发明单动式蒸汽机，1782年发明联动式蒸汽机，1785年联动式蒸汽机开始投入使用。到1800年瓦特专利权期满终止时，已有500台左右的瓦特蒸汽机在使用中，其中38%的蒸汽机用于抽水，剩下的用于为纺织厂、炼铁炉、面粉厂和其他工业提供旋转式动力。

蒸汽机的发明结束了人类对畜力、风力和水力由来已久的依赖，开辟了人类利用能源的新时代。后人为了纪念这位伟大的发明家，把功率的单位定义为"瓦特"。

图 2.20　1785 年瓦特和他的改良蒸汽机

新的棉纺机和蒸汽机需要铁、钢和煤的供应量增加——这一需要通过采矿和冶金术方面的一系列改进得到满足。人类不仅进入了蒸汽时代，也跨入了钢铁时代。

纺织工业、采矿工业和冶金工业的发展引起对运输工具的需要。蒸汽机还被应用于水上运输。从 1770 年起，苏格兰、法国和美国的发明者就在船上试验蒸汽机。1807 年美国人罗伯特·富尔顿以蒸汽机推动船两侧的明轮，制造了第一艘汽船"克莱蒙号"，在哈得逊河试航成功，是世界上第一艘成功的商用轮船。到 1850 年，轮船已在运送旅客和邮件方面胜过帆船，并开始成功争夺货运。

图 2.21　富尔顿发明的蒸汽轮船"克莱蒙号"

1814 年，采矿工程师乔治·斯蒂芬森将蒸汽机安装在货车上，发明了蒸汽机车，把数辆煤车从矿井拉到泰恩河。1825 年，英国建成世界上第一条铁路，史蒂芬森的火车头拖着一长列客车和货车前进，时速达 25 公里。短短数年内，铁路支配了长途运输，能够以比在公路或运河上更快的速度和更低廉的成本运送旅客和货物。

不但在交通运输方面，而且在通信联络方面也引起了革命。以往，人们只有通过运货马车、驿使或船才能将一个音信送到一个遥远的地方。1832 年美国人塞缪尔·莫尔斯发明了电磁电报机。1866 年，人们铺设了一道横越大西洋的电缆，建立了东半球与美洲之间直接的通信联络。如此，人类征服了时间和空间。人类能够凭借汽船和铁路越过海洋和大陆，能够用电报与世界各地通信，使世界统一起来。

图 2.22　斯蒂芬森和他发明的蒸汽机车

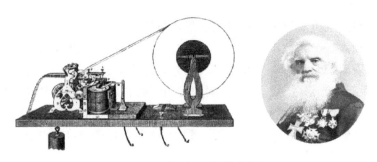

图 2.23　莫尔斯和他的电报机

19 世纪 40 年代,第一次工业革命率先在英国完成。英国成为世界上第一个工业化国家,成为"世界工厂"。后来法国、德国、美国也相继完成了工业革命,生产力得到大力发展,社会面貌发生了巨大的变化,西方资本主义国家逐步确立了对世界的统治地位,发动两次鸦片战争,使中国沦为半殖民地半封建社会,形成了西方先进、东方落后的局面。

工业革命创造出如此巨大的生产力,可见科学技术是第一生产力,要使国家富强,必须大力发展科学技术。

二、第二次工业革命——电气时代

第二次工业革命以电动机、内燃机的发明和应用为核心,主要表现在电力的广泛应用、内燃机与新交通工具创新、新通信技术的运用三个方面,改善了人们的生活方式,提高了人们的生活质量,形成了电力、钢铁、石油化工、汽车制造四大支柱产业。

表 2.3　第二次工业革命时期的主要发明

时间	发明项目	发明人	国家	行业
1821 年	电磁感应	法拉第	英国	电力
1854 年	发电机	西门子	德国	
1873 年	电动机	格拉姆	比利时	
1882 年	远距离输电法	德普勒	法国	

续表

时间	发明项目	发明人	国家	行业
1876 年	四冲程内燃机	奥托	德国	交通
1883 年	汽油内燃机	戴姆勒	德国	
1893 年	柴油内燃机	狄塞尔	德国	
1886 年	三轮汽车	本茨	德国	
1896 年	四轮汽车	福特	美国	
1898 年	有轨电车	西门子	德国	
1903 年	飞机	莱特兄弟	美国	
1876 年	电话机	贝尔	美国	电信
1896 年	无线电报机	马可尼	意大利	

1. 电力的广泛运用

人类对电的运用开始较晚。1753 年,俄国著名电学家利赫曼为了验证富兰克林的实验,不幸被雷电击死,这是做电实验的第一个牺牲者。

 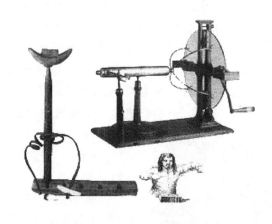

美国本杰明·富兰克林发现雷电存在　　　英国斯蒂芬·格雷发现摩擦生电

图 2.24　电的发明

1821 年,30 岁的英国科学家迈克尔·法拉第首先发现了电磁感应现象,提出电磁学理论,将电能转化为旋转运动的动能,最先制成第一台电动机的雏形。1831 年,法拉第"把磁转变成电"的伟大理想终于实现,为发电机的发明奠定了基础,他也被誉为"电气时代奠基人"。但他只是从原理上确定了制造发电机的可行性,只做了实验性装置,未能真正将自己的想法付诸实践。

能用于工业生产的发电机是由德国冯·西门子发明(1816—1892 年)完成的。1854 年,西门子完成了第一台局部自激式发电机,并被当地政府颁发专利,1867 年西门子还发明了大功率发电机。

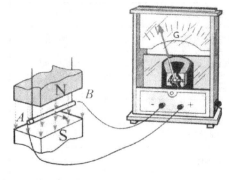

电气时代奠基人——法拉第和他的电磁感应实验　　法拉第圆盘发电机

图 2.25　发电机的发明

1834 年德国雅可比最先制成电动机，1838 年美国达文波特也成功地制造出了驱动印刷机的电动机，但这两种电动机都用电池作电源，成本太大、不实用，没有多大商业价值，直到第一台实用直流发动机问世，电动机才得到广泛运用。1873 年，比利时人格拉姆在维也纳世博会上布展直流发电机时，偶然接错了线，把别的发电机发的电接在了自己发电机的电流输出端。这时，他惊奇地发现，第一台发电机发出的电流进入了第二台发电机电枢线圈里，而这使得第二台发电机迅速转动起来，于是发电机变成了电动机，从此，一个崭新的电气化时代到来了，它取代了蒸汽机时代。1867 年，一台改进型的交流发电机制成了。

图 2.26　发明交流电动机的西门子

图 2.27　发明电动机的格拉姆

1882 年，法国人德普勒发明了远距离输电法。

同年，爱迪生在美国纽约珍珠街建立了第一个火力发电站，拥有 6 台发电机，将输电线联成网络。

爱迪生发明了电报、电灯、留声机、摄影机等，被誉为"打开电气时代的领袖"。

电动工具的诞生是从电钻产品开始的。1895 年，德国 Fein 公司研制出世界上第一台直流电钻，重量为 14 千克，外壳用铸铁制成，只能在钢板上钻 4 毫米的孔。

电动机、发电机的相继发明，远距离高压输电技术的出现，使电气工业迅速发展起来，电力在生产和生活中得到广泛的应用。

2. 内燃机与新交通工具

在蒸汽机不断改进和发展的历程中，人们也越来越深刻地认识到蒸汽机的"天然"不足：蒸汽机必须有锅炉，体积庞大、笨重、机动性差；热能通过蒸汽转化成机械能，效率低……这些缺点都与燃料必须在外部燃烧——"外燃"有关。所以，早就有人开始研究把

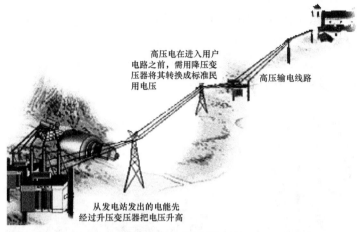

图 2.28　远距离输电法

图 2.29　爱迪生在美国纽约珍珠街建立的第一个火力发电站

1879年　白炽灯　　1877年　改进贝尔电话　　1872年　电报机　　1877年　留声机

1889年　活动电影机　　1912年　有声电影　　1909年　蓄电池　　1881年　有轨电车

图 2.30　"世界发明大王"爱迪生和他的作品

"外燃"改为"内燃"——把锅炉和气缸合而为一，省掉蒸汽介质，让燃气燃烧膨胀的高压气体直接推动活塞做功——这就是内燃机。

1860年前后，有关内燃机的发明设想很多，但大都未能解决实用性的问题。1862年，法国人德罗夏公布了他的内燃机理论，提出了提高效率和经济性能的条件和四冲程内燃机的工作流程，可惜他没有制造出内燃机。

第一台四冲程内燃机是德国著名机械工程师奥托于1876年根据德罗夏原理制造出来的，因此通常把内燃机的发明归功于奥托。

图2.31　奥托和他发明的四冲程内燃机

1883年，德国工程师戴姆勒创制成功第一台轻型高速立式以汽油为燃料的内燃机，转速由200转/分一跃到800转/分。

图2.32　往复式戴姆勒汽油内燃机

19世纪90年代，德国工程师狄塞尔（1858—1913年）发明了以柴油为燃料的自动点火内燃机，1893年获专利证书。

内燃机效率高、马力大、结构小、设备轻、运转平稳，逐步取代了蒸汽机，成为动力机中主力军，为新的交通工具的发明和改进提供了条件。

德国工程师卡尔·本茨（奔驰汽车的创始人）在总结前人经验的基础上，设计出了第一台轻内燃机。1886年，本茨制成用内燃机驱动的三轮汽车，这是世界上第一辆投入使用的汽车。同年1月29日立案获得专利，因此1月29日被认为是世界汽车诞生日，1886年为世界汽车诞生年，本茨被称为"汽车之父"。

图 2.33　狄塞尔和柴油内燃机

图 2.34　"汽车之父"本茨和他的世界上第一辆三轮汽车

1896 年，美国人亨利·福特制造出更加先进的四轮汽车。1905 年福特在底特律建成第一个汽车工厂，是世界上第一位将装配线概念实际应用而获得巨大成功的人，并且以这种方式让汽车在美国真正普及化，也因此使美国成为当时世界上最大的汽车制造商，成为"轮子上的国家"。汽车工业很快在一些国家建立起来。

图 2.35　福特公司创始人亨利·福特和他的四轮汽车

1879年，德国工程师冯·西门子在柏林博览会上展示了他发明的世界首辆有轨电车。1881年西门子在柏林近郊铺设了第一条电车轨道。1882年西门子在柏林市郊展示了他发明的世界首辆无轨电车。1901年世界首个载客的无轨电车系统在德国柏林开通运营。

世界首辆有轨电车　　　　　世界首辆无轨电车　　　　世界首个载客的无轨电车系统

图 2.36　电车

1903年，美国莱特兄弟制造出人类历史上第一架载人动力飞机。12月17日凌晨"飞行者—1号"从平地起飞，最长一次飞行时间为59秒，行程约260米，首飞成功，实现了人类渴望已久的梦想。1905年他们又制造了世界上第一架实用的飞机，能转弯、倾斜、做圆圈飞行和8字飞行，连续航行时间超过半小时。人类的航空事业从此拉开了帷幕。

图 2.37　征服天空的王者——莱特兄弟及首飞实验

1909年9月22日，在美国旧金山奥克兰机场上空，中国首位飞机设计师、制造家和飞行家冯如驾驶着自制的飞机（从机翼、方向舵、螺旋桨到内燃机等大小部件全部自制）飞上了蓝天，这是继莱特兄弟首飞之后的又一次创举。

图 2.38　中国首位飞机设计师、制造家和飞行家——冯如和他制造的飞机

3. 新通信技术的运用

1876 年 3 月 9 日贝尔研制电话成功。助手（右）兴奋地冲进实验室告诉贝尔，他在电话中听到了贝尔的声音。贝尔被誉为"电话之父"。19 世纪末，电信技术兴起。美国成为最早进入"电信时代"的国家。

图 2.39　"电话之父"贝尔研制电话成功

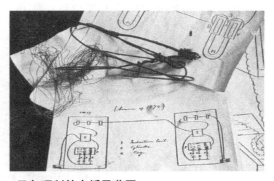

图 2.40　贝尔研制的电话及草图

图 2.41　1904 年的法国巴黎电话总局

1896年，年仅20岁的伽利尔摩·马可尼发明了世界上第一台实用的无线电装置（电报机），被誉为"无线电之父"。

"无线电之父"马可尼　　　　　世界上第一台实用的无线电装置

图2.42　马可尼与无线电装置

早期的电报机，一次只能传递一个信息，而且不能同时交换信号。爱迪生着手改良，制造出二重发报机，1874年又研发出四重发报机，也就是同步发报机。

图2.43　爱迪生发明的电报机

电信技术的兴起为远距离传递和交流信息提供了条件，让世界的联系进一步加强。

图2.44　1871年的英国伦敦电报总局。图中的收报员正在接收、翻译纸带上的数码信息

第二次工业革命中，美国和德国的科学技术发明和应用较多，资本主义经济发展速度加快，工业生产总值分别跃居世界第一、第二位。列强继续发动一系列侵华战争，并掀起瓜分中国的狂潮，中国完全沦为半殖民地半封建社会。经过一系列艰苦卓绝的斗争，中国取得了反帝反封建革命的胜利，建立了中华人民共和国。

三、第三次工业革命——信息化

第三次工业革命中最具划时代意义的是电子计算机的迅速发展和广泛运用。现代科技的大量使用使制造业劳动生产率大大提升，现代制造业由此诞生，产生了电子计算机、通信设备、生物医药、原子能、航天技术等一大批高新技术制造业。

表 2.4 第三次工业革命时期的主要发明

时间	发明项目
1946 年	电子管计算机
1948 年	晶体管
1952 年	第一台数控机床
1958 年	晶体管计算机
1960 年	ALGOL60 算法语言
1964 年	集成电路计算机 IBM 360
1969 年	互联网诞生
1970 年	大规模集成电路微处理器
1977 年	个人计算机
1989 年	万维网（WWW）诞生

1946 年，美国冯·诺依曼发明 ENIAC 计算机。1948 年美国贝尔实验室的巴丁、布拉顿和肖克利发明晶体管。1958 年第一台固体元件计算机出现。晶体管的发明和微电子制造技术的飞速发展，开创了全新的计算机及信息时代。

图 2.45 ENIAC 计算机

在这一时期，原子能、航天工程、生物技术等领域也取得了重大突破。

1945年美国爆炸世界第一颗原子弹　　1957年苏联发射世界第一颗人造卫星　　1967年美国实现人类第一次登月

图 2.46　多领域成就

第三次工业革命中，世界各国都注重充分利用现代科学技术成果，提高劳动生产率，发展新兴产业。20世纪50年代西欧凭借原有的经济技术基础，经济迅速发展。20世纪60年代末日本成为仅次于美国的世界第二号经济大国。成立后的中华人民共和国在中国共产党的领导下，各族人民实现了自力更生，建立了独立完整的工业体系和国民经济体系，各项事业都取得了举世瞩目的辉煌成就，经济实力和国际地位大大提高。

四、现代制造业

20世纪70年代末到80年代初，由于微电子技术的飞速进展，数字化制造技术和装备也获得了空前发展和广泛应用，极大地推动了制造业劳动生产率的提高，这使制造业的发展进入了一个新时代，现代制造业的概念从此诞生。与传统的机械制造业相比，现代制造业的主要特点是制造技术、计算机技术、电子信息技术、现代管理技术有了交叉融合，朝着精密化、柔性化、集成化、绿色化、全球化等方向发展。

汽车全自动生产线　　　　　　　　应用于船舶制造业的虚拟制造技术

图 2.47　现代制造业

数字化制造技术主要由数控机床、数控量仪和数控刀具（国际上习惯称"现代高效刀具"）三部分组成。这三个子系统既独立发展，又相辅相成、互相促进，不断推动制造业劳动生产率的提高。以现代高效刀具为例，尽管其价格大大高于传统的标准刀具，但由于其优良的性能，所以用了它之后，加工质量和加工效率大幅提高，生产成本也降低了，从而获得了更大收益，其效益杠杆比达到五倍以上。例如，美国每年的刀具消费额为30多亿美元，而制造业因提高效率、降低成本而获得的收益却达到150亿美元。通过改进刀具、提高效率来扩大产能，比通过增加厂房、设备和工人来扩大产能更为合理，而且可以大大降低经济低迷时期产能闲置的风险。

数字化制造技术各子系统之间发展不平衡会大大影响其整体效率和效益的发挥。在我国数字化制造技术的发展过程中曾存在一个认识上的误区——简单地把数控机床看成是数字化制造技术的全部，认为刀具和量仪只是机床的"附件"而已，只要把主机抓好了，附件就自然能跟着上去。这种认识忽略了对数控刀具和数控量仪应有的重视和投入，其结果是我国现代切削刀具和测量技术的发展滞后于机床的发展。

现代制造业包括以下新技术：

1. 绿色制造 GM

绿色制造（Green Manufacturing，GM），又称环境意识制造、面向环境的制造等，是一种综合考虑环境影响和资源效率的先进的现代制造模式，1996年由美国制造工程师学会（SME）提出。SME发表的蓝皮书将其定义为："绿色制造，又称清洁制造，其目标是使产品从设计、生产、运输到报废处理的全过程对环境的负面影响达到最小。"其内涵是产品生命周期的全过程均具有绿色性，即绿色设计、绿色材料、绿色设备、绿色工艺、绿色包装、绿色管理、绿色产品、绿色回收处理。工业发展污染了人类赖以生存的环境，现国际上已颁布了ISO 9000系列质量标准和ISO 14000环保标准，迫使现代制造朝着环保化（绿色制造）方向发展。

目前绿色制造技术主要有以下几个方面：

（1）无切削液加工。

切削液既污染环境又危害工人健康，还增加资源和能源的消耗。取而代之的是干切削和干磨削，干切削和干磨削一般是利用空气中的氮气、冷风或静电冷却技术来冷却工件和刀具，不使用切削液。

（2）精密成形技术。

其包括精密铸造、精密锻压、精密热塑性成形、精密焊接与切割等技术。特点是生产周期短、生产效率高，同时不污染环境。

（3）快速成形技术。

其设计突破了传统加工技术所采用的材料去除原理，而采用添加、累计的方法。代表性技术有分层实体制造、熔化沉积制造等。

2. 计算机集成制造（CIM）

计算机集成制造（Computer Integrated Manufacturing，CIM）是一种概念、一种哲理，这种哲理首先是在1974年由Joseph Harrington博士在其论文《Computer Integrated Manufacturing》中提出的。其基本观点是：制造企业中的各个部分（即从市场分析、经营决策、工程设计、制造过程、质量控制、生产指挥到售后服务）是一个互相紧密相关的整体。

计算机集成制造是指通过计算机网络技术、数据库技术等软硬件技术，把产品设计、生产制造、经营管理、售后服务等环节联系在一起，构成了一个能适应市场需求变化和生产环境变化的大系统。计算机集成制造系统将以下三方面有机地集中在一起：

（1）企业员工的集中：将企业的管理人员，设计人员，制造人员，负责产品质量、销售、采购的人员，以及产品用户集中成为一个有机的、协调的整体。

（2）信息集中：将产品生产周期中的各类信息的获取、处理和操作工具集中在一起，组成统一的管理控制系统。尤其是产品数据的管理和产品信息模型在信息集中系统中得到一体化的处理。

（3）功能集中：将产品生产周期中企业各部门的功能以及产品开发与外部协作企业间的功能集中在一起。

3. 柔性制造（FM）

所谓柔性，即灵活性，主要表现在：①生产设备的零件、部件可根据所加工产品的需要变换；②对加工产品的批量可根据需要迅速调整；③对加工产品的性能参数可迅速改变并及时投入生产；④可迅速而有效地综合应用新技术；⑤对用户、贸易伙伴和供应商的需求变化及特殊要求能迅速做出反应。采用柔性制造技术的企业，平时能满足品种多变而批量很小的生产需求，战时能迅速扩大生产能力。

柔性制造系统（Flexible Manufacture System，FMS），由统一的信息控制系统（信息流）、物料储运系统（物料流）和一组数字控制加工设备组成，能适应加工对象变换，可以在不停机的情况下实现多品种、中小批量自动生产。一组按次序排列的加工设备，由自动装卸及传送机器连接并经计算机系统集成一体，原材料和代加工零件在零件传输系统上装卸，零件在一台机器上加工完毕后传到下一台机器，每台机器接受操作指令，自动装卸所需工具，无须人工参与。它集自动化技术、信息技术和制作加工技术于一体，在计算机及其软件和数据库的支持下，把以往工厂企业中相互孤立的工程设计、制造、经营管理等过程，组成一个覆盖整个企业的有机系统。

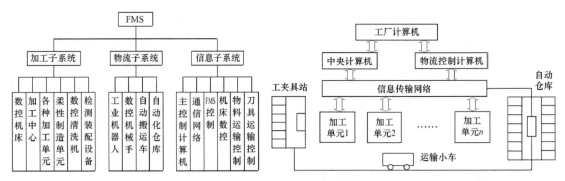

图2.48　柔性制造系统的构成

4. 智能制造（IM）

智能制造（Intelligent Manufacturing，IM）是一种由智能机器和人类专家共同组成的人机一体化智能系统，它在制造过程中能进行智能活动，诸如分析、推理、判断、构思和决策等。通过人与智能机器的合作共事，去扩大、延伸和部分地取代人类专家在制造过程中的脑力劳动。它把制造自动化的概念更新，扩展到柔性化、智能化和高度集成化。

1989年日本首先提出智能制造系统，1990年倡导"智能制造系统"国际合作研究计划，许多发达国家和地区如美国、欧洲共同体、加拿大、澳大利亚等参加了该项计划。

2015年5月19日，国务院印发《中国制造2025》，明确了智能制造是建设制造强国的主攻方向。工业和信息化部决定自2015年启动实施"智能制造试点示范专项行动"，以促进工业转型升级，加快制造强国建设进程。

5. 并行工程（CE）

为消除串行的产品设计方法（需求分析—概念设计—详细设计—过程设计—加工制造—实验检测—设计修改）的弊端，减少产品的开发时间和成本，近几年提出了并行工程（Concurrent Engineering，CE）的产品设计方法，它能够并行地集成设计、制造、市场、服务等资源。1988年美国国家防御分析研究所完整地提出了并行工程的概念，即"并行工程是集成地、并行地设计产品及其相关过程（包括制造过程和支持过程）的系统方法。这种方法要求产品开发人员在一开始就考虑产品整个生命周期中从概念形成到产品报废的所有因素，包括质量、成本、进度计划和用户要求"。并行工程的目标是提高质量、降低成本、缩短产品开发周期和产品上市时间。

并行工程的具体做法是：在产品开发初期，组织多种职能协同工作的项目组，使有关人员从一开始就获得对新产品需求的要求和信息，积极研究涉及本部门的工作业务，并将所需要求提供给设计人员，使许多问题在开发早期就得到解决，从而保证了设计的质量，避免了大量的返工浪费。

6. 虚拟制造（VM）

虚拟制造（Virtual Manufacturing，VM）是20世纪80年代提出的概念，并在20世纪90年代得到重视和发展。它是利用计算机和装备产生一个虚拟环境，应用人类知识、技术和感知能力，与虚拟对象进行交互作用，对产品设计和制造活动进行全面的建模和仿真。其核心技术是仿真。通过仿真软件来模拟真实系统，以保证产品设计和工艺的合理性，保证产品制造的成功和生产周期，发现设计、生产中不可避免的缺陷和错误，从而使产品的开发周期最短、成本最低、质量最优。

7. 敏捷制造（AM）

敏捷制造（Agile Manufacturing，AM）是美国国防部为了制定21世纪制造业发展规划而支持的一项研究计划。该计划始于1991年，有100多家公司参加，由通用汽车公司、波音公司、IBM、德州仪器公司、AT&T、摩托罗拉等15家著名大公司和国防部的代表共20人组成了核心研究队伍。此项研究历时三年，于1994年年底提出了《21世纪制造企业战略》。在这份报告中，提出了既能体现国防部与工业界各自的特殊利益，又能获取他们共同利益的一种新的生产方式，即敏捷制造。

敏捷制造是将柔性生产技术、熟练掌握生产技能和有知识的劳动力与促进企业内部和企业之间相互合作的灵活管理集成在一起，通过所建立的共同基础结构，对迅速改变或对无法预见的消费者需求和市场做出快速响应。市场的快速响应是敏捷制造的核心。

8. 网络制造（NM）

网络制造（Networked Manufacturing，NM）是按照敏捷制造的思想，采用Internet技术，建立灵活有效、互惠互利的动态企业联盟，有效地实现研究、设计、生产和销售各种资源的重组，从而提高企业的市场快速反应和竞争能力的新模式。使用这种模式可以实现企业间的协同和各种社会资源的共享与集成，高速度、高质量、低成本地为市场提供所需的产品和服务。网络化制造应用服务可为产品设计和制造过程提供服务和优化，并且可以进行虚拟的工艺仿真，为产品设计和工艺提供参考。通过网络化制造应用服务中心进行产品及其制造工艺的模拟仿真、优化设计和协同制造，大大节省了企业的投资，提高了企业的生产效率。随着信息技术和网络技术的飞速发展，网络制造作为一种现代制造的新模式，正在日益成为制造业研究和实践的热门领域，网络制造业将给现代制造业带来一场深刻的变革。

第四节　中国制造百年史

一、清朝末年：近代装备制造业萌芽

19世纪中期到中华人民共和国成立前，中国近代装备制造业逐步由手工业作坊式小生产向使用动力机器的生产方式转变。这一时期装备制造业的发展速度虽远不及中华人民共和国成立之后，但其成就也是不应忽视的。

中华人民共和国成立前的装备制造业从军工厂起步。1840年，鸦片战争的爆发使中国被迫接受了西方先进的科学技术和设备，与此同时，在官僚体系中形成了一股强大的政治派别——洋务派。为了抵御国内动乱和外国侵略，在洋务派的倡导下，中国最早的装备制造业——军事工业出现了。1862年，中国第一座机械厂——安庆军械所由洋务派代表人曾国藩亲自创建。中国的第一台蒸汽机，便是由安庆军械所于1862年4月制成的。随后，安庆军械所又分别于1863年11月制成小火轮，1866年春制成了"黄鹄号"轮船。自此，中国近代工业发展的序幕正式拉开。到1911年，洋务派相继在上海、南京、福州等地创建了26个制造局（亦称机器局），制造枪、炮、弹药、兵船和修配武器。

在官办企业的倡导下，"重农轻商"的观念逐渐被摒弃，一场以富国富民为主的重商运动被掀起了。洋务派在反思传统"重农抑商"经济观的基础上，提出了以"士商平等""商战固本"和"以商立国"为中心的一系列具有反抗传统和外来侵略性质的重商主义思想。这一时期，洋务派培养出了一批技术人才，引进了一批西方先进生产技术，对装备制造业的发展产生了深远影响。洋务派发动洋务运动的根本目的，是拯救清王朝，维护地主阶级的统治，走的是一条"实业兴国"之路。但是，事实并没有向他们期望的方向发展，逆历史潮流而动的做法，直接导致了后来的失败。甲午战争清政府的惨败，直接标志着洋务运动的破产。

如果说洋务派创办的中国近代工商业，属于国家垄断资本主义，那么在维新派的主张下兴起的民族企业，则属于民族资本主义。由于近代军用工业的兴起，与清政府财力的限制，到19世纪70年代，洋务派开始积极转向经营航运、矿冶、纺织、电信、铁路等民用企业，期望开辟新的财源。由此，民族资本家经营的民用装备制造业开始兴起。在广州、上海等沿海地区，一些手工作坊开始承接船舶修配业务，随着资金和技术经验的积累，有的作坊逐渐发展为小型机械修造厂，如广州陈联泰机器厂、上海发昌机器厂、天津德泰机器厂等。其中，发昌机器厂是中国近代第一家资本主义工业企业，它的诞生标志着中国民族工业的起步。

到20世纪初，随着国内市场对机械产品的修造需求逐步增加，民营资本经营的装备制造业有了一定的发展，形成了船舶修造、轧花机及缫丝机制造、纺织针织机修配、印刷机制造、机器安装及公用事业修配等专业。到1913年，资本在万元以上的机械企业全国约有7

家，其中规模较大的有汉口周恒顺机器厂（武汉汽轮机厂的前身）、上海大隆机器厂、上海求新机器轮船厂、汉口扬子机器厂。

民族资本主义的兴起，同当时的鼓励政策密切相关。1898年之后，维新派起草了涉及经济、军事、文化教育等方面的几十道改革方案。1902年到1907年，清政府又陆续公布了多项法规政策，包括《商律》《公司注册试办章程》《商会简明章程》《奖励公司章程》《华商办理农工商实业爵赏章程及奖牌章程》《华商办理实业爵赏章程》等。提倡奖励实业，振兴商务，鼓励私人出资兴办企业，保障工商业者权益和提高工商业者地位，促进了近代民族资本主义的发展。

在一系列政策的鼓励下，中国装备制造业取得了初步发展。但是，这些民族资本经营的企业，规模太小，不具有竞争力，又无官僚资本那样的背景，最终只能在夹缝中生存。

图2.49 1881年中国制造的第一辆蒸汽机车

二、民国时期：装备制造业初具雏形

民国时期，是中国近代化的曲折发展与民主革命的新曙光初现阶段，新旧交替，各种社会矛盾错综复杂，此时的装备制造业经历了一段曲折的发展历程。

北洋军阀统治时期，装备制造业一度出现了繁荣发展期。这一时期工业的发展与北洋政府的政策倾向密切相关，具体内容主要包括：解除了对民间兴办工业企业的限制；对工矿业者采取保护和奖励政策；对新办企业实行保息和补助政策；对民族工业产品及所有原料实行减免捐税政策；劝导创办实业，鼓励利用外资。一系列工业政策的实施，在一定程度上扫除了民族资产阶级从事工业的障碍，改善了民族资产阶级的投资环境，极大地促进了民族工商业的蓬勃发展，装备制造业在这一时期大有作为。

在有利的国际环境和北洋政府发展工业政策的双重影响下，中国民族资本发展装备制造业进入了一个"黄金时代"。如上海民族资本经营的机械厂由1914年的91家增加到1924年的248家；湖北的机械厂由19家增至33家。一些著名的机电工厂，如钱镛记电器铺（南洋电机厂前身）、上海华通电业机器有限公司（上海华通开关厂前身）等都是这时创办的。日用机器产品制造厂也在这时开始创办。如 1915 年在烟台创办了中国第一个钟厂——中宝时钟厂；1919 年在上海创办了中国最早的缝纫机厂——协昌、润昌缝纫机厂。这一时期，中国机械企业成功仿制、研制了一批机械设备。

虽然北洋军阀统治后期内战不断，外资也不断排挤，但此时的民族资本主义却表现出了足够的生命力和活力，为装备制造业的日后发展奠定了基础。

抗日战争期间，国民政府仍然坚持以发展经济为重点，并将沿海沿江地区大量的工矿企业和技术人员转移后方，为在后方发展装备制造业提供了物资条件和比较充足的技术人才。内迁的民族资本工厂包括周恒顺机器厂、顺昌铁工厂等 230 家；国营厂有十几个兵工厂、航空制造厂、汽车修配厂等，搬迁过程损失严重。除搬迁外，国民政府在昆明、重庆等地又新建了一批机械厂。

这一时期，由于国际运输断绝，进口锐减，加之战争需要，工业主要围绕自力更生、全面备战来发展。从支持持久抗战的需要出发，国民政府加快了发展装备制造业的步伐，集中建立工业企业的地区也从湖南、湖北、江西扩大到四川、云南、贵州、广西、甘肃、青海等省区，很快形成了重庆、川中、广元、昆明、贵阳等 11 个工业区，使工业地区分布不平衡、轻重工业结构不合理的状况有了明显的改变。

三、中华人民共和国成立初期：制造业的重新起步

中华人民共和国成立之初，我国是一个落后的农业国，除了东部和内陆中心城市有一些钢铁、煤矿、纺织、机械制造业外，大部分地区的工业基本上是一片空白。工业产值只占工农业总产值的 17%，钢产量只有 15.8 万吨，煤只有 3243 万吨，原油只有 12 万吨，重工业更是无从谈起。我们既不能制造汽车、飞机，也没有冶金设备、矿山设备和大型发电设备等制造业。

1950 年 2 月 14 日，中苏两国签订了为期 30 年的《中苏友好同盟互助条约》和《关于苏联贷款给中华人民共和国的协定》。中国政府在苏联的帮助下，开始了历史上前所未有的工业化进程，在能源、冶金、机械、化学和国防工业领域，陆续展开了 156 项工程（实际完成 150 项），其中民用工业企业约占 70%，国防企业约占 30%。到 1957 年年底第一个五年计划结束时，156 项工程已开工 135 个。正是由于这 156 项工程，中国正式从一穷二白的农业国迈向了工业国。在这里，诞生了新中国第一架飞机、第一辆汽车、第一辆拖拉机、第一枚导弹……通过这些工程，我国工业生产技术水平跨越了半个世纪，建立了世界上第三个独立自主的工业体系。

1953 年我国开始实施以发展重工业为中心的国民经济第一个五年计划，到 1956 年年底，"一五"计划的主要指标大多提前完成，1957 年年底各项指标都大幅度地超额完成，奠定了中国社会主义工业化的初步基础。五年内，全国基本建设投资总额 588 亿元。在工业基本建设投资额中，重工业的投资占 88.8%，轻工业的投资占 11.2%。1957 年工业总产值比 1952 年增长 128.3%。机器制造业在工业总产值中的比例由 1952 年的 5.2%，提高到 1957 年的 9.5%。飞机制造业、汽车制造业、重型和精密仪器制造业、发电设备制造业、冶金和矿山设备制造业、高级合金钢和有色金属冶炼业等新部门相继建立。

毛泽东主席检验红旗轿车

图 2.50　中华人民共和国成立初期的制造业

四、"大跃进"与"文革"时期：制造业的探索与受挫阶段

经过"一五"计划的成功后，我国在探索建设社会主义道路中出现了一些失误，急于求成，忽略客观经济发展规律，1958 年发动了"大跃进"运动，在盲目求快、急于求成的思想影响下，片面追求工农业生产和建设的高速度。农业强调"以粮为纲"，工业强调"以钢为纲"，要求在 5 年甚至 3 年内提前实现原定 15 年钢产量赶上或超过英国的目标。

苏联援华后期，两国政治分歧越来越大。1959 年 10 月 1 日在国庆典礼大会上，苏联领导人赫鲁晓夫告知毛泽东停止帮助中国研制原子弹，接着全面终止了对华的各项援助，撤回了 3000 余名专家。

在第二个五年计划（1958—1962 年）期间，中华人民共和国创造了无数的工业奇迹，建成了以鞍钢、武钢、包钢等大型钢铁综合企业为核心的多项重要工程，体系完整的"18 罗汉"机床厂，还有许多大项目、大建设，重大科技成就也都是在这个时期实施和取得的。第一架多用途民用飞机诞生，第一台半导体收音机制成，第一台 X53K1 三坐标数控机床制成，第一重型机器厂（中国第一重型机械集团公司前身）建成，第一台黑白电视机——北京牌 14 寸黑白电视机研制成功，第一台最大的平炉在鞍钢建成，第一个最大的炼钢厂——武钢炼钢厂开工兴建……

1966—1976 年"文革"时间，工业生产遭到极大破坏，制造业不但没有发展甚至出现了倒退现象，回到了中华人民共和国成立初期的水平。

五、改革开放时期：制造业的三次发展阶段

第一阶段：1978 年—20 世纪 90 年代初，制造业的复苏。

1978 年，刚刚从"文革"中解脱出来的中国百废待兴。在中华人民共和国成立之后的 29 年中，中国模仿苏联的计划经济体系建立了较为完整的制造业体系，能够制造各类工业和消费产品，通过"三线建设"，军工制造业建立了一定基础。但是，当时的制造业更多的是制造工业产品，在消费品制造方面，只能提供基本的生活保障。在当时人民生活非常困难的环境下，消费水平很低，从粮票到布票、肉票，产品种类还非常匮乏。

20 世纪 80 年代中叶，制造业开始崛起，很多家庭开始购买国产的电子产品和轻工产品，电视上开始有了各类产品广告。在这个十年当中，国营企业还是制造业的绝对主流，一

些军工企业开始生产民用产品。在经济改革中初步尝到实惠的中国人，开始接触到各种新鲜产品，"三大件"不断变迁，电视机、洗衣机、电冰箱，逐渐成为所有家庭的必备电器，而中国人的穿着有了更多的选择，食品和各类消费产品的品种逐渐丰富。而这十年，中国市场的特点是供不应求。

第二阶段：20世纪90年代初—21世纪初，民营制造业的崛起和外资制造业进入中国。

随着国家政策的不断放开，以及沿海地区开放程度的逐渐提高，民营企业逐渐崛起。"苏南模式"和"温州模式"成为两种体制改革的模式。一些沿海地区的企业逐渐开始创造自己的品牌。经济特区的建设、海南的发展、股市的建立、商品房的出现，使得中国基本完成了计划经济向市场经济的转型，而中国市场也逐渐由供不应求转向供大于求。

在这个十年，广东成为中国经济的龙头，而江浙的民营经济开始崛起。很多刚刚经历从计划经济转轨的国有企业还不适应这种市场的变化，缺乏竞争意识、品牌意识，在市场竞争中出现了亏损，甚至最终全军覆没，不少原国有企业拥有的知名品牌陨落。在中国走向市场经济的大潮下，国家充分鼓励民营经济的发展，成就了一大批民营企业家，他们靠灵活的市场嗅觉和敢为天下先的果敢，在中国经济转型的过程中，逐渐赢得了竞争优势。"营销"，尤其是"广告"，成为中国民营企业叩开市场的金钥匙，例如"秦池""孔府宴酒"等，央视的"标王"开始成为一个社会现象。而恒安纸业、正泰电器等很多民营企业，也正是在这个时期，完成了自己的原始积累。在这一时期，也有大量原来在国有企业工作的管理和技术人员"下海创业"。十年间，中国开始大力兴建各类工业园区，巨大的中国市场吸引了大批国外制造企业进入中国，中国开始有了外资、合资和合作企业，中国的低成本后发优势逐渐显露，国际贸易开始节节攀升，国内市场逐渐繁荣。中国制造企业开始广泛引进国外的工业和消费产品的设计和制造技术，而消费能力的提升，使得中国消费者对制造业产品有了更多个性化的需求。中国制造业的信息化进程开始逐渐展开，财务软件、CAD成为当时的热门软件。

在改革开放的第二个十年中，伴随着民营经济的崛起和外资制造业进入中国，中国沿海地区的制造业得到了迅速发展。内地和沿海地区的制造业，乃至整个区域的经济实力的差距逐渐拉大。

第三阶段：21世纪初至现在，制造业融入世界，"中国制造"闻名全球。

在这将近二十年的时间里，外资进入中国的趋势伴随着中国的改革开放的深入而逐渐凸显，尤其是中国加入WTO之后，在中国积极引进外资的政策吸引，以及全球制造企业降低制造成本，并占领中国及亚太市场的战略推动下，大量外资涌进中国，形成了今天中国数以万计的外资与合资制造企业，以及台资、港资企业。长三角地区，随着浦东的开发而逐渐成为中国改革开放的龙头。中国改革开放三十年以来，使"Made in China"全球闻名的，是中国沿海地区众多出口导向型制造企业。这些企业充分发挥低成本优势，逐渐形成了国际竞争力，赢得了大量的OEM（Original Equipment Manufacture，原始设备制造商）订单，成为国际制造业的生产外包基地。而支撑这些企业实现低成本优势的，是来自中国农村的大量低成本劳动力和沿海地区逐渐形成的专业化产业集群，尤其是在IT产品、玩具、服装、制鞋等产业。

互联网的蓬勃发展，改变了人类的生活方式。中国在基础建设方面的投入飞速增长，跨越全国的高速公路网络有了全面建设，铁路实现了一次又一次的大提速，航空载客量和货运量增长神速，而中国的电信，尤其是无线通信实现了突飞猛进的发展。中国的城市化进程，也呈现出蓬勃发展的趋势，中国的城市成为全球最大的工地，建筑业的发展也带动了对制造业产品的需求。农民工像潮水一般，涌向沿海地区，支撑了民营制造企业，尤其是外向型企业的发展。随着中国的基础设施建设投资的增加、国内消费需求的提升和国际贸易的迅速增长，2003年后，整个中国制造业进入新一轮迅速发展期。尤其是中国的船舶、机床、汽车、工程机械、电子与通信等产业发展迅速，又带动了对重型机械、模具，以及对钢铁等原材料需求的海量增长，从而带动了整个制造业产业链的发展。国家对军工行业的投入增大，在航天领域的成就举世瞩目。大型国有企业的效益显著提升，烟草、钢铁等行业开始进行迅速整合。资本市场为中国大中型制造企业的发展带来了充足的资金。

在这期间，民营企业赢得了更大的发展。一方面，除了烟草、能源、军工等垄断行业，以及一些重点国有企业集团之外，很多国有企业逐渐实现民营化；另一方面，很多民营的龙头企业已经通过兼并、收购发展成为遍布全国的产业集团，在产业规模方面达到了全国，甚至全球的领先水平。例如，顺德的家电产业、温州的电气产业、福建晋江的制鞋业、昆山的电子产业等。期间中国的工业品和消费品市场已由卖方市场完全转变为买方市场，中国国内的制造业市场已经国际化，市场竞争空前激烈，产品品种越来越丰富，生命周期越来越短。中国成为全球经济的亮点，而中国制造业则随着中国加入WTO，迅速融入全球经济，中国的国际贸易额迅速攀升，出口顺差持续增加，中国的外汇储备也持续增长。中国经济的发展，对于国际贸易的依存度也越来越大。中国的优秀制造企业，已经开始走向全球，例如，联想、海尔、华为等，而机床、汽车等行业的中国大型制造企业也已经进行了国际并购。中国制造业的发展，带动了对电子商务的巨大需求。而ERP、PLM、CRM等制造业信息化技术的应用，也开始成为支撑制造业发展的重要手段。

中国古代四大发明

四大发明是古代中华民族劳动人民的重要创造，在人类科学文化史上留下了灿烂的一页，对中国古代的政治、经济、文化的发展产生了巨大的推动作用，在欧洲近代文明产生之前陆续传入西方，对西方科技发展也产生很大的影响。造纸术、印刷术的出现改变了只有僧侣才能读书和受高等教育的状况，便利了文化的传播。火药和火器的采用摧毁了欧洲中世纪天主教的思想枷锁。指南针传到欧洲航海家的手里，使他们有可能发现美洲和实现环球航行，为西方奠定了世界贸易和工场手工业发展的基础。从此，西欧率先进入近代社会，整个世界在其推动下，逐步从古代向近代演变，为第一次工业革命埋下伏笔。

(一) 造纸术

在东汉以前，我国文人官员使用的书写工具大部分都是竹简和绢帛。竹简到处都能找到，但是实在是太重。汉武帝时期，有一个叫作东方朔的文学家给皇帝写了一篇3万字的奏章，居然用了3000多片竹简，最后要两个人抬着才能送入宫中，供皇帝看。绢帛重量比起竹简轻了很多，但是价格太贵，一般人别说不舍得拿来写字，就算是买也买不起。

图 2.51　古代书简

东汉时，有一个叫蔡伦（公元61—121年）的宦官为皇帝解决了这个难题。他将树皮、麻头、敝布、破渔网等很便宜的原料，进行剉、捣、抄、烘等加工，终于制造出一种便于书写、原料容易找到、价格便宜的纸。从此，这种纸被叫作"蔡侯纸"。

其实，在"蔡侯纸"之前，已经有人发明了纸，但是那种纸又贵又粗糙，又不好书写。造纸术让优质纸张得以大量生产，替代了以前的竹简，使得文字交流更加方便、更加畅顺、更加频繁，从而促进了文化的发展。这不仅促进了国内的文化发展，还很快代替了欧洲中世纪长期使用的书写材料——羊皮纸和小牛皮纸，促进了欧洲文化的发展，改变了西欧的文化历程。

蔡伦像　　　　　　　　汉朝造纸工艺流程

图 2.52　造纸术

(二) 活字印刷术

蔡伦使纸张逐渐成为文字的载体，诗文创作和书信往来更加方便，开始出现书籍。书，是为了传播思想，就一本怎么够！而要一本一本地抄又太浪费时间了，聪明的中国人就想了一个办法，一次投入，多次产出，那就是——印刷。在隋唐的时候，中国已经出现了雕版印刷术。

图 2.53　雕版印刷

北宋的毕昇（约公元 970—1051 年），觉得雕版印刷术还是不够方便，就发明了活字印刷术，就是将常用的字一个个准备好，根据要印刷的文本，将一个个字模拼起来，然后拿去印刷。印完之后的字板还可以拆开，一个个活字就可以循环使用了。这样的方法，一来大大节约了印刷成本，二来提高了印刷的效率，而且活字比雕版占有的空间小，容易存储和保管。

图 2.54　活字印刷术

毕昇的发明促进了中国和西方的思想解放和社会进步，大大推动了西方的文艺复兴和宗教改革进程。

图 2.55　1450 年德意志人古腾堡改良了中国的活字印刷术

(三) 火药

火药是中国古代炼丹家于隋唐时期发明的,距今已有一千多年了。我国第一部记载火药配方的书是《范子叶然》,成书于八九世纪。书中记载,"以硫黄、雄黄合硝石,并蜜烧之",会发生"焰起,烧手面及火尽屋舍"的现象。火药自春秋时代就已经用于民间,正式投入军事作战是在唐朝,那时,人们发明了世界上第一根

图 2.56　突火枪和火药箭

火箭。北宋政府建立了火药作坊,先后制造了火药箭、火炮等以燃烧性能为主的武器和霹雳炮、震天雷等爆炸性较强的武器。南宋在1259年造出了以巨竹为筒,内装火药的"突火枪"。到了元代又出现了铜铸火铳,称为"铜将军"。这些都是以火药的爆炸为推动力的武器,在战争中显示了前所未有的威力。

中国的火药,推动了世界的进程。先传到阿拉伯,再传到欧洲,推动欧洲从冷兵器时代进入热兵器时代,动摇了西欧的封建统治,昔日靠冷兵器耀武扬威的骑士阶层日渐衰落,还促进了欧洲采矿业和金属制造业的发展。

图 2.57　《自由引导人民》

(四) 指南针

世界上第一个指南针,是出现在战国时期的"司南"。随着采矿业、冶炼业的发展,在长期的生产实践中,人们从铁矿石中认识了磁石,发现了磁石吸引铁的性质,后来又发现了磁石的指向性。经过多方面的实验和研究,终于发明了实用的指南针。一开始,它被应用于祭祀、礼仪、军事、占卜与看风水时确定方位等场合。到了北宋,人们开始探索海洋,指南针就在航海的过程中起到了巨大的作用。传到欧洲之后,促进了西欧的远洋航行,人类迎来了大航海的时代。

世界上第一个指南针——司南　　　　　　　　　哥伦布航海

图 2.58　指南针在航海中起到了巨大的作用

课后练习

1. 简述古代制造业的发展历程。
2. 简述人类社会发生的三次工业革命。
3. 由中国制造百年史，论述装备制造业在国家发展中的作用。

第三章
装备制造业的发展历程

第一节 国外装备制造业的发展历程

一、全球制造业 500 强

由全球制造商集团独家编制的 2017 年度（首届）《全球制造 500 强》排行榜，于 2017 年 8 月 22 日在北京举行的"全球制造商峰会"上揭晓。以 2016 年营业收入作为衡量标准进行排名，中国石化以 19309 亿元的营收排名全球第一，丰田汽车公司以及壳牌石油公司分别以 17326 亿元以及 16538 亿元位列第二、第三。苹果公司尽管在收入上仅排名第八，但是其净利润却远超其余 9 家公司，排名第一。中国大陆入选的企业共有 57 家，其中入围榜单前十强的企业有中国石化、中国石油以及上汽集团等。

从企业数量的国家分布看，美国占据 133 席，雄居全球之首；日本以 85 家公司位列第二；中国、德国、法国和英国分别有 76 家、26 家、25 家和 23 家企业入选。

全球制造 500 强共分布于 15 个制造业子行业中，机械制造业因 76 家企业入选而位居第一；石油加工行业和计算机、通信电子设备制造业各有 72 家入选，并列第二位；汽车以及零部件、金属制造业和食品饮料制造业分别有 62 家、46 家、41 家企业入选；纺织、烟草、造纸等子行业上榜公司较少。

全球制造商峰会上同期发布了 2017 年《全球机械 500 强》及《中国机械 500 强》，从入选企业总数来看，美国以 140 家企业入选仍占据榜首位置，日本以 105 家入选位列第二，中国以 99 家入选位居第三，德国、法国、瑞士分别位居第四、第五、第六。

中国入选《全球机械 500 强》前三名的分别是上海汽车集团股份有限公司、东风汽车公司和中国第一汽车集团公司，分别排在第三位、第十九位和第二十位。

二、美国的制造业

美国制造业的历史是一个跌宕起伏的故事：从弱小的殖民地崛起开始，发展到 20 世纪中叶的占据全球领导地位，又经历了 20 世纪 70 年代到 80 年代的数次衰退期，随后进入 20 世纪 90 年代复杂的全球环境下的再次振兴——这几乎可以说是一个引人入胜的传奇故事。

在许多方面，美国的开始都像是一张干净的白纸。一块广阔的、高度开放的大陆为美国的发展提供了无与伦比的资源和无尽的机遇。没有旧世界传统的枷锁，美国人可以自由地书写他们自己的规则。政府、法律、文化习俗和社会风俗——这些作为美国人自己选择的结果，都是伟大的美国经验的组成部分。

1914—1918年欧洲经历第一次世界大战，需要从美国进口战略物资，这促进了美国制造业的发展。战争初期，美国利用"中立"的有利地位，利用交战双方对军需物资的大量需求，充当双方的兵工厂，迅速扩大军工生产和重工生产。大战使美国产品出口急剧增长，欧洲国家大量购买美国的出口物资，战争使美国成为世界市场的主要工厂。

1918年"一战"后欧洲国家恢复战后经济，美国向欧洲输出商品，促进了美国制造业的发展。战后资本主义世界的金融中心由英国移到了美国，这就大大加强了美国在资本主义世界中的地位，为更新生产设备、扩大生产规模、迅速发展生产提供了雄厚的资金，从而为经济繁荣奠定了基础。

战后，美国大企业都建立了自己的科研机构。1927年，据208个公司报告，它们用于科学研究的经费总数近1200万美元。工业部门科学研究工作的加强，推动了新技术在工业生产中的应用，促进了经济的迅速发展。

1929—1933年是资本主义世界历史上最大的一次经济危机，危机使欧洲经济破坏很大，率先取得经济复苏的美国向欧洲输出商品，使自身的经济得到了极大的发展。

美国制造业的竞争对手都受到重创，急需战后经济恢复。以此为契机的美国制造产业再次以惊人的速度占据人类世界的半壁江山，20世纪50年代初，美国制造业增加值占世界总和的40%左右，贴有"美国制造"的产品行销海外，在全球范围内有着不可动摇的地位，美国的制造业再次迎来发展的巅峰时期。

三、日本的制造业

日本的制造业仅次于美国。日本制造业的特点是以民用为主。

世界上有两个国家的产品被公认为品质一流：一个是德国，另一个是日本，其中日本制造以做工精细、易用可靠、服务完善而著称。但日本制造早期也曾受到廉价质低困扰。20世纪60年代实施"质量救国"战略，经过100年的脱胎换骨，成为世界高质量的代名词，日本的制造业迅速崛起，在工业机器人、数控机床、半导体收音机、电子控制器等方面获得了很大成功，在国际市场上的竞争力越来越强。如今，随便一个电子产品，不管外壳上是苹果、诺基亚还是三星的品牌标志，其内部都少不了日本零件。苹果公司的一位主管称，苹果产品的主要部件都来自日本企业，因为其他供应商很难达到苹果的要求，因此称为"看不见的日本制造"。半导体专家T. W. Kang解释说："世界各地的厂商之所以使用日本制造商生产的工具和部件，是因为这些产品的高质量和可靠性。"

日本制造业的崛起曾经历过三个阶段：

（1）从明治维新到"二战"（1868—1939年），"山寨"为主的阶段。日本那时的产品在中国被称为"东洋货"，全世界都知道"Made in Japan"就是便宜货，其源头就在于第二次世界大战期间日本出口商品的粗制滥造。

（2）"二战"结束到20世纪70年代初，"模仿"为主的阶段。在此阶段，重点学习美国，这使日本从一个经济崩溃的战败国发展成经济巨人。从美国引入了现代质量管理的概念和方法，20世纪60年代初开始将质量管理的概念拓展为全公司质量管理（CWQC）。支撑日本制造走向领先的原动力即是"匠人精神"，用日本人自己的话说就是："追求自己手艺的进步,并对此持有自信,不因金钱和时间的制约扭曲自己的意志或做出妥协,只做自己能够认可的工作。一旦接手,就算完全弃利益于不顾,也要使出浑身解数完成。"

(3) 20世纪70年代初到20世纪90年代,"创新超越"为主的阶段。在此阶段,"日本制造"不仅登上了世界舞台,还创造了一个又一个神话,成为各国企业竞相研究、学习和模仿的对象,成为后发国家实现创新驱动发展的成功典范。

四、德国的制造业

德国,不仅是诗人、思想家和作曲家的摇篮,更盛产科学家、工程师、技师,并以其登峰造极的制造业,尤其是机械制造和汽车业而享誉世界。长期以来,"德国制造"从最初的技术模仿到自主创新,从追赶英美到跨越式发展,最后自成体系;从追求规模数量到关注质量和品质,最后集中于工艺技术和研究密集型产品的生产,塑造了一个不同于英国制造、美国制造和日本制造的"德国制造"模式。

"德国制造"的光环并非与生俱来。从历史上看,"德国制造"经历了由弱到强、由辱到荣的"化茧成蝶"式的蜕变进程。曾经的德国制造是"偷窃、复制、伪造"的代名词。

18世纪,英国通过工业革命,成为世界科技的排头兵。而与此同时,德国却还是个经济落后的农业国,比英国相差至少半个世纪。德国人为了甩掉贫穷落后的帽子,积极向英国学习。但德国人采取的"学习方式",却让英国人恼怒不已。由于大量仿制英国制造的机器产品,所以引起了英国厂商的不满。1887年8月23日,英国议会修改了《商标法》,规定所有由德国出口到英国的物品都必须标明"Made in Germany",以此将"德国制造"的劣质产品与英国制造的优质产品区别开来,"德国制造"的蔑称由此得名。

为了改变"德国制造"的臭名,德国通过"法律、标准、质量认证"三位一体的质量管理体系,促进了制造质量的蜕变。经过近20年的摸索和技术改进,终于在1893年芝加哥世界博览会上赢得了好名声,过去那种质次和精度低的形象,开始被优质和高精度的形象取代,"德国制造"脱颖而出,从此确立了德国在机器设备制造领域的领先地位。

1907年,德国在各个制造领域,特别是在技术密集型制造领域的生产率,都已领先于英国,"德国制造"模式逐步走向国际经济舞台。到1914年,德国不仅完成了工业化任务,建立起完整的工业体系,成为欧洲头号工业强国,同时也成为那个时代先进制造业的成功范例。1914—1945年的两次世界大战期间,德国经济经历了畸形发展阶段,"德国制造"也因此被打上了深深的战争烙印。以战争为目的而发展的设备运输业,客观上为德国汽车工业的发展奠定了一定的基础,更没有料想到的是,"二战"前成立的大众汽车公司,在"二战"后居然发展成为欧洲最大的汽车生产商。

"德国制造"从"假冒的低等复制品"逐渐成为"一块热气腾腾的蛋糕",在机械制造业的31个部门中,德国有17个占据全球领先地位,处于前3位的部门共有27个。德国制造业被称为"众厂之厂",是世界工厂的制造者。

无论百年前的教堂大钟、酿酒设备、地下排水系统、建筑与家具,还是今天的奔驰、宝马、双立人刀具,"德国制造"具备了如下5个基本特征:耐用、务实、可靠、安全、精密。这些可触摸的特征,是德国文化在物质层面的外显,而隐含其后的,则是德国人的民族性格、哲学文化,这也是"德国制造"独特的核心精神文化内涵:理性严谨。理性严谨的文化内涵造就了"德国制造"今天的国际地位,也成就了一个民族。

第二节 中国装备制造业的发展历程

在过去的 30 年中，中国制造业进行了快速的赶超，已成为全球第一制造大国。

一、中国装备制造业的发展

中国装备制造业的发展和中国产业发展政策紧密相连。在计划经济时期、有计划的商品经济时期、社会主义市场经济时期出台的各种产业政策均不同程度地影响了中国装备制造业的发展路径。根据中国经济发展的不同时期，可以将其划分为起步阶段（1949—1978 年）、成长阶段（1979—1996 年）和起飞阶段（1997 年至今）。

1949 年中华人民共和国成立以来，国家对机械装备工业进行了一系列改组、改造，同时筹建了大型骨干装备企业。经过 4 个五年计划，我国装备工业在曲折前进中取得了一定的成就，初步形成了具有一定规模水平、门类比较齐全的装备制造业体系。工业生产以供应国内市场为目标，初步奠定了工业化基础，建立了专业科研机构，具有一定装备产品开发能力，形成了较完整的装备工业体系。1956—1976 年，我国错过了发展的黄金期，而日本和德国借助这 20 年，大力引进新技术，发展创新，重振装备制造业。

1978 年以来，我国装备制造业在对外开放中取得了迅速发展，不论是国有企业、民营企业，还是外资、合资企业都取得了长足的发展，技术进步的模式、方法和途径有了很大变化。实行对外开放，利用国内国际两个市场和两种资源，特别是鼓励利用外资，以逐步降低关税和本币较大幅度贬值等方式推进出口替代，逐步完成从主要出口初级产品向出口工业制成品的转变，出口商品中工业制成品的比重不断上升，市场经济几乎解决了所有传统领域中经济短缺的问题，许多传统产业开始进入成熟阶段，中国已成为世界瞩目的工业生产大国。

新世纪以来，中国装备制造业以每年 25% 的平均增长速度高速增长。2006 年国务院公布装备制造业产业振兴规划，2009 年装备制造业产业经济总量已位居世界第一，形成了若干各具特色的装备制造业基地：珠江三角洲通信设备与计算机制造基地；长江三角洲汽车和汽车零部件制造基地；东北重大成套装备制造基地；西南西北国防装备制造基地。

"十二五"以来我国装备制造业已经迈入以转型升级为主基调的中高速增长阶段。为推进我国高端装备制造业的发展，政府积极培育市场，营造良好市场环境。2012 年 5 月，工信部发布《高端装备制造业"十二五"发展规划》（以下简称《规划》）。《规划》指出，到 2015 年高端装备制造业年销售收入将超过 6 万亿元，较 2010 年增长 2.75 倍，占装备制造业的比重提高至 15%，工业增加值率达到 28%。骨干企业研发经费投入占销售收入的比例将超过 5%。高端装备所需的关键配套系统与设备、关键零部件与基础件制造能力显著提高；高端装备重点产业智能化率超过 30%。将力争通过 10 年努力，形成完整的高端装备制造产业体系，基本掌握高端装备制造业的关键核心技术，产业竞争力进入世界先进行列，到 2020 年，高端装备制造产业销售收入在装备制造业中的占比提高到 25%，工业增加值率较"十二五"末提高两个百分点，成为国民经济支柱产业。

近年来，我国装备制造业经历了新一轮规模扩张和技术改造，在数控机床、重型机械、发电输电、轨道交通、航空航天等领域建设了一批高起点、高水平的项目，产业优势得到恢复和加强，总体规模和技术水平实现了新的飞跃。

二、中国制造回归第一

2010 年，中国超过美国，成为全球制造业第一大国。目前，世界 500 种主要工业品中，中国有 220 种产品产量位居全球第一。在耗费了 150 年的时间之后终于回到了 19 世纪在世界上的位置，确实令人心潮澎湃，就像爱国的中国观众在电影院看《2012》里中国制造的方舟出现在屏幕上那种挥臂高呼的自豪感一样——中国可是承载着拯救全世界的重任啊！就连美国人自己也离不开中国制造，如果没有"Made in China"，圣诞节都会黯然失色。美国记者萨拉在《离开中国制造的一年》里告诉翘首等待夸赞的中国读者，离开了中国制造，生活就成了一场名副其实的冒险——家用电器的故障足以引起一场家庭危机，没了中国制造的玩具，也会让孩子屡屡失望。

三、跻身世界排名 500 强的中国制造企业

名次	企业名称	营业收入/万元	名次	企业名称	营业收入/万元
1	中国石油化工集团公司	193091982	26	浙江吉利控股集团有限公司	20879870
2	上海汽车集团股份有限公司	75641617	27	中国航天科工集团公司	20316614
3	东风汽车公司	57261266	28	海尔集团公司	20160868
4	华为投资控股有限公司	52157400	29	中国电子信息产业集团有限公司	19936460
5	中国兵器装备集团公司	47267719	30	中国船舶工业集团公司	19848192
6	中国五矿集团公司	43545005	31	江苏沙钢集团有限公司	19838486
7	中国第一汽车集团公司	43038158	32	金川集团股份有限公司	19313227
8	中国兵器工业集团公司	40740610	33	中国电子科技集团公司	18130792
9	北京汽车集团有限公司	40610384	34	华晨汽车集团控股有限公司	17273211
10	山东魏桥创业集团有限公司	37318332	35	美的集团股份有限公司	15984170
11	中国航空工业集团公司	37119722	36	光明食品（集团）有限公司	15585452
12	正威国际集团有限公司	33001920	37	海亮集团有限公司	15027109
13	中国宝武钢铁集团有限公司	30962102	38	铜陵有色金属集团控股有限公司	14955342
14	联想控股股份有限公司	30695285	39	万洲国际有限公司	14305682
15	中国化工集团公司	30012718	40	中国有色矿业集团有限公司	14095403
16	河钢集团有限公司	29077196	41	鞍钢集团公司	13925490
17	中国船舶重工集团公司	28001147	42	首钢总公司	13487099
18	广州汽车工业集团有限公司	27609981	43	陕西有色金属控股集团有限责任公司	12412110
19	中国铝业公司	26758014	44	天津百利机械装备集团有限公司	12236453
20	中国建材集团有限公司	26123339	45	上海医药集团股份有限公司	12076466
21	恒力集团有限公司	25164763	46	天津渤海轻工投资集团有限公司	11238989
22	中国中车股份有限公司	22972215	47	天津渤海化工集团有限责任公司	11203107
23	新兴际华集团有限公司	22038469	48	万向集团公司	11071835
24	中国航天科技集团公司	21321012	49	珠海格力电器股份有限公司	11011310
25	江西铜业集团公司	21045947	50	江苏悦达集团有限公司	10998658

图 3.1　2017 年跻身世界排名 500 强的中国制造企业

军工企业：
中国兵器装备集团公司（南方工业公司）　　　　　　　排名第 101 位
中国兵器工业集团公司（北方工业公司）　　　　　　　排名第 135 位

中航工业公司	排名第 162 位
中国船舶重工集团	排名第 233 位
中国中车集团	排名第 318 位
航天科工集团	排名第 355 位
中国船舶工业	排名第 364 位

化工企业：

中国化工集团公司在世界 500 强中排名 211 位，是世界第 4 大商用车轮胎制造商。2015 年以 70 亿欧元收购了意大利倍耐力轮胎公司，2016 年倍耐力的营业收入大约为 61 亿美元，排名世界第 5 位。

四、中国装备制造业的问题

然而，在取得了巨大成就的后面，中国制造业也暴露出很多深层次的问题。

1. 成本优势逐渐减弱

中国制造的产品一直是以较低的综合成本取胜的，但是现在劳动力成本等渐渐升高，成本优势已经开始减弱。以中美两国为例，中美的生产成本差距开始缩小，美国的生产成本只比中国东部沿海城市的高 5%~10%，美国在成本降低的同时，其生产率也大大高于中国。两国生产成本差距缩小的原因是中国的土地价格、原料价格、物流成本都在不断攀升，中国不少商业用地的价格已经超过了美国；据统计，近年来我国劳动力成本每年增长约 10%，2005 年大陆劳动力成本只有美国的 22%，而 2010 年已经上升到 31%，这就使得我国劳动力要素的比较优势逐年降低。因此，部分企业开始回流美国。

2. 人民币升值，出口利润减少

2005—2010 年，人民币升值幅度达 20.7%。人民币的升值对出口贸易产生了很大的影响，不仅出口减少而且企业的利润也在不断下滑。

3. 高耗能的工业造成严重的环境问题

在中国的制造业中加工贸易占到出口总额的 55%，在一般的贸易中，资源型产品贸易又占了很大比重，许多产品以牺牲资源和环境为代价。这些高耗能、高污染、低效率、低产出的工业严重阻碍了可持续发展。发达国家已经意识到了环境保护的重要性，所以将高污染的工业移向发展中国家，而中国可能已经逐渐走上了先污染后治理的老路。目前，中国的石油产量居世界第五位，石油进口量为 1.2 亿吨，中国的能源对外依存度高达 40%，成为仅次于美国的第二大石油消费国，可见中国的高耗能和高污染。

4. 产品附加值低，缺乏自主品牌

中国目前的制造业很大一部分还是在为世界打工，属于中国"代工"，产品附加值极低。富士康制造一部 4000 元的苹果手机，只能得到 6 块钱的报酬。中国经济已经起飞 30 年了，虽然中国已是世界第 4 大经济体，但是仍未创造出世界顶尖企业，我们的许多企业还只是给别国打工。缺乏自主品牌的中国经济一直享受着人口红利，有的是廉价的劳动力，但是没有自主知识产权的苦力又能卖多久？面临着人口老龄化，再过 15 年中国的人口红利逐渐消失，这样低附加值的制造业又能为中国带来多少财富呢？

5. 关键的基础零部件是我国装备制造业发展的"短板"

目前我国装备制造业主要存在着"加工能力强、创新能力弱""单机制造能力强、系统集成能力弱"等问题。作为世界的机械工业大国，中国生产各类设备所需要的核心部件、基础件、功能件有相当部分必须进口。"虽然我国能生产许多大型设备，却一直未能很好地解决关键零部件的问题，一些重要零部件长期依赖进口。"我国每年至少有近70%的行业利润要被进口零部件"吃掉"。自主创新是做强我国装备制造业的根本途径。

第三节　各国制造业振兴战略

20世纪80年代开始，世界制造业格局发生了较大变化。变化的一个主要特点是发达国家经历了"去工业化"过程，劳动力迅速从第一、第二产业向第三产业转移，制造业占本国GDP的比重和占世界制造业的比重持续降低，制造业向新兴工业化国家转移，发展中国家尤其是中国制造业快速崛起，发达国家汽车、钢铁、消费类电子等以往具有优势的制造业不断弱化。

发达国家在"去工业化"的过程中，利用发展中国家相对低廉的劳动力和资源成本，在获取收益的同时，扩大了产品市场，确实尝到了甜头。但同时，这一过程的持续也带来了"苦头"——制造业对经济的贡献不断萎缩，并随着全球产业分工调整出现了"产业空洞化"，失业率上升、贫富差距扩大等问题随之出现，动摇了经济和社会发展的基础。

2008年国际金融危机使得世界各国不得不重新审视以往的经济增长模式。发达国家忽视曾具有经济"造血"功能的制造业，在过度依赖以金融业为代表的虚拟经济的道路上越走越远，而这则是国际金融危机爆发的重要原因。意识到过度脱离制造业实体的危险，反思其产业政策和经济结构，英国、美国开始了从"去工业化"到"再工业化"的进程，欧盟和日本等也纷纷出台重振制造业的强力政策，同时，越南、印度等亚洲发展中国家也在致力于加快经济的结构调整和产业升级。

表3.1　各国制造业振兴战略

国家	制造业规划	内容
英国	工业2050战略（2013）	信息通信技术、新材料等改变未来制造，鼓励制造业回流
德国	《德国2020高技术战略》（2010）《确保德国未来的工业基地地位——未来计划"工业4.0"实施建议》（2012）	8～10年内实现"工业4.0"，计划投入2万欧元进行新一代革命性技术研发
美国	《重振美国制造业框架》（2009）《先进制造业伙伴计划》（2011）《先进制造业国家战略计划》（2012）	实施"再工业化"与"制造业回归"，调整、提升传统制造业结构及竞争力，发展高新技术产业
日本	技术战略图（2013）科技工业联盟	加大对企业3D打印机等技术的财政投入、快速更新制造技术
中国	《中国制造2025》（2015）	通过"三步走"实现制造强国的战略目标，综合实力进入世界制造强国前列

一、英国"重振制造业"战略

英国是世界上第一个发生工业化革命的国家,曾有着"现代工业革命的摇篮"的美誉,牢牢占据"世界工厂"的地位。然而,随着发展中国家廉价劳动力的优势显现,以制造业为主的工业开始走下坡路,取而代之的是服务业、金融业等。

当全球金融危机袭来时,英国遭受重创,经济如同霜打陷入深度困境,政府这才恍然大悟,意识到强大的工业和制造业才是发展的硬道理,才是强国富民的根本,而虚拟经济"如同浮萍,经济发展中任何环节的小小风暴,都会使它遭受毁灭性的打击"。于是,曾经的"世界工厂"在经历了数十年的"去工业化"之后决定重拾制造业,开始了新时期的"再工业化"道路。2008年,英国政府推出"高价值制造"战略,鼓励英国企业在本土运用先进的技术和专业知识生产出世界级的高附加值产品和相关服务,以保证高价值制造业在促进英国经济增长中的助推作用。通过鼓励高附加值设计与发明创造,抢占高端制造业制高点。

为帮助企业实现从产品设计到商业运作整个过程的创新,英国政府推出了一系列扶持措施,比如:加大对高价值制造业在创新方面的直接投资,重点投资英国的优势技术和市场;为需要进行全球推广的企业提供尖端设备和技术资源;开放知识交流平台,帮助企业整合创新技术,打造世界一流的产品和服务等。

与传统的工业化相比,英国现在推行的"再工业化",并不是简单地对工业化进程的重复,而是对传统意义工业化的升级型和改进版,主要表现为在高科技产业、高端制造业、创意设计等方面下功夫,除了传统的车间生产和机械操作外,更多的是从事研发、设计、销售、售后服务等配套工作,甚至还把高端制造业融入金融行业等,以抢占制造业新的制高点。

二、美国"先进制造"战略

金融危机的爆发暴露了美国经济中金融服务业过度膨胀、实体经济"空心化"及资产价格泡沫等问题,并导致美国经济的普遍衰退和失业人口的剧增。很多专家认为,金融危机的根源在于很长一段时间以来美国经济的"去工业化",工业生产大量环节转移到海外。而美国新的经济增长必须依靠实体创新而非金融创新。2008年,奥巴马政府上台,为应对美国经济中制造业的危机,提出了"再工业化"的口号,试图扭转美国制造业衰落的趋势。自2009年年底开始,发布了一系列关于美国"再工业化"规划的关键文件。为落实振兴制造业的策略,奥巴马政府在2012年宣布出资10亿美元,打造一个美国制造业创新网络,首批包括15个制造业创新研究所。

三、德国"工业4.0"

德国制造业是世界上最具竞争力的制造业之一,在全球制造装备领域拥有领头羊的地位。德国政府在2013年4月的汉诺威工业博览会上正式推出"工业4.0"战略,为提高德国工业的竞争力,在新一轮工业革命中占领先机。

自2013年4月在汉诺威工业博览会上正式推出以来,"工业4.0"迅速成为德国的另一个标签,并在全球范围内引发了新一轮的工业转型竞赛。

"工业4.0",意即"第四次工业革命",实现以信息物理系统为基础的智能化生产,综合利用第一次和第二次工业革命创造的"物理系统"和第三次工业革命带来的日益完备的"信息系统",通过两者的融合,实现智能化生产。

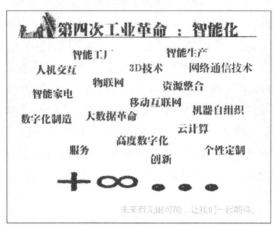

图 3.2　第四次工业革命

"工业4.0"项目主要分为三大主题:

一是"智能工厂",重点研究智能化生产系统及过程,以及网络化分布式生产设施的实现。

二是"智能生产",主要涉及整个企业的生产物流管理、人机互动以及3D技术在工业生产过程中的应用等。该计划将特别注重吸引中小企业参与,力图使中小企业成为新一代智能化生产技术的使用者和受益者,同时也成为先进工业生产技术的创造者和供应者。

三是"智能物流",主要通过互联网、物联网、物流网,整合物流资源,充分发挥现有物流资源供应方的效率,而需求方,则能够快速获得服务匹配,得到物流支持。

四、日本"产业振兴"战略

"二战"后日本经济的奇迹源于产业政策的成功,最近20年日本经济陷入持续低迷状态的背后是新产业或战略产业的匮乏、产业政策的乏力。新世纪以来日本政府出台了许多振兴产业的战略。2010年8月日本政府制定了《新增长战略行动100条》,详细制定了每一战略的步骤和行动顺序。2013年6月,日本政府正式出台以"日本再兴战略"为名的经济增长战略和中长期经济财政运营指引。

五、中国制造2025

我国制造业规模已经位居世界第一,但与世界先进水平相比,大而不强的特征仍然十分明显,主要表现为创新能力不强,关键核心技术长期受制于人,缺乏世界知名品牌和具有国际竞争力的跨国企业;产业结构不合理,高端装备制造业和生产性服务业发展滞后,部分行业产能过剩矛盾突出;发展方式粗放,资源、能源消耗高,信息化和工业化融合深度不够。

为了全面提升我国制造业发展质量和水平，2015年5月，国务院正式印发《中国制造2025》。作为全面推进实施制造强国战略的第一个十年的行动纲领，《中国制造2025》提出通过"三步走"实现制造强国的战略目标：第一步，到2025年迈入制造强国行列；第二步，到2035年我国制造业整体达到世界制造强国阵营中等水平；第三步，到中华人民共和国成立一百年时，制造业大国的地位更加巩固，综合实力进入世界制造强国前列。

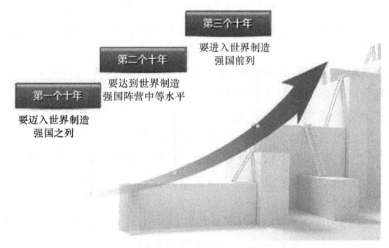

图3.3 中国制造业强国"三步走"战略

此次规划的关键词与"向工业强国转型"相关，围绕在中国工业有待加强的领域进行强化，创新驱动，智能转型，以信息化与工业化深度融合为主线，重点发展一些领域。

围绕实现制造强国的战略目标，《中国制造2025》明确了九项战略任务和重点：一是提高国家制造业创新能力；二是推进信息化与工业化深度融合；三是强化工业基础能力；四是加强质量品牌建设；五是全面推行绿色制造；六是大力推动重点领域突破发展，聚焦新一代信息技术产业、高档数控机床和机器人、航空航天装备、海洋工程装备及高技术船舶、先进轨道交通装备、节能与新能源汽车、电力装备、新材料、生物医药及高性能医疗器械、农业机械装备十大重点领域；七是深入推进制造业结构调整；八是积极发展服务型制造和生产性服务业；九是提高制造业国际化发展水平。

《中国制造2025》明确，通过政府引导、整合资源，实施国家制造业创新中心建设、智能制造、工业强基、绿色制造、高端装备创新五项重大工程，实现长期制约制造业发展的关键共性技术突破，提升我国制造业的整体竞争力。

我国制造业发展应以数字化、网络化、智能化为制高点，以加快信息通信技术和制造技术的深入融合为切入点，实现四大转变：从要素驱动转向创新驱动；从低成本竞争优势转为质量效益竞争优势；从资源消耗大、污染物排放多的粗放滥造局面转向绿色制造；从生产型制造转向服务型制造。

《中国制造2025》提出，要加快制造与服务的协同发展，推动商业模式创新和业态创新，促进生产型制造向服务型制造转变。大力发展与制造业紧密相关的生产性服务业，推动服务功能区和服务平台建设。

比如机器换人，难在中小企业的破局。首先，机器换人的成本对于中小企业来说难以承担；其次，机器人生产操作相对这些企业的工人来说过于复杂，会形成阻力；最后，还有失业率的考量。如果在实行机器换人的过程中，能够提供一整套改造方案，实行风险共担，形成一条龙服务，就很可能得到中小企业的支持。这是一个巨大的市场，就看谁能破局。

再比如产业联盟，在一个良好的业态中，产业联盟将集所有成员的各种能力，形成可定制化的服务模式，可为相关企业提供一系列的服务方案，在服务制造业的同时，也服务内部成员。

未来，制造业服务化还不只在生产改造中，还包括别的方面，比如面向消费者，3D打印所形成的定制生产就是一种服务化的生产模式。而"互联网+"形成的"智能化"工业互联终端，也将为消费者提供最便捷的订单服务。

中国制造业的发展看似可分成这四个大的方向来陈述，但其实，这几个方向之内各部分内容是交叉融合的，它其实是中国制造业到达一定发展阶段后所必然呈现的特点。随着制造业的发展，只有符合这个趋势特点的生产制造活动，包括产品和服务，才能在未来的市场中赢得自己的一席之地。

中国制造 2025 让很多人联想到德国"工业 4.0"。"工业 4.0"最初由德国政府于 2013 年提出，它描绘了制造业的未来愿景，提出继蒸汽机的应用、规模化生产和电子信息技术等三次工业革命后，人类将迎来以信息物理融合系统（CPS）为基础，以生产高度数字化、网络化、机器自组织为标志的第四次工业革命。"工业 4.0"概念引领了全世界制造业的发展方向。其强调的工业化和智能化融合发展道路，已被中国一些制造业发达的地区率先借鉴。德国总体处在从 3.0 到 4.0 发展的阶段，要实现"工业 4.0"也需要 8~10 年，它在时间上和中国制造 2025 大体在一个时间段。从内容上看，德国"工业 4.0"和我国的工业化和信息化深度融合有异曲同工之处。我们可能还要补上从 2.0 到 3.0 发展的课，然后才能向 4.0 发展。我们要结合中国的国情、中国工业企业的实际，把发展的路径选择好，走一条更好更快的发展道路。

图 3.4　德国"工业 4.0"与中国制造 2025

表 3.2　中国制造 2025 与德国"工业 4.0"比较

项目	德国"工业 4.0"	中国制造 2025
提出时间	最初是在 2011 年德国举办的工业设备展览会提出，2013 年发布最终报告	工信部在 2012 年前就开始规划一项未来 10 年的制造业发展计划，2015"两会"中首次披露
时间表	德国实现"工业 4.0"需要 10 年时间	中国制造 2025 是三步走第一个十年的行动纲领
战略	通过充分利用信息通信技术和网络空间虚拟系统——信息物理系统相结合的手段，将制造业向智能化转型	坚持创新驱动、智能转型、强化基础、绿色发展，加快从制造大国转向制造强国
发展阶段	德国已完成"工业 3.0"	中国工业化发展的历史不长，大部分还没有自动化和数字化，尚处在"工业 2.0"阶段，部分达到 3.0 水平
面临难点	标准化、复杂的系统管理，通信基础设施健全，网络安全保障	核心零部件研发，转变思维
发展倾向	强调在满足高度定制化需求的同时，保持生产制造的高效率	强调利用智能技术和网络技术提升中国制造业的产品质量

第四节　大国重器

为纪念国务院《关于抓紧研制重大技术装备的决定》颁布 30 周年，全面展现 30 年来中国装备制造业取得的伟大成就，2013 年 11 月 5 日，大型高清纪录片《大国重器》在中央电视台财经频道（CCTV-2）开播。

《大国重器》以独特的视角记录了中国装备制造业创新发展的历史。该片将镜头对准了普通的产业工人和装备制造企业转型升级创新中的关键人物，真实记录了他们的智慧、生活和梦想，通过人物故事和制造细节，鲜活地讲述了充满中国智慧的机器制造故事，再现了中国装备制造业从无到有，赶超世界先进水平背后的艰辛历程，展望了中国装备制造业迈向高端制造的未来前景。

何为大国重器？大国重器指能支撑起一个大国国家安全、经济发展的装备。航母、火箭、导弹、核武器、新一代战斗机等都是大国重器，在保卫国家安全、维护领土完整等方面起到了无可替代的作用。国之大器不仅局限于军事武器，更多的是应用于经济生产中的尖端设备。

一、国家博弈

在人类进化的长河中，250 万年的工具制造史，推动了人类文明的进步。从蛮荒时代的生存需求，到战争年代的称雄争霸，再到和平时期的繁荣发展，工具制造对于人类生活的重要意义从未改变。今天，国家之间的竞争，从来就是实体经济的竞争，强大的装备制造业是实体经济的根基。在全球，机器制造每天都在创造着奇迹，机器制造的竞争每时每刻都体现着国家之间的博弈。装备强则国强。古往今来，国与国之争，实质是装备制造业之争。当前阶段，高端装备之争已上升为大国之间博弈的核心和不可或缺的利器。

2007年11月，中国瓮福集团在与欧美20多家公司的角逐和博弈中取胜，成功中标沙特全球最大磷肥装置的选矿项目。它的管理团队又拿下了工程未来的管理项目。作为项目总承包商，它提升了约100亿元人民币的国内GDP增长额度，带动了上百家中国装备制造企业走出去。当全世界的港口都在使用着中国的港机设备时，上海振华重工（集团）股份有限公司又走向更高更远的远洋海工装备，具有国际水准的深水钻井平台、海上石油铺管船、大型海上浮吊已经制造完成。湘潭电机股份有限公司以电机为动力驱动轮子转动的几层楼高的300吨矿山电动轮自卸车，驰骋在国内外的大型矿山。2010年，收购了有"风车王国"之称的风电制造企业达尔文公司，并承担了国家的重大项目——对下一代太阳能和陆地、海上风电设备的研制，这将在未来国际核心产业竞争中赢得先机。

二、国之砝码

先进的机器制造已经席卷全球，它强硬的是一个国家民族的脊梁。从建立装备制造基地，到制造门类齐全的装备，中国一批实业报国的中坚力量，肩负大国使命，冲破国际垄断，自主创造模式，让更多来自制造强国昂贵的机器价格，开始归于合理，平衡的砝码向中国制造加力，关乎国家命脉的装备制造能力，让国家的经济安全得到保障，一个新的创造时代正在开始。

核心技术是王道。实现技术突破，才有讨价还价的资格，才能勇敢地对老外说"不"。从百万吨乙烯工程到高端数控机床，再到工程机械的全面超越，国际垄断被一一冲破。

2009年，沈阳鼓风机集团股份有限公司自主研制的我国首台百万吨乙烯装置的心脏——裂解气压缩机组试车成功。这标志着国家重大化工项目的核心主机从此实现自主独立制造，进口产品的价格被迫下降一半，价格的国家砝码越来越重。

大连光洋科技集团有限公司承担了国家的重大专项研制任务，走上了自我研制高端精密数控机床的艰难历程，打破了国外对精密机床出口中国的控制。

与美国卡特彼勒同台较量，徐州工程机械集团有限公司实现了。从50吨到1200吨再到2000吨级全地面起重机，4000吨级履带式起重机，12吨级中国最大的大型装载机，百米级亚洲最高的高空消防车，第四代智能路面施工设备等，徐工集团在不断超越。目前，徐工集团拥有有效授权专利2156项。国际竞争力的砝码将徐工高高托起。

三、赶超之路

装备制造从来就和人们的生活息息相关，充足的天然气、灯火辉煌的城市、不再遥远的城市旅行，都让人们的生活变得舒适和方便。这一切，有的来源于造船领域中最亮的那颗明珠；有的得益于水电、火电、核电等国际领先的成套设备；有的来自速度，高速铁路列车让人们实现了朝发夕至、一日千里的飞驰梦想……中国装备制造的赶超之路，就是中国人日益追赶美好生活的富足之路。后来者居上。在引进、消化、吸收的基础上，在实现赶超的征程中，中国的装备企业默默坚守并勇往直前。

唐山客车厂制造了清末第一辆火车和"毛泽东号"机车。如今的中国北车唐车公司已经能够接受西门子发来的订单，制造难度更大的宽体客车。他们制造的CRH3动车组各项技术参数均达到世界一流的先进水平，创造了运营速度、载客量、节能环保、舒适度四个世界第一。

北京第一机床厂已成为数控铣床的领跑企业。通过成功的并购，极大缩短了技术创新的时间，并以"独门绝活"保持世界领先的技术创新领域。

沪东中华造船（集团）公司早在20世纪80年代就已经把目光锁定在造船业公认的三颗"明珠"之一的LNG船上，1997年沪东中华开始投入研发第一艘LNG船。经过十年磨一剑的历程，2008年4月3日，被命名为"大鹏昊"的我国第一艘LNG船交船仪式在沪东中华5号码头隆重举行。沪东中华摘下了世界造船业"皇冠顶上的明珠"。

四、智慧转型

中国装备制造业正在经历一场转型，一次革命，它们每分每秒都在改变着中国。从观念转型带动结构转型，不断突破行业边界，以总包和服务赢得先机，让机器充满智慧，让销售走向极致，突破中国制造"空壳化"，这是迈向高端制造的国际路径。我们将进入一个个精妙的世界，探索紧密结合在一起的供需链条，揭示解决这一切的动机和变革的艰辛。"智造"转型势在必行。在智能制造引领全球制造业转型升级的背景下，向"智慧"转型，向"高端"升级，中国企业深谙顺其"自然"。

山推集团将自己生产的各类工程机械的关键零部件，打入了美国、日本等发达国家。山推借助研制成功巨无霸的900吨大马力推土机，正在向产品的全产业链进军。

转型做能量转换的系统服务商和总包商，让陕鼓集团在金融危机冲击制造业的年代反而利润上升。西门子、GE、爱默生等知名跨国公司加盟其中，共同为客户提供高质量的解决方案，已经有超过10年的历史。过去许多年，陕鼓集团通过协作网的采购额超过了100亿人民币。

沈阳机床集团将高附加值的"机床大脑"——"飞扬"智能操作系统作为主攻方向取得成功，并独创机床4S店销售网络并全面布局，试图颠覆中国机床业的游戏规则，更可能改写世界机床的生产销售和服务方式。

五、创新驱动

创新驱动是关键。在创新驱动的战略下，我们实现了由中国制造向中国创造的转变，向装备强国的阵营进发。全球顶级制造企业大手笔接纳中国机器的时代已经开启。当中国的机器制造能力越来越扎实、越来越稳健地提升时，创新的能力也开始提升。产业升级带来创新动力，创新驱动助力中国企业一步步走向世界高端制造领域。

2011年12月，济南二机床集团有限公司获得了福特汽车美国两个工厂全部5条大型快速智能冲压生产线订货合同。这次济南二机床集团第一次实施了"交钥匙"工程，实现了从分包商到总包商的"蝶变"。

沿着引进、消化、吸收再创新的道路，上海电气集团不断跨越。世界上最大容量、最先进的单机机组120万千瓦超超临界机组于2013年在这里研发，其研制的大型船用曲轴，使中国实现了半组合曲轴制造零的突破。

双良集团参与制定溴化锂制冷机、智能化锅炉、立体停车设备等产品的国家及行业标准，形成企业的核心竞争力，并引领世界产业潮流，运筹帷幄，将要革命性地解决全球能源问题。

六、制造强国

制造强国渐行渐近。随着关键核心技术的攻克和突破，中国正在用自己的方式，缩短着从制造大国到制造强国的距离。

2012年年底，沈阳新松机器人自动化股份有限公司把自己的移动机器人装上了位于长春的德国汽车制造生产线上，打破了德国企业绝不使用其他国家自动化装备的神话。现在，新松机器人已经进入全球机器人制造第一梯队，移动机器人已接近垄断全球市场。

在无锡经济开发区一排崭新的建筑上赫然镌刻着这样的字："全球叶片供应商"，这就是无锡透平叶片有限公司的追求。在中国，近乎所有的电站使用着它的叶片，而且它的一半产量服务于全球企业。

从注重质量的小作坊到走向世界的正泰集团，在与世界第一的电气企业德国施耐德的品牌与技术的诉讼之战中，最终以胜诉为中国装备制造业呐喊。现在，全球顶尖的太阳能设计制造专家加盟正泰，共同致力于太阳能科技发展。

从浩瀚的宇宙，到蔚蓝的海洋，再到广袤的大地；从传统的制造领域，到世界潮流最前沿，中国装备制造已经今非昔比。全球第一的制造总量，令世界瞩目。今天的中国，正在用自己的方式，努力缩短着从制造大国到制造强国的距离。

第五节　我国装备制造业的发展趋势

剑桥大学工业可持续研究中心主任斯蒂芬·埃文斯（Steve Evans）教授认为，工业数字化将改变制造商的生产和销售方式：机器人技术、柔性自动化、物联网，新的建模和数据分析将带来巨大的灵活性，使工厂能够在减少90%员工的情况下，为客户定制产品，让他们能看到未来的进度和供应链。

国务院以及工信部发布了多个文件，对中国制造业进行了有力的规范和引导。尤其是《中国制造2025》文件的公布，对中国制造业的深化改革形成了纲领性指导意见，并由此引导中国各地政府纷纷出台相应鼓励和规范政策。在政策的旗帜下，中国制造业将向4个方向发展。

方向一：智能化

如果说第一次工业革命是蒸汽革命，那么时至今日所谓的"第四次工业革命"就是智能革命，即工业将进入自动化智能化生产阶段。在中国，要实现这个阶段还有待时日，但在2015年发布的相关政策中，智能化已经写入文件，成为制造业转型升级的必然方向。

在新发布的文件中，《中国制造2025》《国务院关于积极推进"互联网+"行动的指导意见》《国务院关于印发促进大数据发展行动纲要的通知》都提出了相关要求。

（1）装备和产品制造的智能化。包括高档数控机床、工业机器人、增材制造装备等智能制造装备以及智能化生产线的组织研发；新型传感器、智能测量仪表、工业控制系统、伺服电机及驱动器和减速器等智能核心装置的工程化和专业化；机械、航空、船舶、汽车、轻工、纺织、食品、电子等行业生产设备的智能化改造；智能交通工具、智能工程机械、服务机器人、智能家电、智能照明电器、可穿戴设备等产品的研发和产业化。

（2）制造过程智能化。包括生产过程中的制造工艺的仿真优化、数字化控制、状态信息实时监测和自适应控制；在设计与制造、产供销一体、业务和财务衔接等关键环节的智能管控；对民用爆炸物品、危险化学品、食品、印染、稀土、农药等重点行业的智能检测监管。

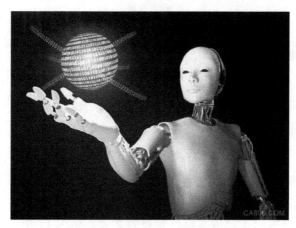

图 3.5　方向一：智能化

方向二：" 互联网 +"

据《国务院关于积极推进"互联网+"行动的指导意见》中的定义，"互联网+"是把互联网的创新成果与经济社会各领域深度融合，推动技术进步、效率提升和组织变革，提升实体经济创新力和生产力，形成更广泛的以互联网为基础设施和创新要素的经济社会发展新形态。

当前制造业所提出的"工业物联"，本身就是在构建一个"互联网+"的生产形态，因此"互联网+"既是常态，也是未来的发展方向。因为推进信息化与工业化深度融合，实际上就是打造"互联网+"。

《中国制造 2025》《国务院关于积极推进"互联网+"行动的指导意见》对此做出了相关的说明。"互联网+"就是促进工业互联网、云计算、大数据在企业研发设计、生产制造、经营管理、销售服务等全流程和全产业链的综合集成应用。加强智能制造工业控制系统网络安全保障能力建设，健全综合保障体系。由上可知，"互联网+"同样涉及大数据。在大数据中，还提出了十项大数据工程。

"互联网+"主要基于互联网技术，因为涉及的相关产品多在通信方面。但"互联网+"以开放的形态呈现，其体量巨大，且在不断扩展中，"互联网+"在工业的表现形式包括"互联网+工业""移动互联网+工业""云计算+工业""物联网+工业""网络众包+工业"。

在《工业和信息化部关于贯彻落实〈国务院关于积极推进"互联网+"行动的指导意见〉的行动计划（2015—2018年)》中，提出了信息技术产业支撑能力提升行动，其涉及产品包括集成电路、传感器、可编程控制系统（PLC）、工控计算机、工业网络设备、安全防护产品、高集成度低功耗芯片、底层软件等。

图 3.6　方向二:"互联网 +"

方向三：绿色发展

巴黎气候大会通过了《巴黎协议》，绿色化成为工业生产的一大内容。其实，在《中国制造 2025》中，就已经提出了制造业绿色发展的要求。到 2025 年，规模以上单位工业增加值能耗比 2015 年下降 34%，单位工业增加值二氧化碳排放量比 2015 年下降 40%，单位工业增加值用水量比 2015 年下降 41%，工业固体废物综合利用率达到 79%。并提出加大先进节能环保技术、工艺和装备的研发力度，加快制造业绿色改造升级；积极推行低碳化、循环化和集约化，提高制造业资源利用效率；强化产品全生命周期绿色管理，努力构建高效、清洁、低碳、循环的绿色制造体系。

2015 年，工信部除印发《工业绿色发展专项行动方案》外，还对多个行业先后出台或修订"规范条件"，对相关行业的清洁生产提出了非常具体的要求。比如作为新能源代表的新能源汽车行业，在《汽车动力蓄电池行业规范条件》中就要求单体企业应具有电极制备、电芯装配、化成等工艺过程的生产设备设施，生产车间内配备必要的温度、湿度、洁净度等检测和控制设施。系统企业应具有适合批量生产的动力蓄电池系统装配流水线和规范化的工艺流程。

图 3.7　方向三：绿色发展

工业清洁生产改造虽然早已实施，但随着新形势下新要求的提出，相关行业的清洁生产改造依然存在着广阔的市场。如在"化工园区规范发展指导意见"下，就存在4000亿元人民币的设备需求。

绿色生产还将推动绿色生产模式的发展，比如3D打印。2015年，工业和信息化部、发展改革委、财政部研究制定了《国家增材制造产业发展推进计划（2015—2016年）》，为3D打印提供政策支持。3D打印既是一种产业，又是一种生产技术，这种生产模式本身就具有绿色生产的特点。

制造业绿色发展概念的提出，将对制造业清洁生产等形成强力推动作用，同时也将形成生产设备、环境监测、排污处理等产品和服务大市场。

方向四：服务化

制造业服务化，看起来有些怪异，却是制造业发展的必然趋势，而且当前制造业流行的所谓的"自动化改造方案"等各种方案，以及一些企业所冠名的"服务供应商"，本身就具有服务化的成分。应该说，以产品服务客户早已过时，未来的客户需要的是一整套的服务方案。

图3.8　方向四：服务化

十九大报告认可重大科技成果

中国共产党第十九次全国代表大会于2017年10月18日在北京开幕。习近平代表第十八届中央委员会向大会做了题为《决胜全面建成小康社会 夺取新时代中国特色社会主义伟大胜利》的报告。

十九大报告指出："创新驱动发展战略大力实施，创新型国家建设成果丰硕，天宫、蛟龙、天眼、悟空、墨子、大飞机等重大科技成果相继问世。"

"可上九天揽月，可下五洋捉鳖"。近年来，我国科技创新和重大工程建设取得丰硕成果，从天空到深海，处处可见五星红旗的身影。现在我们一起认识这些十九大报告认可的"大国重器"。

"天宫"：为中国空间站"奠基"

图 3.9　"天宫"号

"天宫"家族有两位成员——天宫一号和天宫二号。

2011 年 9 月 29 日我国成功发射首个空间实验室——天宫一号，标志着中国已经拥有建立短期无人照料空间站的能力。2011 年 11 月 3 日与神舟八号飞船成功对接，中国成为世界上第 3 个自主掌握空间交会对接技术的国家。2012 年 6 月 18 日，与神舟九号飞船成功对接，3 位航天员首次进入在轨飞行器。2013 年 6 月 13 日，与神舟十号飞船成功对接。2016 年 3 月 16 日，天宫一号正式终止数据服务，全面完成了其历史使命。

2016 年 9 月 15 日，我国首个真正意义上的太空实验室——天宫二号发射成功，标志着中国迈向空间站时代！2016 年 10 月 19 日，与神舟十一号载人飞船实现自动交会对接，航天员景海鹏和陈冬入驻天宫二号空间实验室，进行了为期 33 天的太空驻留生活。2017 年 4 月 22 日，与天舟一号货运飞船实现自动交会对接，为将来建设中国空间站奠定了基础。

"蛟龙"：遨游 7000 米海底

图 3.10　"蛟龙"号

2011 年 7 月 21 日，中国载人深潜进行 5000 米海试，我国首台自主设计、自主集成研制的作业型深海载人潜水器"蛟龙"号第一次试潜成功。"蛟龙"号最大下潜深度达 7062 米，是目前世界上下潜能力最深的作业型载人潜水器（日本第二，6527 米），这意味着中国具备了载人到达全球海洋面积99.8%以上的广阔海域中进行作业的能力，对于我国开发利用深海资源有着重要的意义。中国是继美国、法国、俄罗斯、日本之后世界上第5个掌握6000米以上深度载人深潜技术的国家。

"天眼"：一眼望穿137亿光年

图3.11　天眼

2016年9月25日，历经十几年筹备，五年半施工的中国"天眼"——500米口径球面射电望远镜在贵州省平塘县落成并投入使用。"天眼"是世界上口径最大的单天线射电望远镜，突破了望远镜的百米工程极限，开创了建造巨型射电望远镜的新模式，综合性能比美国阿雷西博望远镜提高了约10倍！

"天眼"能够接收到137亿光年以外的电磁信号，使我国形成具有国际先进水平的天文观测与研究平台，为开展"暗物质"和"暗能量"的本质、宇宙的起源和演化、太空生命起源、寻找地外文明等研究活动提供重要支持，同时，填补美国、西班牙和澳大利亚三个深层空间跟踪站在经度分布上的空白。2017年10月11日国家天文台宣布，"天眼"发现新脉冲星，其中两颗距地球分别约4100光年和1.6万光年，这是我国射电望远镜首次发现脉冲星！

"悟空"：九天之上捕捉"暗物质"

图3.12　"悟空"号

2015年12月17日我国首颗"暗物质"粒子探测卫星——"悟空"号成功发射升空，将在太空寻找"暗物质"存在的证据。"悟空"是世界上迄今为止观测能段范围最宽、能量分辨率最优的空间探测器。

"暗物质"被比作"笼罩在21世纪物理学天空中的乌云"，科学家估算，宇宙中95%以上是"暗物质"和"暗能量","暗物质"占26.8%。"暗物质"不发光、不发出电磁波、不参与电磁相互作用,密度小、速度快,难以捕捉,无法用任何光学或电磁观测设备直接"看"到。揭开"暗物质"之谜将是继日心说、万有引力定律、相对论及量子力学之后的又一次重大科学突破,从而推动解释宇宙为什么会是这样以及将怎样演化。

"墨子":传送绝对安全的信息

图3.13 "墨子"号

2016年8月16日世界首颗量子科学实验卫星"墨子"号发射升空。"墨子"号既是中国首个,更是世界首个量子科学实验卫星,我国成为世界上首个实现太空和地面之间量子通信的国家。2017年8月10日,"墨子"号圆满完成了三大科学实验任务:星地量子纠缠分发、高速星地量子密钥分发、地球量子隐形传态,为构建覆盖全球的量子保密通信网络奠定了坚实的科学和技术基础。量子通信卫星是一种传输高效的通信卫星,杜绝了间谍窃听及破解的保密通信技术,与外国的网络攻击与防御能力形成抗衡。

大飞机:空中"三剑客"齐聚蓝天

图3.14 空中"三剑客"

2017年是中国大飞机丰收的一年。被誉为国产大飞机"三剑客"的大型运输机运-20、水陆两栖飞机AG600、大型客机C919陆续首飞,翱翔于祖国蓝天。这标志着中国成为世界上少数几个拥有研发制造大型客机能力的国家之一,打破了少数制造商长期形成的高度垄断,在潜力巨大的民航客机市场占据了一席之地!大飞机包含上百万个精细零部件,是几乎覆盖所有工业门类的高端制造,是航空制造的"高端产品",历来是检验一个国家制造业综合实力和水平的"试金石"。

除了十九大报告明确点名的这些"大国重器",近年来中国还有许多超级工程!看完下面这些"大动作",你就更懂中国了!

桥梁

图 3.15　桥梁

2017 年 7 月，港珠澳大桥主体工程全线贯通，总长 55 千米，是连接香港、珠海和澳门的超大型跨海通道，也是世界最长的跨海大桥。贯通后，从香港到内地单程仅需 30 分钟！

目前我国公路桥梁总数近 80 万座，铁路桥梁总数已超过 20 万座，几乎每年都在刷新着世界桥梁建设的纪录。中国桥梁，让世界惊叹！

高铁

图 3.16　高铁

"复兴号"是我国具有完全自主知识产权的标准动车组，运行时速世界第一，标志着铁路成套技术装备，特别是高速动车组走在世界前列，被誉为中国新"四大发明"之一的中国高铁正走出国门，驶向世界！

2.2 万千米的中国高铁，总里程超过第 2 至第 10 位国家的总和，其中近六成都是这五年建成的，海南环岛高铁，哈大高铁，京津高铁……一路看尽秀美山川。

港口

图 3.17　港口

中国港机装备全球份额从 2012 年的 70%，增长到 2017 年的 82%。中国制造正在海岸线上有序高效地搬运着整个世界。全球吞吐量排名前十的超级大港，中国已经包揽了七席，一个个超级港口不断刷新着世界纪录！

航空母舰

图 3.18　航空母舰

2017 年 4 月，我国首艘国产航空母舰在大连正式下水，出坞下水是航空母舰建设的重大节点之一，标志着我国自主设计建造航空母舰取得重大阶段性成果。

中国桥、中国车、中国港、中国舰，一个个圆梦工程编织起中华民族伟大复兴的中国梦。

我们还有众多让世界赞叹的"中国创造"：

蓝鲸一号

图 3.19　蓝鲸一号

它是中国自主制造的钻井平台，是目前全球作业水深、钻井深度最大的半潜式钻井平台。

探索一号

图 3.20　探索一号

它是我国首艘4500米载人潜水器母船及深海科考通用平台，叩开万米深渊大门。

北斗卫星导航系统

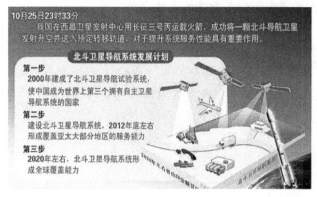

图3.21　北斗卫星导航系统

北斗卫星导航系统是中国自行研制的全球卫星导航系统，是继美国、俄罗斯导航系统之后第三个成熟的卫星导航系统。

神威·太湖之光

图3.22　神威·太湖之光

它是世界上首台运算速度超过十亿亿次的超级计算机，每一个部件均在中国本土制造。

三峡升船机

图3.23　三峡升船机

它是世界上规模最大、技术难度最大的垂直升船机,船舶过坝时间由3.5小时缩短为约40分钟。

在成果背后,还有这些我们不知道的成绩:

2016年我国的科技实力

➢全社会研究与发展经费支出15500亿元,占GDP的比重为2.1%,企业占比超过8%。

➢我国成为全球高质量论文第二大贡献国,仅次于美国,8个领域SCI论文被引用率排名世界第二位。

➢我国有效发明专利保有量115.8万件,排名世界第三位。

➢我国国家创新指数排名上升到世界第一位。

➢科技进步贡献率从2012年的52.2%增至2016年的56.2%。

课后练习

1. 论述我国装备制造业的现状、主要问题与发展对策。
2. 简述中国制造2025,并谈一下它对国民经济的影响。
3. 结合国家装备制造业的现状和规划,谈一下你今后的职业发展规划。

第四章

装备制造业典型产品的发展历程

第一节 金属切削机床的发展历程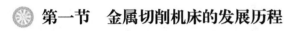

一、机床的定义

金属切削机床是用切削、特种加工等方法将各种金属毛坯加工成所要求的几何形状、尺寸精度和表面质量的机器零件的机器,它是制造机器的机器,故又称为"工作母机"或者"工具机",在我国简称为"机床"。

一切机器都是由机器零件组成的。制造机器零件的方法有很多,如铸造、锻造、焊接、冲压、挤压、切削加工等。但对于尺寸精度、形状位置精度要求较高,以及具有较高表面粗糙度要求的零件,一般都需要用切削加工的方法来制造。因此,金属切削机床是加工机器零件的主要设备。在各类机器制造部门所拥有的装备中,机床占50%以上,所担负的工作量占机械制造总工作量的40%~60%。由此可见,机床的技术水平高低直接影响着机械产品的质量和零件制造的经济性。

二、机床的分类

金属切削机床的品质和规格繁多,为了便于区别、使用和管理,需对机床进行分类和编制型号。机床的分类方法很多,目前,最基本的分类方法主要有:按照其加工性质和所用的刀具进行分类,可分为车床、铣床、刨床、磨床、钻床、镗床、拉床、齿轮加工床、罗门加工机床、锯床和其他机床11类。在每一类机床中,又按工艺特点、布局形式和结构特性等不同,分为若干组,每一组又细分为若干系列。按照工艺范围,机床还可分为通用机床、专门化机床和专用机床;按照加工精度,机床可分为普通精密级机床、精密级机床和高精度级机床;按照自动化程度,机床可分为手动机床、机动机床、半自动机床和自动机床;按照质量和尺寸,机床可分为仪表机床、中型机床、大型机床、重型机床和超重型机床等。

三、机床的发展史

早在古埃及时代,人们已经发明了将木材绕着它的中心轴旋转时用刀具进行车削的技术。这种方法逐渐演化,发展成了在滑轮上绕两三圈绳子,绳子架在弯成弓形的弹性杆上,来回推拉弓使加工物体旋转,从而进行车削,这便是"弓车床"。到了中世纪,有人设计出了用脚踏板旋转并带动飞轮，再传动到主轴使其旋转的"脚踏车床"。16 世纪中叶，法国设计师贝松设计了一种用螺丝杠使刀具滑动的车床，但并没有推广使用。到了 18 世纪，又有人设计了一种用脚踏板和连杆旋转曲轴，可以把转动动能储存在飞轮上的车床，并从直接旋转工件发展到了旋转床头箱，床头箱是一个用于夹持工件的卡盘。英国人莫兹利于 1797 年发明了划时代的刀架车床，这种车床带有精密的导螺杆和可互换的齿轮。后来他又制成了第一台全金属的螺纹车床，有个沿着 2 根平行导轨移动的刀具座和尾座，这是近代车床所具有的主要结构，用这种车床可以制作任意截距的精密金属螺丝。3 年后，莫兹利在他的车间里制造了一台齿轮可以互相更换的更完善的车床。不久，更大型的车床问世了，为蒸汽机和其他机械的发明立下了汗马功劳。19 世纪，由于高速工具钢的发明和电动机的应用，车床不断完善，终于达到了高速度和高精度的现代水平。

19 世纪末到 20 世纪初，单一的车床已逐渐演化出了铣床、刨床、磨床，钻床等，并为 20 世纪前期的精密机床和生产机械化、半自动化创造了条件。

1. 镗床

世界上第一台真正的镗床是 1775 年由威尔金森发明的。其实，确切地说，威尔金森的镗床是一种能够精密地加工大炮的钻孔机，它是一种空心圆筒形镗杆，两端都安装在轴承上。以后的几十年间，人们对威尔金森的镗床做了许多改进。1885 年，英国的赫顿制造了工作台升降式镗床，这已成为现代镗床的雏形。

2. 刨床

刨床就是一种刨金属的"刨子"。由于加工需要，从 19 世纪初开始，很多技术人员开始了这方面的研究，其中有理查德·罗伯特、理查德·普拉特、詹姆斯·福克斯以及约夫·克莱门特等，他们从 1814 年开始各自独立制造出加工蒸汽机阀座的平面的龙门刨床，这种龙门刨床是把加工物件固定在往返平台上，刨刀切削加工物的一面。但是，这种刨床还没有送刀装置，正处在从"工具"向"机械"的转化过程之中。到了 1839 年，英国一个名叫博德默的人终于设计出了具有送刀装置的龙头刨床。另一位英国人内史密斯从 1831 年起的 40 年内发明制造了加工小平面的牛头刨床，它可以把加工物体固定在床身上，而刀具做往返运动。

3. 铣床

早在 1664 年，就有人依靠旋转圆形刀具制造出了一种用于切削的机器，这可算是原始的铣床了。1818 年，惠特尼制造了世界上第一台普通铣床，但是，铣床的专利却是英国的博德默于 1839 年捷足先"得"的。1862 年，美国的布朗制造出了世界上最早的万能铣床，这种铣床在备有万有分度盘和综合铣刀方面是划时代的创举。同时，布朗还设计了一种经过研磨也不会变形的成形铣刀，接着还制造了磨铣刀的研磨机，使铣床达到了现在这样的水平。

4. 磨床

在 19 世纪初期，人们依然是通过旋转天然磨石，让它接触加工物体进行磨削加工的。1864 年，美国制成了世界上第一台磨床，这是在车床的溜板刀架上装上砂轮，并且使它具有自动传送的一种装置。过了 12 年以后，美国的布朗发明了接近现代磨床的万能磨床。以后，由于轴承、导轨部分的进一步改进，磨床的精度越来越高，并且向专业化方向发展，出现了内圆磨床、平面磨床、滚磨床、齿轮磨床、万能磨床等。

5. 钻床

到了 1850 年前后，德国人马蒂格诺尼最早制成了用于金属打孔的麻花钻；在英国伦敦召开的国际博览会上，英国人惠特沃斯展出了由动力驱动的铸铁柜架的钻床，这便成了近代钻床的雏形。以后陆续有了摇臂钻床、备有自动进刀机构的钻床、能一次同时打多个孔的多轴钻床等。由于工具材料和钻头的改进，加上采用了电动机，大型的高性能的钻床终于制造出来了。

6. 数控机床

数控机床的方案是第二次世界大战以后，美国的帕森斯在研制检查飞机螺旋桨叶剖面轮廓的板叶加工机时向美国空军提出的，在麻省理工学院的参加和协助下，终于在 1949 年取得了成功。1952 年，他们正式制成了第一台电子管数控机床样机，成功地解决了多品种小批量的复杂零件加工的自动化问题。以后，一方面，数控原理从铣床扩展到铣镗床、钻床和车床，另一方面，则从电子管向晶体管、集成电路方向过渡。1968 年，英国的毛林斯机械公司研制成了第一条数控机床组成的自动线。不久，美国通用电气公司提出了"工厂自动化的先决条件是零件加工过程的数控和生产过程的程控"。于是，到 20 世纪 70 年代中期，出现了自动化车间，自动化工厂也已开始建造。目前，机床家族已日渐成熟，真正成了机械领域的"工作母机"。

四、机床刀具的发展

机床刀具的选用将影响并制约机床效率的发挥。随着现代数字化制造技术和装备替代传统技术和装备，过去与机床配套的、千篇一律的传统标准高速钢刀具已经完全不能适应制造业新的发展需要。硬质合金刀具、超硬刀具（金刚石、立方氮化硼刀具）、高速钢刀具等现代高效刀具相继出现。目前，硬质合金刀具已占全部刀具销售的 70% 以上。

现代高效刀具由于其性能优良，所以能大幅提高加工质量和加工效率，提高劳动生产率，降低生产成本。与此同时，现代高效刀具对解决长期困扰制造业的重大环保难题——大量使用冷却润滑液造成的环境污染，也提供了有效的解决途径。通过刀具基体材料和涂层技术的突破性改进，以及刀具切削参数的优化设计，高速切削实现了仅使用微量润滑液的微量润滑（Minimun Quantity Lubricant，MQL）加工和完全不使用冷却液的干式加工。在发达国家，冷却液的使用和无害化处理费用达到制造成本的 15%，为刀具费用的 4~5 倍。

五、机床的发展展望

进入 21 世纪，人类社会将逐步进入知识经济时代，知识将成为科技和生产发展的资本与动力，而机床工业，作为机器制造业、工业以至整个国民经济发展的装备部门，毫无疑问，其战略性重要地位、受重视程度，也将更加鲜明突出。

在新世纪里，世界机床生产、需求和技术的发展趋势是：
(1) 信息技术与机床的结合将成为机床技术发展的主潮流。
(2) 向高精度、高效率、自动化方向发展，纳米技术将有新的突破。
(3) 节能环保机床将加速发展，占领广大市场。
(4) 将逐步加强先进制造系统的研究开发。

(5) 先进科研、设计方法，CAD/CAE/CAM、CAPP、CAT、FEM 及先进管理、经营方法将迅猛发展。

(6) 新工艺、新材料、新结构、新元件、各种机床配套基础元部件、刀具、测量、控制系统等将有更多创新。

(7) 对素质、人才、科研、创新要求更高，用先进商品占领市场，其竞争将空前激烈。

总之，中国机床工业有着世界同行业最为庞大的劳动力大军，共有几百家机床制造厂，使我国机床工业拥有一大批训练有素的工人和一支庞大的工程技术队伍。国内市场形成全球一体化态势，这为国有企业、民营企业和外商提供了公平竞争的条件和基础，也将对中国机床工业和其他的一些行业带来严峻的挑战。中国机床工业不会在机遇和挑战中被拖垮，一定会圆中国机床人的梦。

第二节 工程机械的发展历程

一、工程机械的定义

工程机械是我国装备工业的重要组成部分，指用于工程建设的施工机械的总称。概括地说，凡土石方施工工程、路面建设与养护、流动式起重装卸作业和各种建筑工程所需的综合性机械化施工工程所必需的机械装备，都称为工程机械。它主要用于国防建设工程、交通运输建设、能源工业建设和生产、矿山等原材料工业建设和生产、农林水利电力建设、工业与民用建筑、城市建设、环境保护等领域。

在世界各国，对这个行业的称谓基本类同，其中美国和英国称为建筑机械与设备，德国称为建筑机械与装置，俄罗斯称为建筑与筑路机械，日本称为建设机械。在我们国家部分产品也被称为建设机械，而在机械系统，国务院组建该行业时把其称为工程机械，并且一直延续到现在。

各国关于该行业划定的产品范围大致相同，我国的工程机械与其他各国相比较，还增加了铁路线路工程机械、叉车与工业搬运车辆、装修机械、电梯、风动工具等产品。

二、工程机械的分类

按其用途主要分为：

(1) 挖掘机械。如单斗挖掘机（又可分为履带式挖掘机和轮胎式挖掘机）、多斗挖掘机（又可分为轮斗式挖掘机和链斗式挖掘机）、多斗挖沟机（又可分轮斗式挖沟机和链斗式挖沟机）、滚动挖掘机、铣切挖掘机、隧洞掘进机（包括盾沟机械）等。

(2) 铲土运输机械。如推土机（又可分为轮胎式推土机和履带式推土机）、铲运机（又可分为履带自行式铲运机、轮胎自行式铲运机和拖式铲运机）、装载机（又可分为轮胎式装载机和履带式装载机）、平地机（又可分为自行式平地机和拖式平地机）、运输车（又可分为单轴运输车和双轴牵引运输车）、平板车和自卸汽车等。

图 4.1 挖掘机

图 4.2 推土机

(3) 起重机械。如塔式起重机、自行式起重机、桅杆起重机、抓斗起重机等。

(4) 压实机械。如轮胎压路机、光面轮压路机、单足式压路机、振动压路机、夯实机、捣固机等。

图 4.3 起重机

图 4.4 压路机

(5) 桩工机械。如钻孔机、柴油打桩机、振动打桩机、压桩机等。

(6) 钢筋混凝土机械。如混凝土搅拌机、混凝土搅拌站、混凝土搅拌楼、混凝土输送泵、混凝土搅拌输送车、混凝土喷射机、混凝土振动器、钢筋加工机械等。

图 4.5 钻孔机

图 4.6 混凝土搅拌站

(7) 路面机械。如平整机、道砟清筛机等。

(8) 凿岩机械。如凿岩台车、风动凿岩机、电动凿岩机、内燃凿岩机和潜孔凿岩机等。

图 4.7　平整机

图 4.8　凿岩台车

(9) 其他工程机械。如架桥机、气动工具（风动工具）等。

图 4.9　架桥机

三、工程机械的发展简史

人类采用起重工具代替体力劳动已有悠久历史。史载公元前 1600 年左右，中国已使用桔槔和辘轳。前者为一起重杠杆，后者是手摇绞车的雏形。古代埃及和罗马，起重工具也有较多应用。近代工程机械的发展，始于蒸汽机发明之后，19 世纪初，欧洲出现了蒸汽机驱动的挖掘机、压路机、起重机等。此后由于内燃机和电机的发明，工程机械得到较快的发展。第二次世界大战后发展更为迅速，其品种、数量和质量直接影响一个国家生产建设的发展，故各国都给予很大重视。

四、中国工程机械行业的发展简况

中国工程机械行业，经过 50 年的发展，已形成能生产 18 大类、4500 多种规格型号的产品，基本能满足国内具有相当规模和蓬勃发展活力的重要行业。

但与国外工程机械同行比较而言，中国的工程机械企业仍存在以下问题，主要是：控制技术差距大；相应基础件（零配、部件）未达标；人机工程考虑欠缺；研发费用投入少。

对于工程机械行业，在发展中调整产品结构是关键，首先要围绕国内市场需求进行，同时发展在国际市场上有竞争力的产品。对于原已占有市场的优势产品，要增加新品种，以满足多种多样的不同地区和不同气候的工作环境。在产品开发上，要着眼于国际市场水平和国内建设项目以及农村发展的需要，多做用户调研和市场分析。注重工程机械配套发动机和关键零部件产品的结构调整及发展、提高配套件水平是提升产品水平的关键因素之一。

工程机械产品需求及增长幅度与GDP、基本建设投资规模具有较强的相关性，行业景气度与固定资产投资的增幅基本上呈同步正相关的关系。"十五"期间中国工程机械消费额平均每年占全社会固定资产额的1.9%，"十一五"固定资产投资增速变缓，市场容量扩充相对不足，行业的发展将逐步趋于理性。"十二五"期间，稳健向上的中国经济将为工程机械行业的发展提供重要而持续的动力，受益于此，加之企业创新能力及综合竞争力的不断提升，我国工程机械行业将继续保持高位运行。根据中国工程机械行业"十二五"发展规划，到"十二五"期末，我国工程机械行业销售规模将达到9000亿元，年平均增长率约为17%，相比于过去5年27.5%的平均增速以及过去10年23.8%的平均增速而言，未来随着行业总体规模的不断扩大，增速将逐步回落，将进入稳健增长阶段。

第三节　农业机械的发展历程

一、农业机械的定义

农业机械是在作物种植业和畜牧业生产过程中，以及农、畜产品初加工和处理过程中所使用的各种机械，包括农用动力机械、农田建设机械、土壤耕作机械、种植和施肥机械、植物保护机械、农田排灌机械、作物收获机械、农产品加工机械、畜牧业机械和农业运输机械等。例如拖拉机、联合收割机、机动植保机械、机动脱粒机、饲料粉碎机、插秧机、铡草机。

广义的农业机械还包括林业机械、渔业机械和蚕桑、养蜂、食用菌类培植等农村副业机械。

二、农业机械的分类

农业机械一般按用途分类。其中大部分机械是根据农业的特点和各项作业的特殊要求而专门设计制造的，如土壤耕作机械、种植和施肥机械、植物保护机械、作物收获机械、畜牧业机械，以及农产品加工机械等。

还有一部分农业机械则与其他行业通用，可以根据农业的特点和需要直接选用，如农用动力机械、农田排灌机械中的水泵等；或者根据农业的特点和需要，把这些机械设计成农用变形设备，如农业运输机械中的农用汽车、挂车和农田建设机械中的土、石方机械等。

农业机械还可按所用动力及其配套方式分类。农业机械应用的动力可分为两部分：一部分用于农业机械的行走或移动，据此可分为人力、畜力牵引、拖拉机牵引和动力自走式等类型；另一部分用于农业机械工作部件的驱动，据此可分为人力驱动、畜力驱动、机电动力驱动和拖拉机驱动等类型。在同一台农业机械上，这两部分可以使用相同的或不同的动力。

按照作业方式，农业机械可分为行走作业和固定作业两大类。在行走作业的农业机械中，又有连续行走式和间歇行走式两类。在固定作业的农业机械中，则有在非作业状态下可以转移作业地点的可移动式和作业地点始终固定的不可移动式两类。

农业动力机械是为各种农业机械和农业设施提供动力的机械，主要有内燃机和装备内燃机的拖拉机，以及电动机、风力机、水轮机和各种小型发电机组等。柴油机有效率高、燃料经济性好、工作可靠和防火安全性好等优点，在农用内燃机中和拖拉机上应用最广。汽油机的特点是轻巧、低温起动性能好且运转平顺，大多用于小型农业机械。

农田建设机械是用于平整土地、修筑梯田和台田、开挖沟渠、铺设管道和开凿水井等农田建设的施工机械。其中推土机、平地机、铲运机、挖掘机、装载机和凿岩机等土石方机械，与道路和建筑工程用的同类机械基本相同，但大多数（凿岩机除外）与农用拖拉机配套使用，挂接方便，以提高动力的利用率。其他农田建设机械主要有开沟机、鼠道犁、铲抛机、水井钻机等。

土壤基本耕作机械是对土壤进行翻耕、松碎或深松、碎土等所用的机械，包括铧式犁、圆盘犁、凿式犁和旋耕机等；表土耕作机械包括圆盘耙、钉齿耙镇压器和中耕机等；联合耕作机械能一次完成土壤的基本耕作和表土耕作——耕地和耙地，其形式可以是两台不同机具的组合，如铧式犁—钉齿耙、铧式犁—旋耕机等，也可以是两种不同工作部件的组合，由铧式犁犁体与立轴式旋耕部件组成的耕耙犁等。

植物保护机械是用于保护作物和农产品免受病、虫、鸟、兽和杂草等危害的机械，通常是指用化学方法防治植物病虫害的各种喷施农药的机械，也包括用化学或物理方法除草，和用物理方法防治病虫害、驱赶鸟兽所用的机械和设备等。植物保护机械主要有喷雾、喷粉和喷烟机具。

作物收获机械包括用于收取农作物或农产品的各种机械。不同农作物的收获方式和所用的机械都不相同，有的机器只进行单项收获工序，如稻、麦、玉米和甘蔗等带穗茎秆的切割；薯类、甜菜和花生等地下部分的挖掘；棉花、茶叶和水果等的采摘；亚麻、黄麻等茎秆的拔取等。

有的收获机械则可一次进行全部或多项收获工序，称为联合收获机。例如谷物联合收获机可进行茎秆切割、谷穗脱粒、秸秆分离和谷粒清选等项作业；马铃薯联合收获机可进行挖掘、分离泥土和薯块收集作业。

农产品加工机械包括对收获后的农产品或采集的禽、畜产品进行初步加工，以及某些以农产品为原料进行深度加工的机械设备。农产品加工机械的品种很多，使用较多的有谷物干燥设备、粮食加工机械、油料加工机械、棉花加工机械、麻类剥制机械、茶叶初制和精制机械、果品加工机械、乳品加工机械、种子加工处理设备和制淀粉设备等。

农业运输机械适用于运输各种农副产品、农业生产资料、建筑材料和农村生活资料，包括各种农用运输车、由汽车或拖拉机牵引的挂车和半挂车、畜力胶轮大车、胶轮手推车以及农船等。

三、农业机械的发展史

农业机械的发展，与国家和农村的经济条件有直接的联系。在经济发达国家，特别是在农业劳动力很少的美国，农业机械继续向大型、宽幅、高速和高生产率的方向发展，并在实现机械化的基础上逐步向生产过程的自动化过渡。电子技术、微型电子计算机技术等各种先进科学技术，在农业机械产品及其设计制造中得到日益广泛的应用。在畜牧饲养业中，特别是养鸡业已进入工厂化连续生产的阶段，自动控制小气候的密闭鸡舍是畜牧机械的新发展；

在田间作业机械中，液压和电气控制相结合，或直接用电气或电磁控制的自动控制装置已开始应用，如谷物联合收获机上收割台的升降控制和拨禾轮的无级变速等。

农业机械的起源可以追溯到原始社会使用简单农具的时代。在中国，早在公元前3000年的新石器时代的仰韶文化时期就有了原始的耕地工具——耒耜；公元前13世纪已使用铜犁头进行牛耕；春秋战国时代已拥有耕地、播种、收获、加工和灌溉等一系列铁、木制农具。

公元前90年前后，赵过发明的三行耧，即三行条播机，其基本结构至今仍被应用。到9世纪已形成结构相当完备的畜力铧式犁。在《齐民要术》《耒耜经》《农书》《天工开物》等古籍中，对各个时期农业生产中使用的各种机械和工具都有详细的记载。

在西方，原始的木犁起源于美索不达米亚和埃及，约公元前一千年开始使用铁犁铧。

19世纪至20世纪初，是发展和大量使用新式畜力农业机械的年代。

1831年，美国的麦考密克创制成功马拉收割机。

1836年出现了第一台马拉的谷物联合收获机。

1850—1855年，先后制造并推广使用了谷物播种机、割草机和玉米播种机等。

20世纪初，以内燃机为动力的拖拉机开始逐步代替牲畜作为牵引动力，广泛用于各项田间作业，并用以驱动各种固定作业的农业机械。

20世纪30年代后期，英国的弗格森创制成功拖拉机的农具悬挂系统，使拖拉机和农具二者形成一个整体，大大提高了拖拉机的使用和操作性能。

由液压系统操纵的农具悬挂系统也使农具的操纵和控制更为轻便、灵活。与拖拉机配套的农机具由牵引式逐步转向悬挂式和半悬挂式，使农机具的重量减轻、结构简化。

20世纪40年代起，欧美各国的谷物联合收获机逐步由牵引式转向自走式。

20世纪60年代，水果、蔬菜等收获机械得到发展。

自20世纪70年代开始，电子技术逐步应用于农业机械作业过程的监测和控制，逐步向作业过程的自动化方向发展。

中华人民共和国成立初期，新式畜力农具广为发展，如步犁、耘锄、播种机、收割机和水车等。20世纪50年代后期，中国开始建立拖拉机及其配套农机具制造工业。

1956年，中国首先在水稻秧苗的分秧原理方面取得突破，人力和机动水稻插秧机相继定型投产；1965年开始生产自走式全喂入谷物联合收获机，并从1958年起研制半喂入型水稻联合收获机；1972年创制成功的船式拖拉机（机耕船），为中国南方水田特别是常年积水的沤田地区，提供了多种用途的牵引动力。

中国近期仍以发展中小型农业机械为主，重点发展的项目是经济效益高、能提高抗御自然灾害能力、保证稳产高产和增产增收的农业机械品种，如排灌、植物保护和施肥等机械。用于农村多种经营的机械品种将得到较大的发展，例如各种农副产品加工机械和禽畜饲养机械，以及养蜂、养蚕、池塘养鱼和食用菌类培植等机械设备。

农业机械的节能和农用多种能源的开发，受到越来越多的重视，其未来的发展将着重于改进燃烧过程，回收利用废气和冷却水热量，降低内燃机的耗油量；使用植物油、酒精和沼气等从农副产品或农村废弃物中获得燃料；利用太阳能、地热和火电站余热等烘干谷物和其他农产品，或把它们用于温室和禽畜舍的采暖加温系统；利用风力发电和提水等。

第四节 仪器仪表的发展历程

一、仪器仪表的定义

仪器仪表是用以检验、测量、观察、计算各种物理量、物质成分、物性参数等的器具或设备。真空检漏仪、压力表、测长仪、显微镜、乘法器等均属于仪器仪表。从广义来说,仪器仪表也可具有自动控制、报警、信号传递和数据处理等功能,例如用于工业生产过程自动控制中的气动调节仪表和电动调节仪表,以及集散型仪表控制系统也属于仪器仪表。

仪器仪表能改善、扩展或补充人的官能。人们通常用感觉器官去视、听、尝、摸外部事物,而显微镜、望远镜、声级计、酸度计、高温计等仪器仪表,则可以改善和扩展人的这些官能;另外,有些仪器仪表,如磁强计、射线计数计等可感受和测量到人的感觉器官所不能感受到的物理量;还有些仪器仪表可以超过人的能力去记录、计算和计数,如高速照相机、计算机等。

二、仪器仪表的分类

仪器仪表是多种科学技术的综合产物,品种繁多,使用广泛,而且不断更新,有多种分类方法。按使用目的和用途来分,主要有量具量仪、汽车仪表、拖拉机仪表、船用仪表、航空仪表、导航仪器、驾驶仪器、无线电测试仪器、载波微波测试仪器、地质勘探测试仪器、建材测试仪器、地震测试仪器、大地测绘仪器、水文仪器、计时仪器、农业测试仪器、商业测试仪器、教学仪器、医疗仪器、环保仪器等。

属于机械工业产品的仪器仪表有工业自动化仪表、电工仪器仪表、光学仪器、分析仪器、实验室仪器与装置、材料试验机、气象海洋仪器、电影机械、照相机械、复印缩微机械、仪器仪表元器件、仪器仪表材料、仪器仪表工艺装备十三类。它们通用性较强,批量较大,成为仪器仪表工业所必需的基础。

各类仪器仪表按不同特征,例如功能、检测控制对象、结构、原理等还可再分为若干小类或子类。如工业自动化仪表按功能可分为检测仪表、回路显示仪表、调节仪表和执行器等;检测仪表按被测物理量又分为温度测量仪表、压力测量仪表、流量测量仪表、物位测量仪表和机械量测量仪表等。温度测量仪表按测量方式又分为接触式测温仪表和非接触式测温仪表;接触式测温仪表按工作原理又可分为热电式测温仪表、膨胀式测温仪表、电阻式测温仪表等。

其他各类仪器仪表的分类法大体类似,主要与发展过程、使用习惯和有关产品的分类有关。仪器仪表在分类方面尚无统一的标准,仪器仪表的命名也存在类似情况。

在实际工作中,我们经常将仪器仪表分为两个大类:自动化仪表和便携式仪器仪表,自动化仪表指需要固定安装在现场的仪表,也称现场安装仪器仪表或者表盘安装仪器仪表,这类仪表需要和其他设备配套使用,以完成某一项或几项功能;便携式仪器仪表是指单独使用的仪表,有时也叫检测仪器仪表,一般分台式和手持两种。

仪器仪表还有一种分类,叫一次仪表和二次仪表,一次仪表指传感器这类直接感触被测信号的部分,二次仪表指放大、显示、传递信号的部分。

三、仪器仪表的发展简史

仪器仪表的发展有悠久的历史。据《韩非子·有度》记载，中国在战国时期已有了利用天然磁铁制成的指南仪器，称为司南。古代的仪器在很长的历史时期中多属用以定向、计时或供度量衡用的简单仪器。

17世纪到18世纪，欧洲的一些物理学家开始利用电流与磁场作用力的原理制成简单的检流计；利用光学透镜制成的望远镜，奠定了电学和光学仪器的基础。其他一些用于测量和观察的各种仪器也逐渐得到了发展。

19世纪到20世纪，工业革命和现代化大规模生产促进了新学科和新技术的发展，后来又出现了电子计算机和空间技术等，仪器仪表因而也得到了迅速的发展。现代仪器仪表已成为测量、控制和实现自动化必不可少的技术工具。

四、仪器仪表的发展趋势

进入21世纪以来，网络、在线、智能等高科技化已成为现代仪器仪表最主要的特征和发展趋势。高新技术研究成果的广泛采用、跨学科的综合设计等，使仪器仪表领域发生了根本性的变革。现代仪器仪表作为典型的高科技产品，完全突破了传统的光、机、电构架，向着计算机化、网络化、智能化、多功能化的方向迅速发展，向着更高速、更灵敏、更可靠、更简捷地获取被分析、检测、控制对象全方位信息的方向迈进。

随着微机技术、网络通信技术的不断拓展，新世纪的测试仪器将是一个开放的系统概念。科学测试仪器正由单台智能化逐步走向通用模件化，并实现即插即用，灵活方便地组成针对不同对象的自动测试系统；难于实现网络化的大型科学仪器，向更高的测量精度、高可靠性和环境适应性方向发展，其使用的自动化水平不断提高，并普遍具有自补偿、自诊断、自故障处理等功能。

近年来，纳米级的精密机械、分子层次的现代化学、基因层次的生物学，以及高精密超性能特种功能材料研究成果等当代最新技术成果的问世，使仪器仪表不断向更深领域发展。纵观仪器仪表的发展历程，可以得出未来仪器仪表的总体发展趋势是"六高一长二十化"，即传统的仪器仪表朝着高性能、高精度、高灵敏、高稳定、高可靠、高环保和长寿命的方向发展；而新型的仪器仪表与元器件将朝着运用上的小型化（微型化）、集成化、成套化、电子化、数字化、多功能化、智能化、网络化、计算机化、综合自动化、光机电一体化，服务上的专门化、简捷化、家庭化、个人化、无维护化以及组装生产的自动化、无尘（或超净）化、专业化、规模化的方向发展。

❋ 第五节 我国模具的发展历程

一、模具的定义和作用

模具是一种有一定形状与尺寸的型腔工具，与模具内各种系统或辅助机构配合使用，将各种高温液态的材料（塑料或金属合金等）填充至模具型腔内，即可生产出具有特定的形状、尺寸、功能和质量的工业零件。

模具是工业生产的基础工艺装备，在电子、汽车、电机、电器、仪表、家电和通信等产品中，60%~80%的零部件都依靠模具成形。据估计，仅汽车、摩托车行业每年就需要100多亿元的模具；彩电模具每年也有约28亿元的市场。模具质量的高低决定着产品质量的高低，因此，模具被称为"百业之母"。

二、模具企业的分布

目前，我国模具工业地域特点明显，主要表现为：东南沿海地区发展快于中西部地区，南方的发展快于北方。模具生产最集中的地区在珠江三角和长江三角地区，约占全国模具产值的2/3以上，模具发展有力地支持着这两个地区工业的快速发展。广东是中国最主要的模具市场，模具制造业产值和销售额约占全国的40%以上，而且是中国最大的模具出口与进口省份。深圳模具业发展迅猛，占广东省模具业的近60%，占全国模具业的近25%，已成为国内模具制造中心。

三、模具的发展史

据考古发现，我国在2000年前就已有冲压模具被用于制造铜器，证明了早在那时中国古代冲压成形和冲压模具方面的成就就在世界领先。1953年，长春第一汽车制造厂在中国首次建立了冲模车间。目前我国已形成了300多亿元各类冲压模具的生产能力。

1. 20世纪50—70年代（空白阶段）

在这20年中，由于我国推行的计划经济的模式和产业结构依照苏联的生产方式进行，所以模具制造纯属依附于企业的一个配件加工车间。再则由于工业发展的缓慢和经济封闭，以及人民的生活水平不高等诸多因素，所以模具制造的产业化、社会化和商品化受到了抑制。模具制造业对其所采用的材料要求不高甚至没有要求，供需关系处于有什么用什么的状态。

2. 20世纪80年代（发展阶段）

改革开放的提出和国民经济的增长很大程度上推动了模具制造业的发展。模具制造业已走出企业禁锢的状态。我国在仿制国外新钢种的同时，还在高校、科研院所和各钢厂的配合下，自行研制开发了一批适合自己国情的模具新钢种，不仅改善了加工性能，而且大大提高了模具的使用寿命。

用仿制D2钢代替Cr12MoV制造冲压模，用P20钢代替45号钢制造塑料模型芯、型腔，使模具的光洁度和寿命都有了较大的提高。用H13钢代替国外已淘汰的3CW8V制造锻模和压铸模。

在冷作模具钢方面，自行开发了65Nb、O12A、CG-2、LM1-2、LD、GD、GM、DS钢等品种。其中65Nb、LD、GD及DS钢因具有良好的抗冲击性而更适合于做冷墩及原料冲裁凸模。GM钢因有良好的耐磨性，所以特别适合于做螺纹滚丝轮，与Cr12MoV相比，寿命可提高十多倍。除上述合金钢外，还开发了GT35及DT等牌号的钢结硬质合金和YG系列的钨钴类硬质合金以满足高寿命的要求，从而制造出高速冲床用的模具。

在塑料模具钢方面，自行开发了易切削类的 5NiCa、06Ni、SM1、SM2 以及 PMS、CPR、PCY 等钢，都是一些具有良好加工、使用性能的优良钢种，并在使用上得到用户的认可。

在热作模具钢方面，Y4、Y10、HM-1、GR、ER8 等新品种的开发和应用彻底改变了热作模具几十年来由 3Cr2W8V 一统天下的局面。

3. 20 世纪 90 年代（竞争阶段）

随着国民经济的发展和产品的更新换代，我国已成为模具和模具材料的生产大国。据 1997 年统计，我国年耗模具材料 13 万吨，其中普钢 4.5 吨，这说明模具这个特殊产品在近十年中从计划经济条件下的备件逐步发展成市场经济条件下的商品，并日益被模具制造商重视。因此，一批过去已被研制成功的能适应不同工况条件和产品制造要求的模具材料的开发、试制和生产成为各大特钢厂竞相推出和竞争的市场热点。

但是，由于模具材料规格繁多，而同规格的产品单次需求量少，所以各大钢厂规模性生产装备总是无法适应，必须纷纷寻找合适的代理商以求得规模效应。可是，众多的代理商虽然手中握有厚资，但是对于模具工况条件、材料特性以及相关热处理等问题的了解不够，都停留于普钢类方面的激烈竞争。

另外，国外的资深代理机构和各著名钢厂近几年来组织重兵力图挤入中国的模具材料市场。如：瑞典的 NUDDEHOLM、ASSAB，德国的蒂森、萨斯特，日本的大同等公司都在上海乃至全国各地树起了优特钢的旗帜，但由于它们的价格过高，所以无法展开规模销售，就连目前在国内较有名气的外资公司都在中国寻找价格低廉、品质优良的模具材料。

4. 21 世纪前期（兴盛时期）

随着外资布局中国，模具行业加快了结构调整。虽然 2008 年金融危机席卷全球，但中国的模具工业却积极突围，取得了很大发展，同时带动了机械、家电、汽车及电子信息产业等模具的用户需求。国际采购商到中国采购的比例逐年增大，中国模具行业产需两旺，持续快速运行。

国内目前已能生产单套重量达 60 吨的大型模具、型腔精度达 0.5 微米的精密模具、一模 7800 腔的多腔模具及 4 米/分以上挤出速度的高速模具，模具寿命也有延长。

表 4.1 模具典型产品

类型	典型产品
大型模具	汽车保险杠、整体仪表板、大屏幕彩色电视机、大容量洗衣机等塑料模具
精密模具	光盘、导光板、手机、音像设备、小模数齿轮、车灯等塑料模具
复杂模具	多色注塑、多层注塑、低压注塑、模内转印、蒸汽注塑、热流道及气体辅助注塑等塑料模具
多腔模具	塑料封装模具、塑料包装模具等
高速模具	塑料型材挤出模，包括双腔、双色、双材质等共挤模具

目前我国模具总量虽然已达到相当的规模，可以说是一个模具制造大国，但由于模具制造水平还与先进工业化国家存在较大的差距，所以说还不是一个模具制造强国，我们的制造

水平比美、日、法、意落后许多，主要表现在制作模具理念上落后、企业管理落后、机制落后、模具企业使用装备落后。

模具应用领域的不断扩大、已应用领域对模具提出的更多和更高要求，使模具工业发展速度快于其他制造业的发展速度。目前世界模具市场供不应求，随着经济全球化发展趋势的日趋明显，模具制造业逐渐向我国转移，跨国集团到我国进行模具采购的趋向日益明显，外资和民营资本继续看好我国模具行业，所以机遇大于挑战。未来国际模具市场前景广阔，我国模具仍有较大发展空间。

简述装备制造业典型产品的发展历程，并谈谈你的认识。

第二篇
企业文化篇

第五章

企业文化概述

第一节 企业文化的内涵与作用

被喻为经营之神的松下幸之助谈到自己对企业的管理时，曾有过这样一段话："当员工100人时，我必须站在员工前面以身作则，发号施令；当员工1000人时，我必须站在员工中间，协调各方，相互配合，努力工作；当员工10000人时，我必须站在员工后面，以虔诚之心祈祷他们万众一心，众志成城。"企业规模较小时，企业管理者亲力亲为就行了；到中等规模时，用严格的制度、强硬的手段就可以使企业正常运行；当企业规模庞大时，就要祈求员工万众一心，自发拼搏。这种力量来自管理者的魅力，来自一种思想影响力。而这种精神力量，就是优秀的企业文化。企业文化是企业生存发展的灵魂，是企业的核心竞争力所在。凡是成功的企业，都有自己特色鲜明的企业文化，例如，北京同仁堂的"济世养生""炮制虽繁必不敢省人工，品味虽贵必不敢减物力"；杭州胡庆余堂的"戒欺"；宁波雅戈尔集团的"装点人生，服务社会"，既有行业特点，又有独具的文化底蕴；广州五羊本田摩托公司的"聚五羊灵气，取本田精髓，创世界一流"；大连燃料总公司的"燃烧自己，温暖他人"，既有行业特点，又体现了员工的奉献精神。

一、企业文化的起源

企业文化出现于20世纪80年代，由美国、日本将文化概念引入企业管理，最早由美国一些管理学家总结日本管理经验之后提出。

20世纪80年代初，日本企业大量进入美国市场，抢走了美国企业在本土的市场份额。为了迎接日本企业的挑战，美国企业界开始研究日本企业的管理方式。最早提出企业文化概念的人是美国的管理学家威廉·大内，他于1981年出版了自己对日本企业的研究成果，书名为《Z理论——美国企业如何迎接日本的挑战》。在这本书里，他提出，日本企业成功的关键因素是它们独特的企业文化。这一观点引起了管理学界的广泛重视，吸引了更多的人从事企业文化的研究。

在随后的两年时间里，美国又连续出版了3本企业文化的专著，连同威廉·大内的著作，一并构成了所谓的"企业文化新潮四重奏"。帕斯卡尔和阿索斯于1981年出版了《日本企业管理艺术》，更深入地阐述了日本企业所特有的企业文化。同年出版的特累斯·迪尔与阿伦·肯尼迪合著的《企业文化》一书，以日本的经验为基础构建起了企业文化的理论框架。而托马斯·彼得斯和罗伯特·沃特曼于1982年出版的《追求卓越》一书则开始运用企业文化的理论框架研究美国企业的成功经验。

哈佛大学教育研究院泰伦斯·迪尔教授和麦肯锡咨询公司顾问艾伦·肯尼迪在6个月的时间里，集中对80家企业进行了详尽的调查，于1981年7月出版了《企业文化——企业生存的习俗和礼仪》一书。该书出版后就成为最畅销的管理学著作，后又被评为20世纪80年代最有影响的10本管理学专著之一，成为论述企业文化的经典之作。它用丰富的例证指出，杰出而成功的企业都有强有力的企业文化，即为全体员工共同遵守，但往往是自然约定俗成的而非书面的行为规范；并有各种各样用来宣传、强化这些价值观念的仪式和习俗。正是企业文化这一非技术、非经济的因素，决定了这些决策的产生、企业中的人事任免，还有员工们的行为举止、衣着爱好、生活习惯。在两个其他条件都相差无几的企业中，由于它们的文化有强弱，所以企业的未来就完全不同。这是正式提出企业文化的开始。日本企业和管理学界在对美国企业文化理论研究的基础上，对日本企业管理的实践进行了系统的研究，认为企业文化是"静悄悄的企业革命"和"现代管理的成功之道"。

企业管理界学者通过对20世纪70年代末80年代初世界排名前500名的大企业进行研究发现，这些企业到现在有近1/3破产或衰落了，著名大企业的平均寿命不足40年，大大低于人的平均寿命。这些大企业之所以早亡很大程度上是因为没有培养和形成适合自身发展特点的企业文化。诚如美国管理学者汤姆·彼得斯和南希·奥斯汀说："一个伟大组织能够长久生存下来，最主要的条件并非结构形式或管理技能，而是我们称为信念的那种精神力量，以及这种信念对组织全体成员所具有的感召力。"

中国企业和学术界明确提出和开展企业文化研究，始于20世纪80年代中期。随着经济体制改革的不断深入，中国的企业受到市场竞争的压力越来越大。为了提高竞争力，国内的企业普遍学习和跟踪国外先进的管理技术——从开始着重学习国外企业的规范管理，到有意识地关注国外企业的企业文化。20世纪90年代初，在品牌竞争的压力下，中国的企业开始重视并具体实施企业文化建设。官方对企业文化给予了应有的关注，中共十四大报告明确提出"建设优秀的企业文化"，十四届三中全会把"管理科学"作为现代企业制度的一个重要特点来加以明确，并对其内涵做了科学阐述。

近几年，国内一些名牌企业，纷纷创建了各具特色的企业文化。例如长虹电子集团把缔造企业文化视为第一使命，"谁砸长虹的饭碗，就砸他的饭碗"成为长虹人的普遍意识，"太阳最红，长虹更新"作为长虹独特的形象饮誉中外。以"真诚到永远"而著称的海尔，在管理上采取"坚持两个原则，最大限度地对待两种人"的策略，即"坚持闭环原则，坚持优化原则，最大限度地关心员工的生活，最大限度地满足用户的需要"，使其迅速崛起。

二、企业文化的定义

企业文化，或称组织文化（Corporate Culture 或 Organizational Culture），是指一个企业在长期的生产经营、管理实践中培育形成，为全体员工普遍认可和共同遵循的共同意识、思维方式、价值观念、行为规范与准则的总和。

共同意识：公司的使命、愿景、发展目标、宗旨、企业精神、经营理念是什么？

思维方式：员工习惯性的思考问题的方式是什么？是保守还是开放？是积极还是消极？

价值观念：市场、质量、成本等方面的价值取向是什么？共同的价值观是企业文化的核心，为企业全体员工提供了共同的思想意识、精神信仰和日常行为准则。

行为规范与准则：员工的行为方式如何？是勇于负责还是相互推诿？是开拓进取还是但求无过？企业的管理制度是什么？

三、企业文化的内涵

企业文化内涵包括了5个方面：

（1）企业文化属于思想与精神范畴的概念，它表达了企业信奉什么、提倡什么、鼓励什么、追求什么。

（2）企业文化是社会文化在特定企业中的体现与延伸。企业文化源于社会文化，不能不受到社会文化的影响，但企业文化不等同于社会文化，这是由企业的目标和性质的特殊性所决定的。

（3）企业文化是一种管理文化，由管理者倡导，有自己的管理目的。从管理哲学的角度来看，企业文化是以文化为手段，以管理为目的的文化管理模式，汲取传统文化精华，结合当代先进的管理思想和策略，为企业员工构建一套明确的价值观和行为规范，提升公司管理水平。

（4）企业文化不可能脱离企业这个组织而存在，它是一种组织文化，有自己的共同目标、群体意识及与之相适应的组织机构和制度。企业文化所包含的价值观、行为准则等意识形态和物质形态均是企业群体共同认可的，与无组织的个体文化、超组织的民族文化、社会文化是不同的。

（5）企业文化是一种"经济文化"。企业文化是企业和企业员工在生产经营过程和管理活动中逐渐形成，并为企业生产经营服务的。如果离开企业的经济活动，就不可能有企业文化的形成，更谈不上形成优秀的企业文化。

四、企业文化的作用

企业文化是企业的核心竞争力，为企业发展提供生生不息的发展动力。小企业发展靠能人，大企业发展靠文化。一个企业的活力、创造力、生命力是否旺盛，在市场上是昙花一现还是经久不衰，其根本区别在于是否在企业内部形成了适应时代要求的先进的企业文化。我国著名经济学家于光远先生有句名言："国家富强靠经济，经济繁荣靠企业，企业兴旺靠管理，管理关键在文化。"可见，企业文化决定企业命运，21世纪企业之间的竞争，从根本上说就是企业文化的竞争。优秀而独到的企业文化，是企业发展壮大、立于不败之地的沃土。

企业文化反映着一个企业特有的、为社会所公认的品格、素质、精神、作风，以及公众形象等文化积淀，影响并代表着企业的整体形象及待人处事的独特方法，对员工来说可能习以为常，以至于察觉不到其独特性，但对于企业以外的人而言，企业文化则是具有鲜明特征的。当我们参观一家企业时，很容易感受到企业的文化氛围是温暖如春还是冷若冰霜，是朝气蓬勃还是死气沉沉，是注重创新还是墨守成规，等等。

企业文化一旦形成较为固定的模式，那么它不仅会在企业内部发挥作用，对员工产生影响，而且也会通过各种渠道（宣传、交往等）对社会产生影响。企业文化的作用主要体现在以下几个方面：

1. 适应外部变化

创新、求变、开放性的企业文化，使企业能够快速适应外部环境的变化，及时调整经营策略。

2. 实现内部团结

优秀的企业文化是一种黏合剂，把企业的利益和绝大多数员工的利益统一起来，共同的价值观和团结友爱、相互信任的工作氛围，可以凝聚人心，协调部门之间、员工之间的关系，即使产生了某些分歧，也能使大家在较融洽的氛围中相互交流和共同探讨，减少不必要的摩擦和矛盾，从而有利于企业形成蓬勃发展的势头和和谐的人文环境。

共同的价值观形成了共同的目标和理想，使员工产生认同感、归属感和荣誉感。员工把企业看成是一个命运共同体，把本职工作看成是实现共同目标的重要组成部分，整个企业步调一致，形成统一的整体。"厂兴我荣，厂衰我耻"成为员工发自内心的真挚感情，"爱厂如家"就会变成他们的实际行动。企业文化的这种凝聚作用，尤其在企业危难之际和创业开拓之时更显示出巨大的力量。

海尔于1984年创立，当时还只是一个濒临破产的集体所有制小企业——青岛电冰箱厂。当时很多员工羡慕国有企业的很多优惠政策，说："我们不得'天时'。"该厂1984年建厂，是在平了一片坟地的基础上建起来的，离火葬场较近，当时员工上班没有活干，有的员工看着火葬场的大烟筒说："我们这个厂是火葬场的八车间。"言外之意，这个厂早晚要完蛋，因为年年亏损。有的员工说："我们不得'地利'。"1984年上半年，企业还有800多名员工，到了下半年，剩下不到700人了，人心涣散，不得"人和"。天时、地利、人和都得不到，很多员工对这个企业丧失了信心。

1984年的12月26日，张瑞敏成为厂长。他上任后，大胆解放思想，锐意改革，倡导新的企业文化，提升企业的凝聚力。在他的领导下，海尔倡导了"敬业报国，追求卓越"的企业精神，"要么不干，要干就要争第一""优秀的产品是优秀的人干出来的""市场唯一不变的法则就是永远在变""只有淡季的思想，没有淡季的市场""否定自我，创造市场"等新观念不断映入员工的脑海，不断转化为员工自觉的行动。

企业文化一旦被员工认同了，就能指导他们的思维和行为。正是由于海尔企业文化的不断形成，不断转变和影响着员工的思想观念，最终把所有的海尔人凝聚在一起，迸发出海一样的力量，不断推动着企业的发展。在短短的16年时间里，一个濒临破产的集体所有制的小企业成了一个跨国公司。

3. 激励员工热情

先进的企业文化能够以人为本，保障员工的合法权益，人人受重视、人人受尊重，领导与职工、职工与职工之间互相关心，互相支持，每名员工所做的贡献都会及时得到赞赏和奖励，人人都能感受到自己在企业中存在的价值，这种自我价值实现是人的一种满足，这种满足必将形成强大的激励，从而使他们的精神境界得到进一步的升华。

良好的企业宗旨和远大的发展目标，能使员工产生责任感、使命感和自豪感，激发员工的积极性和创造性，实现企业和个人双赢。

海尔有一种"三工并存，动态转换"的用人激励机制，"三工"就是"优秀员工""合格员工"和"试用员工"。不同等级的员工，工资福利待遇不一样。"优秀员工"的基本条件是干部、中级以上职称的管理、技术人员以及车间的班组长，这是集团的骨干力量，大约占集团的25%。工人中的多数是"合格员工"。还有一小部分是"试用员工"，只占10%左右。这"三工并存，动态转换"不是终身制。你今天是"优秀员工"，明天出现了很大失误，工作做得不好，就可能下转为"合格员工"。"合格员工"再不注意，那就可能成为"试用员工"。"试用员工"就很危险，就快下岗了。反过来，"试用员工"干得比较好，他仍然可以往上转，变成"合格员工"。这个"动态转换"使每个人都想成为集团的骨干力量，成为"优秀员工"。

4. 导向员工思维

美国学者托马斯·彼得斯和小罗伯特·沃特曼在《寻求优势》一书中指出："我们研究的所有优秀公司都很清楚它们的主张是什么，并认真建立和形成了公司的价值准则。事实上，一个公司如果缺乏明确的价值准则或价值观念不正确，我们就怀疑它是否有可能获得经营上的成功。"

企业文化指明了企业的发展方向，提倡什么，崇尚什么，作为一种共识，将多数员工引导到企业所确定的目标上来，使他们在共同认可的价值观的基础上按照既定的模式思维和工作，起到行政命令、规章制度所无法代替的作用。多数员工会主动将自己的行为和企业的要求相对照，使之符合企业价值观的标准。对于少数未取得共识的员工而言，这种导向功能则带有某种强制性，使他们按照企业整体的价值取向行事。

5. 协调思想与行动

企业文化的形成使企业员工有了共同的价值观念，能够使企业全体人员在企业的经营宗旨、指导思想、道德观念等众多方面逐步达到一致，从而统一员工的思想与行动。

在海信，"创造完美，服务社会"是最高准则。所有海信人都明白，"创造完美"是一个永无止境的过程，"服务社会"作为海信的道德要求不容亵渎。海信的服务宗旨是"天下事，客户的事是头等大事"。在海信电器股份有限公司，它被修正为"用户永远是对的"。在海信电器售后服务中心工作的员工，每天要接到消费者打来的五花八门的投诉电话。事实上，很多电话属于"电话骚扰"的范畴。有的消费者在电话里说了一些不负责任、不理性，甚至是威胁的话，有的则对接听电话者进行谩骂与人身攻击。作为服务人员，应该时时刻刻为广大消费者着想，哪怕自己受再大的委屈，也不能在电话里与消费者较短长。因为，消费者是上帝，是衣食父母，他们永远是对的。正是"创造完美，服务社会"的企业文化统一了员工的思想和行动，使售后服务更加完美。

6. 约束员工行为

企业通过制定规章制度并以强制性的行政手段加以实施，可以实现对员工行为的约束。但规章制度并不能包罗企业的一切活动和规范每个员工的每个行为。企业文化则可以用一种无形的文化上的约束力量，形成一种行为规范，制约员工的行为，以此弥补规章制度的不足。它通过员工共同信奉的经营宗旨、价值观念、道德准则来使员工产生自控意识，达到内在的自我约束，从而发挥约束的作用。当某种违背企业文化的言行一经出现，就会受到群体舆论和感情压力的无形约束。企业文化与规章制度相比，它对员工的约束作用更加广泛，几乎包括企业经营管理活动的一切环节和方面。

例如：同仁堂药店"济世养生、精益求精、童叟无欺、一视同仁"的道德规范约束着全体员工必须严格按工艺规程操作，严格质量管理，严格执行纪律。海尔集团的"砸冰箱"事件，不仅使海尔成了当时关注质量的代名词，同时也使全厂员工的质量意识有了普遍提高。

7. 塑造企业形象

积极而强大的企业文化，可以向社会大众展示企业的经营理念、精神追求、行为准则和管理风格等，从而为企业塑造良好的整体形象，树立信誉，扩大影响，使企业的产品和市场得到延伸，是企业巨大的无形资产。例如，美国美孚石油公司拨款 140 万美元用于选定商标，组织心理学家、语言学家、社会学家和统计学家耗时 6 年，对 55 个国家的语言、民俗进行调查分析，提出了 1 万多件草案，最后选定"埃克索"这一誉满全球的商标。这一商标展示了公司的形象，提高了公司的知名度，公司业务不断得到拓展延伸，埃克索美孚公司成为全球著名的石油公司。

五、企业文化不能代替企业制度和经营管理

企业文化与企业制度刚柔并济，是维系企业永续发展的两大法宝。企业文化代替不了企业制度。

表 5.1　企业文化与企业制度的作用

项目	企业文化	企业制度
管理性质	柔性管理	刚性管理
控制方式	依靠人的自我控制和主观能动性	对人的行为进行外部控制
相互关系	积极的企业文化是企业制度的有益补充	合理的企业制度推动企业文化良性发展

企业文化代替不了企业的经营管理和日常运作。文化对公司成员是一种"软"约束，而不是硬约束，它不会通过自动支配企业的资源来达成企业的经营目标。文化对外界的客户和社会产生的影响是间接的，对市场拓展及市场营销活动的作用是辅助性的。

总之，搞好企业文化是提高企业核心竞争力，促进企业健康发展，实现企业优质超越的一个系统工程，是对企业经营管理的全面反映，它涵盖了企业的价值观念、企业精神和人力资源等各方面。一个企业若没有文化，就没有了凝聚力，从而也会丧失持久的竞争力。

第二节　企业文化的构成

企业文化可分为四个层次：物质层（即物质文化）、制度层（即制度文化）、行为层（即行为文化）、精神层（即精神文化）。

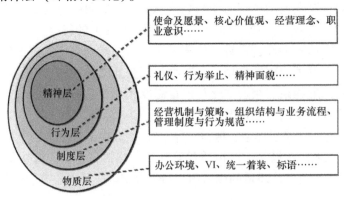

图 5.1　企业文化"洋葱"模型

精神文化是企业文化的核心，指企业领导和员工共同信守的基本信念、价值标准、职业道德及精神风貌，反映了企业对世界、对自我的认知，是企业经营的终极价值目标和追求的方向，是企业所有外延文化的根本依据。

行为文化是企业文化的动态体现，是企业精神、企业价值观的折射，指企业和企业人在经营管理、教育宣传、人际关系、文娱体育等各种活动中表现出的行为。

制度文化是围绕企业文化的核心理念建立的，要求全体员工共同遵守的，按一定程序办事的行为方式及与之相适应的组织机构、规章制度的总和。

物质文化是企业文化的表层，是企业文化的外在表现和载体，指由企业职工创造的产品、服务和各种物质设施构成的器物文化，包括企业的产品、服务、建筑物、环境和企业标识等。

企业文化的各个层面是和谐统一、相互渗透的。

一、企业物质文化

企业文化作为社会文化的一个子系统，其显著的特点是以物质为载体，物质文化是它的外部表现形式。企业物质文化是指企业生产、销售、生活、文化娱乐等方面的环境、条件、设施等物质要素的综合，是一种以物质形态为主的表层企业文化。相对核心层而言，它是有形的、直观的，通过这些物质文化形式，人们可以进一步了解和认识企业的形象、精神等深层面的精神内容。

物质文化是企业文化的基础和前提，是企业文化建设和发展的载体，以看得见、摸得着的物质形态反映企业的精神面貌，物质文化建设的深度和广度决定着企业其他文化建设的程度和质量。优秀的企业文化是通过重视产品的开发、服务的质量、产品的信誉和企业生产环境、生活环境、文化设施等物质现象来体现的。

企业物质文化主要包括以下内容：

（1）企业标识，包括企业名称、标志、标准字、标准色、吉祥物等，这些都可以反映出一个企业的文化特色，对应企业识别系统（Corporate Identity System，CIS）中的视觉识别系统（Visual Identity，VI），能够使用户很快地认识企业，增强企业的知名度和荣誉度，具有强烈的扩张功能。例如：我们只要看到任何汽车标志，就知道是哪个企业生产的，就会联想起企业的服务、文化、质量等。"M"虽是一个非常普通的字母，但是在许多孩子的眼里，它代表着麦当劳，代表着美味、干净、舒适。与麦当劳（McDonald's）圆润的棱角、柔和的色调不同，摩托罗拉（Motorola）的"M"标志棱角分明、双峰突出，以充分显示品牌的高科技属性。

图 5.2　麦当劳与摩托罗拉的企业标识

（2）厂徽、厂旗、厂歌、厂服、厂花。

（3）产品形象，包括商标、品牌形象、品牌文化、结构、外观、特色、包装、提供的服务。产品是企业生产经营的成果，通过产品体现出来的企业文化最为直观。公众通过产品了解一个企业，企业也可以直接运用产品去争取公众。美国哈佛大学罗伯特教授指出："15年前企业是在价格上竞争，今天是在质量上竞争，明天则是在工业设计上竞争。"风靡全球的"可口可乐"，其独特的瓶子就是一种魅力十足的文化包装。

（4）企业造型和纪念性建筑，包括厂区雕塑、纪念碑、纪念墙、纪念林、英模塑像等。例如某做钢结构的企业，其厂房全是钢结构，向来宾展示了企业对钢结构的技术、质量达到了某种程度。海尔办公大楼从外观看就是一幢四方形的建筑物，但从大楼里面看则是圆形的，这体现了海尔形象识别标志——方圆标志的内涵，意即"思方行圆"。它由纵横36个圆形组成，第一行第一列是个"方块"，其余全是"圆点"。"方块"放在阵中的排头，表示以它为基础向纵深发展，代表了海尔的思想、理念、文化。"方块"是中心，指导着周边"圆点"的组合，体现了"思方行圆"的思想，即在工作中要将原则性和灵活性有机结合，以达到预期目标和效

图5.3　海尔办公大楼

果，同时也有发展无止境的寓意。海尔办公大楼的外围四周有四根红色的柱子，这和标志中的红色标准色及"圆点"相一致。

（5）企业展览馆、纪念品。在中国，有一把锤子是被国家博物馆收藏为国家文物的，而它并非什么千年的古董，却对中国企业、中国制造、中国品质有着至关重要的深远影响。1985年青岛海尔电冰箱总厂还是一个亏空147万元的集体小厂，时任厂长的张瑞敏检查仓库时发现400多台冰箱中有76台不合格。张瑞敏说："放行这些有缺陷的产品到市场，就永远也谈不上质量意识。"他宣布，把这些不合格的冰箱全部砸掉，并抡起大锤亲手砸了第一锤。海尔这把砸毁不合格冰箱的大锤反映了那个时代中国企业、企业家狠抓质量的历史，为后来的企业、行业都树立了典范，是一个划时代的文物。张瑞敏在《财富》论坛上曾说："这把铁锤对海尔今天走向世界，是立了大功的。"海尔人把大锤摆在企业展览厅里，让每一位新员工参观时都牢牢记住它。

图5.4　海尔的大锤

（6）企业外貌，自然环境，环境绿化美化情况，污染治理情况，厂房、仓库、办公室与车间设计，设备及其布置。整洁、美观的厂容厂貌能给人一种赏心悦目的享受，同时也能激发员工的工作情绪与心理，激发员工的自豪感和凝聚力，使其提高工作效率。因此，优秀的企业特别注重为员工创造优美的工作环境，并把它作为企业文化建设的重要内容，作为调动员工积极性的重要手段。有些企业在下单做业务时，一定要邀请客户参观企业才签合同，也是想从企业的外貌去评价这个企业是否有实力完成业务。

（7）员工娱乐休息环境、文化体育生活设施。例如住宅房、食堂、医疗机构、运动场所、休息场所、娱乐场所、购物场所、停车场所等。人有多种需要，不仅有物质需要，还有精神需要。在物质生活水平不断提高的今天，人们对精神需要的追求愈加强烈，建立和完善员工的文化设施，积极开展健康有益的文体活动，为员工提供良好的劳动生活氛围，保证员工及其家属的安全、健康，是企业重视人的表现，是企业激励员工工作积极性的重要手段，也是企业形象的重要组成部分。如果员工经常处于不安全、有害于健康的环境中，生活得不到关心、重视和改善，那么员工就不可能有积极性、创造性，这样的企业是不可能有向心力和凝聚力的。

（8）企业广告及文化传播网络，包括广告牌，招贴画，企业自办的报纸、刊物、宣传栏（宣传册），有线广播，闭路电视，计算机网络等。在现代信息社会和大众传播时代，人们对外界的认知和判断越来越依靠各种传媒，大众媒介是广大公众认知一个公司的重要渠道。

二、企业制度文化

企业制度是一种来自员工自身以外的、具有强制约束的行为规范和规章制度。企业工艺操作规程、厂规厂纪、经济责任制、考核奖惩制度等都是企业制度，但其主要内容仍然是企业领导体制、企业组织文化和企业管理制度三个方面。

（1）企业领导体制：是指独立的或相对独立的组织系统进行决策、指挥、监督等领导活动的具体制度或体系，包括企业领导方式、领导结构、领导制度。企业领导体制经历了三个发展阶段：家长式企业领导体制、经理企业领导体制、企业家集团企业领导体制。企业规模扩大，集团型企业增加，出现了许多跨国公司，管理层次多、经营范围广、技术工艺复杂、领导的复杂性急剧增大。

（2）企业组织文化：是指企业为了实现企业目标而筹划建立的企业内部各组成部分及其关系。根据权责关系不同，企业组织结构可分为直线式、直线职能式、事业部式、矩阵式等。直线式结构指上下级只存在直线的关系，没有横向并列的组织结构。事业部式结构指在最高领导层下设若干有一定自主权的事业部门的组织结构。矩阵式机构指由纵横两种管理系列组成的方型结构。

（3）企业管理制度：是指企业为求得最大效益，在生产管理实践活动中制定的各种带有强制性义务，并能保障一定权利的各项规定的总称，包括企业的人事制度、生产管理制度、民主管理制度等一切规章制度。我国是法治国家，要依法治国。企业也是一样，企业的各项管理制度就是企业的法。合理的制度必然会促进正确的企业经营观念和员工价值观念的形成，并使职工形成良好的行为习惯。

美国哈佛大学的创始人留下一笔遗产——250本书，学校将它们一直珍藏在图书馆内，并规定学生只能在馆内阅读,不能带出馆外。1764年一场大火烧毁了图书馆。在火灾发生前,一个学生恰巧将其中一本《基督教针对魔鬼世俗与肉欲的战争》带到馆外阅读,而这本书则幸免于难。第二天,学生得知了火灾的消息,便意识到这本书已是那250本珍品中唯一存世的孤本。经过一番思想斗争,他找到校长,把书还给学校。校长感谢他,然后下令把他开除,理由是他违反了校规。有人提出异议,毕竟是他使哈佛留下了这唯一的遗产。校长则不这么认为,他感谢那个学生,是因为他诚实;开除他,是因为校规不可违反。哈佛的理念是:让校规看守哈佛的一切,比让道德看守哈佛更有效。法理第一,坚持制度化管理,这便是哈佛大学的行事态度。哈佛的成功源自其行之有效的制度管理体系,同样对于一个企业也是一样,如果不能建立行之有效的管理制度,那就不可能获得成功。

企业制度与企业制度文化不是同一概念,企业的制度未必都能形成制度文化。当企业制度的内涵未被员工接受时,其仅仅是管理规范,至多是管理者的"文化",对员工只是外在的约束。只有将制度管理与人文管理有机结合起来,使企业制度的内涵被员工心理接受并自觉遵守时,制度才能变成一种文化,才能形成一种习惯性意识并根植于每一位员工的头脑中,并最终转化为生产力。

三、企业行为文化

一个企业的文化特点必然内化到每一个员工的内心深处,并通过他们的行为表现出来,这是企业文化在员工身上的外化,称为行为文化。有的企业虽然大力推进企业文化建设,编制了精美、完整的企业文化手册,设计了漂亮、规范的企业形象识别系统,但经过大张旗鼓的宣传和贯彻实施后,却发现员工对企业文化并不真正理解和认同,也无法将企业的核心价值观落实到具体行动中来。可见,真正有效的企业文化不是空洞缥缈的说教、广宣不为的标语,而是能实实在在落地,在激情的言语和实际行动之间找到共鸣,让全体员工能真实感受到,能亲身体会到,然后最重要的是在实践中贯彻落实。

行为文化既包括为规范员工行为而制定的"行为规范",如仪容仪表、岗位纪律、工作程序、待人接物、环卫安全、素质修养等,也包括员工具体行为所折射出的文化,如企业家行为、企业模范人物行为、企业普通员工行为等折射的文化。

(1) 仪容仪表:是企业出于安全、质量、企业形象等需要,对员工外在形象的要求,包括服装、发型、化妆、配饰等。

(2) 岗位纪律:是员工在工作中必须遵守的一些共性要求,旨在保证每个岗位的正常运转,一般包括作息制度、请假制度、保密制度、工作状态要求、特殊纪律等。

(3) 工作程序:是对员工与他人协调工作的程序性的行为规定,包括与上级、同事、下属的协调和配合的具体要求,对一个个独立的工作岗位进行协调,使企业成为和谐团结的统一体,保证企业高效有序地运转。

(4) 待人接物:包括礼貌用语、基本礼节、电话礼仪、接待客人、登门拜访等。

(5) 环卫安全:环境能提升士气,塑造良好的企业视觉形象,安全是一票否决。

(6) 素质修养:可间接促进员工技术水平、工作能力和综合文化素质的提高。

(7) 企业家行为:企业家是企业经营的主角,企业的经营决策方式和决策行为主要来自企业家。好的企业家是企业成功的一半。

(8) 企业模范人物行为:企业模范人物在自己的岗位上做出了突出的成绩和贡献,受人敬重，体现了企业价值观，使企业价值观"人格化"，是企业员工学习的榜样，他们的行为常常被企业员工作为仿效的行为规范。

（9）企业普通员工行为：企业员工是企业的主体，企业员工的群体行为决定企业整体的精神风貌和企业文明的程度。

四、企业精神文化

企业精神文化是指所有员工共同信守的基本信念、价值标准、职业道德及精神风貌，是以企业精神为核心的价值体系，是一种意识形态上的深层企业文化，包括企业使命、企业愿景、企业核心价值观、企业精神、企业经营理念等。

图5.5　企业精神文化体系（选取部分内容）

1. 企业使命

所谓企业使命是指企业在社会经济发展中所应担当的角色和责任，是指企业的根本性质和存在的理由，说明企业的经营领域、经营思想，为企业目标的确立与战略的制定提供依据。企业在制定战略之前，必须先确定企业使命。

企业使命要回答以下问题：①我们的事业是什么？②我们的顾客群是谁？③顾客的需要是什么？④我们用什么特殊的能力来满足顾客的需求？⑤如何看待股东、客户、员工、社会的利益？基于以上了解，我们梳理出企业使命，回答我们为什么存在。

通用电气公司在一百多年前创立时，是爱迪生刚刚发明了电灯泡的时代，这个公司的第一个使命就是"让世界亮起来"。那时候的电灯只能亮两三分钟，两三分钟之后，灯泡里面的丝就烧融了。加入这家公司的每个人都充满着荣耀感，"我的工作是让世界亮起来"，都希望由两分钟的亮，过渡到二十分钟。正是这样明确、坚定、让世界充满希望的企业使命，推动了通用电气一百多年的发展和成熟。

如果问一家企业的使命是什么？一千个企业家可能会给出一千个答案。比如迪士尼会说使命是让世界快乐起来；阿里巴巴的使命是让天下没有难做的生意……说法不一，但最终却都指向了一个方向，就是希望，给服务的对象以希望，给自己的员工以希望，给这个世界以希望！

著名公司的企业使命：

福特公司：生产大多数人买得起的汽车。

微软：提供使工作、学习、生活更加方便、丰富的个人电脑及软件。

小米：让每个人都能享受科技的乐趣。

松下：制造像自来水一样丰富的价廉物美的产品，给人们的生活带来幸福，使世界变得更加美好。

海尔集团：敬业报国，追求卓越。

万通集团：创造最具价值的生活空间。

蒙牛乳业：强乳兴农，愿每一个中国人身心健康。

台湾acer：用新鲜科技造福全人类。

中国机械工业集团有限公司：引领机械工业发展，推动人类社会进步。

哈尔滨电气集团公司：承载民族工业希望，彰显中国动力风采。

中国东方电气集团有限公司：共创价值，共享成功。

鞍钢集团公司：钢铁强国，造福社会，实现企业可持续发展。

武汉钢铁（集团）公司：争新型工业先锋，铸钢铁强国脊梁，当现代文明创造者，做和谐社会实践者。

2. 企业愿景

企业愿景是存在于员工心目中的美好景象，是对企业未来发展的设想和期望，是对"我们代表什么""我们希望成为怎样的企业"的持久性回答和承诺。愿，就是心愿，是员工共同的发自内心的愿望；景，就是景象，是企业未来发展成功的目标、任务和使命的远景。企业愿景使员工拥有一种共同的愿望——通过大家的努力，企业将来是什么。有共同愿景的企业不再是一群普通人的简单组合，而是一个有共同理想、共同使命的生命联合体。每一个人不再是一个被动的服从者，而是为了共同目标进行创新学习的开拓者。共同愿景改变了人与人之间的关系，这样的企业就如原子弹爆发一样，释放出每一个人的巨大潜力。随着企业的发展，企业愿景也将发生变化。

企业愿景可以使高层管理者对企业的长期发展方向有一个清晰的认识，减少企业管理者由于对企业发展方向理解不一致带来的风险；可以激发企业员工的内在承诺，激励他们为企业愿景的实现而努力；可以引导企业所有部门确定努力方向，使其行动方向一致，形成合力。

当亨利福特在一百年前说他的愿景是"使每一个人都拥有一辆汽车时"，你会认为他是神经病，但现在的美国社会，他的梦想已经完全实现，那我们又如何理解在一百年前有一个"疯子"曾经说过这样的话呢？这种梦想通常会使人感到不可思议，但又会不由自主地被它的力量感染。因此，如果愿景是一种立即就被人所能把握实现的目标，那么它充其量只能说是一个战略目标，而不是我们所说的愿景。

著名公司的企业愿景：

福特：使每一个人都拥有一辆汽车。

苹果公司：让每人拥有一台计算机。

星巴克：为客人煮好每一杯咖啡。

高盛：在每一方面都成为世界上最优秀的投资银行。

迪士尼：成为全球的超级娱乐公司。

万科：成为中国房地产行业领跑者。

中国第一重型机械集团公司：装备中国，立身世界，成为世界一流重大技术装备供应商。

哈尔滨电气集团公司：打造世界装备制造业的动力航母。

中国南方航空集团公司：成为顾客首选、员工喜爱的航空公司。

3. 企业核心价值观

核心价值观是企业文化的核心，是指导企业一切活动和行为的最根本的原则，是全体员工共同信奉的最核心的理念，反映企业在经营过程中所推崇的基本信念和奉行的目标。核心价值观是企业判断是非善恶的标准，是做大与做强、做优与做久、专业化与多元化、本土化与全球化、进取与保守、变革与稳定、短期与长期进行选择的一种价值准则；是提倡什么、反对什么、弘扬什么、抑制什么的一种价值态度。这些问题是企业经营中每一个人始终要面临的问题，谁也不能回避，谁也不能含糊，因此它是企业的基本问题。核心价值观的作用集中体现在当企业或者个人在运营中面临矛盾，处于两难选择时，这样做可以，那样做也可以，但必须有个决定，支持这个决定的便是核心价值观。一个企业的长久生存，最重要的条件不是企业的资本或管理技能，而是正确的核心价值观。

企业核心价值观经历了多种形态的演变，其中最大利润价值观、经营管理价值观和社会互利价值观是比较典型的企业价值观，分别代表了三个不同历史时期企业的基本信念和价值取向。最大利润价值观，指企业全部管理决策和行动都围绕如何获取最大利润这一标准来评价，当利润和创新、信誉发生矛盾和冲突时，它会很自然地选择前者，使创新和信誉服从利润的需要。经营管理价值观，指除了尽可能地为投资者获利以外，还非常注重企业人员自身价值的实现。社会互利价值观是20世纪70年代兴起的一种企业价值观，它要求在确定企业利润水平的时候，把员工、企业、社会的利益统筹起来，不能失之偏颇。社会互利价值观把人的发展视为目的，这是衡量一个当代企业或优或劣、或先进或落后的根本标志。德国思想家康德曾经指出，在经历种种冲突、牺牲、辛勤斗争和曲折复杂的漫长路程之后，历史将指向一个充分发挥人的全部才智的美好社会。

著名公司的核心价值观：

波音公司：永为先驱，尽善尽美。

万达：人的价值高于物的价值，企业价值高于员工个人价值，社会价值高于企业价值。

福特汽车：客户满意至上。

IBM：成就客户、创新为要、诚信负责。

通用电气：坚持诚信、注重业绩、渴望变革。

飞利浦：客户至上、言出必行、人尽其才、团结协作。

阿里巴巴：客户第一、团队合作、拥抱变化、诚信、激情、敬业。

沃尔玛：尊重每一位员工，服务每位顾客，每天追求卓越。

联想集团：成就客户、创业创新、精准求实、诚信正直。

4. 企业精神

企业精神是企业文化的核心和灵魂，渗透于企业生产经营活动的各个方面和各个环节，它用简洁明了的语言，表现出企业在一切行为和一切观念中的主导意识，是推动企业发展永不枯竭的力量，是一个企业最宝贵的经营优势和精神财富。

一些国际知名企业的企业精神就独具强烈的个性色彩，如硅谷精神："容忍失败，鼓励成功。"不但有特色，而且语言十分形象生动，让人过目不忘；美国贝尔实验室"无为而

"治"的精神，反映了宽松自由的研究氛围，比较符合科学研究的特点。

松下电器公司早在创业之初就提出了"松下七精神"：

（1）产业报国精神。作为员工，认识到这一精神，方能使自己更具使命感和责任感。

（2）光明正大精神。光明正大为人们处世之本，不论才能有多大，如无此精神，即不足为训。

（3）友好一致精神。友好一致已成为公司信条，公司人才济济，如无此精神，就是乌合之众，无力量可言。

（4）奋斗向上精神。为了完成使命，只有彻底奋斗的方式是唯一途径，和平繁荣要靠精神争取。

（5）礼节谦让精神。为人若不谦让，就无正常的社会秩序。礼节谦让的美德，能塑造情操高尚的人士。

（6）适应同化精神。如不适应社会大势，成功就无法获得。

（7）感激精神。对为我们带来无限喜悦与活力者，应持感激报恩的观念，并铭记于心，成为克服种种困难，招来种种幸福之源。

尽管各企业精神在文字表述上千差万别，但我们可以按其内涵归纳出一些基本精神，例如爱国主义精神、集体主义精神、团队精神、主人翁精神、创业精神、敬业精神、质量精神、科学精神、创新精神、竞争精神、服务精神、民主精神、奉献精神。

与企业精神紧密相连的是企业家精神。企业家精神是企业精神的人格化，是企业家在长期经营管理活动中形成的思想、价值观、品格、作风、文化修养等个人素质的结晶，包括企业家自身具有并形成极具感召力的素质和品格、企业家所具有并极力推崇的良好精神状态、企业家颇具魅力的领导艺术和工作作风。

企业家是企业精神的塑造者、传播者和发扬者。企业家以自己的哲学理念、价值观、理想、素质、作风等融合而成的个性精心塑造企业精神。一般来说，企业家精神具有以下几个内容：求是实干精神、开拓创新精神、敢于冒险精神、追求卓越精神等。

5. 企业经营理念

企业经营理念就是企业经营管理和服务活动中的指导性观念，包括人才理念、市场理念、质量理念、服务理念、信誉理念、效益理念、竞争理念、发展理念、风险理念等。

企业理念一般很短，但内容十分丰富。如："为顾客创造价值，为员工创造机会，为社会创造效益""质量诚信""你愿别人怎么对待你，你就怎样对待别人""尊重个人，服务顾客，追求卓越""经营以效益为第一、合作以互惠为原则、做人以真诚为根本、处世以付出为乐趣"等。

例如，海尔的企业理念：

市场观——创造市场。

质量观——有缺陷的产品就是废品。

营销观——先卖信誉，再卖产品。

服务观——只要您打一个电话，剩下的我们来做。

人才观——人人是人才，赛马不相马。

管理观——日事日毕，日清日高。

企业在生产经营过程中，不断将经营理念渗透到各个要素中，通过天长日久、潜移默化的影响，使员工的意识、动机、信念和追求达成共识，与企业形成唇齿相依、同舟共济的关系，对企业目标、准则、观点形成认同感、使命感和自豪感，进而为企业追求的目标而努力。

第三节 企业文化的建设途径

企业文化实质是"人的文化"，人是生产力中最活跃的因素，人是企业的立足之本，企业员工是企业的主体，建设企业文化就必须以提高人的素质为根本，把着眼点放在人上，达到凝聚人心，树立共同理想；规范行动，形成良好行为习惯；塑造形象，增加社会知名度的目的。

一、建设原则

1. 以人为本

文化应以人为载体，人是文化生成与承载的第一要素。企业文化中的人不仅包括企业家、管理者，也包括企业的普通员工。企业文化是全体员工的文化，需要大家的共同参与，共同建设。发动大家参与的过程，也是企业文化建设的过程。要坚持"大家的文化大家建"的基本建设思路，企业领导带头、管理人员带头，动员全体员工共同参与，上下左右齐心协力，共同营造全员抓文化建设的浓厚氛围。在企业文化建设中要强调关心人、尊重人、理解人和信任人。

2. 表里一致

企业文化属意识形态的范畴，但它又要通过企业或职工的行为和外部形态表现出来，这就容易形成表里不一致的现象。建设企业文化必须首先从职工的思想观念入手，树立正确的价值观念和哲学思想，在此基础上形成企业精神和企业形象，防止搞形式主义，言行不一。

3. 注重个异性

个异性是企业文化的一个重要特征。文化本来就是在本身组织发展的历史过程中形成的。每个企业都有自己的历史传统和经营特点，进行企业文化建设时要充分利用这一点，建设具有自己特色的文化。企业有了自己的特色，而且被顾客认可，才能在企业之林中独树一帜，才有竞争的优势。

4. 重视经济性

企业是一个经济组织，企业文化是一个微观经济组织文化，应具有经济性。企业文化必须为企业的经济活动服务，要有利于提高企业生产力和经济效益，有利于企业的生存和发展。企业文化建设和实施的最终目的都不会离开企业经济目标的实现和对企业生存和发展的关注。

5. 继承传统

企业文化建设应该是在传统文化的基础上进行借鉴，弃其糟粕，取其精华，否则就会失去存在的基础，也就没有生命力。我国传统文化中的民本思想、平等思想、务实思想等都是值得增值开发的内容。中国民本思想自古以来就相当强烈，并在一定程度上制约着专制行为。现代企业中，劳动者是企业的主人，企业文化建设自然要以民本思想为重要的思想来源，并通过这一思想的开发利用，使职工群众产生强烈的主人翁意识，自觉地参与企业的民主管理。中华民族坚持人的平等性,认为"人皆为尧舜"。这种思想的增值开发并用于现代企业的文化建设,将为企业职工提供平等竞争的机会,有利于倡导按劳分配、同工同酬的运行机制。务实精神要求人们实事求是、谦虚谨慎、戒骄戒躁、刻苦努力、奋发向上。对此如能发扬光大,必将形成艰苦创业、勇于创新的企业精神。大庆"三老四严"的"铁人精神"就是这种民族精神增值开发的结果。

二、建设步骤

企业文化建设是一个系统工程,应建立企业文化实施机构,企业领导人要作为企业文化建设的领导者和推行者,遵循由浅入深、循序渐进的过程。

企业文化建设一般包括诊断、提炼与设计、强化与培训、完善与发展四部曲。

1. 企业文化的诊断

首先要对企业的文化背景、经营背景进行深层次的调查、研究与分析。了解企业的发展历程,熟悉企业的业务特点,把握企业现有的文化状况,为企业文化的梳理、提炼做好准备。

企业文化根据其特征,主要有三种类型:病态涣散型、被动防守型和主动建设型。

病态涣散型:共同的企业价值观缺失;员工不关心企业成长;开拓进取精神受到压抑;领导没有感染力;企业部门之间、成员之间无法良好沟通。

被动防守型:按常规出牌,步调较统一;缺少创新意识;满足于现在的成绩;员工对企业的依赖较强;应变能力较弱;各部门间互相推脱责任。

主动建设型:拥有明确的、富于创新性的价值观;员工自我实现意识较强;企业领导善于开拓进取;企业内部、外部关系通畅;有强烈的危机感和风险意识;充满生气、鼓励个人见解。

2. 企业文化的提炼与设计

企业文化的提炼与设计是企业文化建设工作的重心。企业理念和精神,包含在企业的创业和发展过程之中,隐含在一些关键事件之中。把这些隐含在事件中的精神和理念提炼出来,并进行加工整理,就会发现真正支撑企业发展的深层次精神和理念。找从创业到发展全过程都参加的 10 个人,让他们每人讲 3 个故事,把重复率最高的故事整理出来,进行初步加工,形成完整的故事。找 10 个刚来企业 1 年左右的员工,把整理好的故事讲给他们听。把专家和有关领导集中封闭起来,对记录的内容进行研究、加工,从中提炼出使用率最高的代表故事精神的词。这些词经过加工,就是企业精神或企业理念;按照提炼出来的反映精神或理念的核心词,重新改编故事,在尊重历史的前提下,进行文学创作,写出集中反映核心词的企业自己的故事。对比原有企业制度、企业风气,与企业文化主旨不符合的,加以修改或完善,制定切实可行的企业文化体系。

3. 企业文化的强化与培训

企业文化总结、提炼出来以后,不能简单地停留在企业文件中,必须通过一系列的工作进行强化,使员工"入眼、入耳、入脑"。导入企业文化系统,制定《企业文化手册》,统一表述公司使命、愿景、价值观、文化内涵以及品牌的内涵,系统展示企业文化建设成果。建设企业创业、发展史陈列室,陈列一切与企业发展相关的物品,讲述企业故事。开展企业文化活动,以群众喜闻乐见的形式宣传企业文化。创办企业报刊,建设企业网站、微信公众号,制作专题宣传片,展示企业的发展状况、企业的产品和服务、企业文化理念,树立良好的企业形象或品牌亲和力。引入外部权威进行宣讲,外出参观学习,组织开展培训,发动全体成员学习了解企业文化。组织成员讨论,集思广益,在讨论中实现新旧价值观及文化的碰撞及交替,认同和消化企业文化内涵。树立和培养典型人物,为员工树立一种形象化的行为标准和观念标志,通过典型员工可形象具体地明白"何为工作积极""何为工作主动""何为敬业精神""何为成本观念""何为效率高",从而提升员工的行为。完善企业文化制度,将企业文化以制度的形式确立下来。

4. 企业文化的完善和发展

企业文化定位并在实践中得到巩固以后,尽管其核心的和有特色的内容不易改变,但随着企业经营管理实践的发展、内外环境的改变,企业文化还需要不断充实、完善和发展。企业领导者要依靠群众,积极推进企业文化建设,及时吸收社会文化和外来文化中的精华,剔除本企业文化中沉淀的消极成分,不断对现有文化进行提炼、升华和提高,从而更好地适应企业变革与发展的需要。

三、建设方法

1. 企业文化挂起来

建立企业文化具体化、形象化的视觉传达形式。将企业文化分解,把企业文化的核心观念写成标语,张贴于企业的显要位置。只有天天看到,才能想到。这是第一步。

2. 企业文化说出来

利用员工入职的机会,不断重申公司的企业文化,耳朵生茧没什么不好,关键就怕大家耻于去谈,或者懒得去谈。在实际工作中管理人员利用一切机会宣讲企业文化的内涵,充当老师的角色,通过工作方式、行为、习惯、价值观的阐述来塑造企业文化。利用员工晨会、夕会、总结会,宣讲公司的价值观念。企业开展培训后及时让员工围绕自己的工作及企业文化分享心得。说出来,是强化记忆的第二步。

3. 企业文化动起来

安排丰富的职场活动,舒缓员工压力,疏导情绪,让大家动起来,不只是身体,还包含头脑,让每个人都能参与到公司企业文化的建设中来。对于不良的导致人际关系复杂的行为予以批评,坚决清除害群之马,调动团队协作的精神及动力,建立起良好的企业文化氛围。

四、企业文化建设的常见问题

(1)将企业文化误解为思想政治工作。思想政治工作和企业文化建设是有机结合的,既有联系,又有区别;既可以相互促进,相得益彰,又不能相互取代。企业文化建设为开创思想政治工作新局面,更好地为生产经营服务提供了条件,同时随着企业思想政治工作的改革与加强,企业文化建设将越来越有力。

(2)难以形成全员参与、部门间协同开展企业文化建设的有效机制,被当作是某个部门的职责,与生产与经营部门无关。

(3)因方式单调重复而落入形式主义,在企业精神层面的深邃性和企业实践范围的广泛性方面尚有欠缺。

企业文化建设是一项意识形态改造的伟大工程,如逆水行舟,不见其增,日有所长。企业文化建设是现代企业的必修课，是铸就其核心竞争力的利剑，是企业品牌形象的重要元素。

第四节　企业现场管理文化——6S 管理

每个人都希望在一个良好的环境内工作。良好的工作环境、和谐融洽的管理氛围，会带给人愉快的心情，使人开心地工作。6S 是造就安全、舒适、明亮的工作环境，提升人员真、善、美的品质，从而塑造企业良好形象，实现共同梦想的有力手段。

一、6S 的起源与发展

要介绍 6S，先要说说 5S。所谓"5S"，就是整理（Seiri）、整顿（Seiton）、清扫（Seiso）、清洁（Seiketsu）、素养（Shitsuke），由于 5 个词的日语罗马字拼音第一个字母是"S"，所以简称 5S。后来增加了安全（Safety），成为 6S。

5S 起源于日本，是在生产现场对人员、机器、材料、方法等生产要素进行有效管理的一种方法。20 世纪 50 年代初期，日本在"二战"结束后，社会混乱，一片废墟，环境脏乱差，各公司生产效率低下，现场管理不完善，人员素质较差。

1955 年，丰田公司为了确保作业空间和安全，提出了"安全始于整理，终于整理整顿"，开始推行"2S"。日本在随后 30 年的实践总结中，因生产安全和品质控制的需要而又逐步提出了清扫、清洁、修养，形成了"5S"。后来增加了安全（Safety），形成了"6S"。1986 年，日本 6S 的著作逐渐问世，从而对整个现场管理模式起到了冲击的作用，由此掀起了 6S 热潮。

日本企业将 6S 运动作为管理工作的基础，以塑造一个清爽、明朗、洁净的工作场所作为目的，使全体员工能更安全、更轻松、更愉快、更有效地完成任务，养成"认真对待每一件小事，有规定按规定做"的工作作风，从而提升企业形象。第二次世界大战后，日本的产品品质得以迅速提升，奠定了其经济大国的地位。在丰田公司的倡导下，6S 在塑造企业的形象、降低成本、准时交货、安全生产、实现高度的标准化、创造令人心旷神怡的工作场所、改善现场等方面发挥了巨大作用，6S 逐渐被各国管理界认识。随着世界经济的发展，6S 已经成为工厂管理的一股新潮流。

根据进一步发展的需要，有的企业增加了节约（Save），形成了"7S"，有的加上习惯化（Shiukanka）、服务（Service）、坚持（Shikoku），形成了"10S"。

二、6S 管理的含义

整理：将现场需要的东西与不需要的东西分开，把不必要的东西处理掉。如撤去不需要的设备、管线、工具、模型和个人物品等。

整顿：把要用的东西，根据使用频度分别放置，使常用的东西能及时、准确地取出，保持必要时马上能使用的状态和谁都能了解的状态。如放置场所与通道的标志、放置物品及其管理者的标志等。

清扫：去除现场的脏物、垃圾、污点，经常清扫、检查，形成制度，采取根治污物的对策。如彻底改善设备漏水、漏油、漏气以及易落下灰尘等状况。

清洁：企业、现场、岗位、设备时时保持干净状态，保持环境卫生。如定期进行卫生、安全检查，采取防止污染、噪声和震动的对策，使现场明亮化。

素养：要加强修养，美化身心，做到心灵美、行为美。人人养成良好的习惯，自觉遵守和执行各种规章制度和标准。

安全：要时时有安全意识，保证安全。

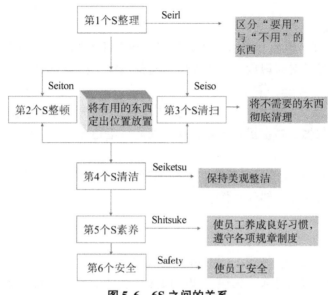

图 5.6　6S 之间的关系

三、6S 的作用

1. 提升企业形象

6S 现场管理其实并不新鲜。在我们的日常生产生活中，6S 现场管理的理念常常影响我们的行动。例如去餐厅就餐，有两家价位、口味相近的餐厅，其中一家就餐环境干净、清爽，另一家则油污遍地，你会选择哪一家呢？同样的道理，重要客户在下大订单之前，必定会派人到工厂参观。如果一家工厂 6S 现场管理做得不好，原料、半成品、不良品随意摆放，既无标识也无隔离，生产现场内零件到处散落，工具乱摆乱放，员工士气低落，设备本体及周边充满粉尘或油污，就算是再好的产品或再好的说明，大概也难以使客户有下订单的信心。

由于 6S 活动能促使工厂彻底改观，因此，许多推行 6S 活动比较成功的工厂，其业务人员在拜访客户时，常常带着工厂的照片，并力邀客户参观工厂，增强客户的信心。

2. 呈现现场业绩

6S 是反映作业现场的一面镜子。当 6S 的状态突然变坏时，几乎都有以下现象：作业现场及设备脏乱；工具散落满地，物料、不良品杂乱堆放；浪费现象严重；人际关系恶劣，员工互不理睬；员工士气低落，出勤率低；不良品及故障增加；生产效率低下；改善提案少；小集团活动停滞不前。

3. 促进日常管理

只要 6S 能彻底实施，任何活动的导入都能轻而易举。因为 6S 强调的是全体员工必须遵守制定的标准，确实做好自主管理。如果连6S活动所制定的规则都不能遵守的话，制定再多的规定都是多余的。

(1) 安全管理。

在作业现场彻底推动6S活动，使员工对安全用电、确保消防通道畅通、佩戴安全帽、遵守搬运物品的要点养成习惯，建立有规律的作业现场，那么安全事故必定大大减少。

(2) 绩效管理。

6S活动通过整理、整顿，使作业现场的工具做到取放容易及不易损伤。同时，通过在作业开始前和完毕后的某时段内，实施设定项目的活动，做高效率的6S。

(3) 品质管理。

6S活动是建立品质的根本，6S活动推选得彻底，可避免因作业现场的垃圾、灰尘、毛发太多等造成电子仪器、精密机械损坏，或因切屑、毛边导致加工精度降低等现象的出现。

(4) 设备故障。

因6S做得不好而引发的设备故障，在作业现场举不胜举，如润滑的堵塞、因灰尘导致马达烧坏、光电管脏污产生错误动作。

4. 达成预防管理

(1) 人为失误的防止。

为了提升效率与品质，许多工厂不断引进高性能的设备与系统，但作业现场依然事故频频。究其原因，绝大多数是人为失误，如错误操作、作业条件未确认等。如果6S活动搞不好的话，常常会有操作盘及仪表脏污，导致数字读错、模具安装失误等现象发生。此种因人为疏忽而导致的事故必须用彻底的6S活动来消灭。

(2) 微缺陷的排除。

作业现场经常可看到主管为故障的事后处理而烦恼，实际上这些故障只要通过几分钟的事前预防即可防止，却因作业人员的视若无睹而出现，例如：机械的给油量不足、油内混入异物造成管路阻塞、螺丝未能锁紧等。这些微缺陷之所以造成故障，是因为当时不排除不至于立刻产生异常，因此谁都认为不重要。微缺陷的排除只有通过彻底活用6S才能真正达到。

5. 提升员工行为素质

6S的根本目的是提高人的素质。6S活动对人的意识、行为产生潜移默化的作用，会爱护物品才会产生爱心，对设备的清扫、点检越认真，越会产生爱护他人的心胸。因此6S活动说明学校及家庭不是唯一的教育场所，工厂也是训练如何做人的场所。6S活动必须靠全员参与行动，如果只由一两个技术人员或管理者主导，是很难显示效果的。通过6S，可以体会全员参与的喜悦与凝聚力，以促进团队活动的强化，提高凝聚力。员工在优良的环境中劳动、工作会心情舒畅，会产生向心力与归属感，进而做到"以企业为家"，提高质量与效率。

总之，6S是好的销售专家，清爽、明朗的工厂环境能使顾客对产品品质产生信心，订单源源不断，吸引外来厂商参观，增加企业的知名度，从而吸引高素质人才；6S是节约专家，可有效解决企业常见的等待浪费、搬运浪费、不良浪费、动作浪费、加工浪费、库存浪费、缺货浪费等8大浪费问题，节省消耗品、工具、润滑油，节省工程变换时间及作业时间，从而减少成本；6S是标准化的推进专家，每个人都能遵守作业标准，产品品质才能稳定，生产目标才能如期达成；6S是守时专家，设备的基本条件完备，能严格遵守产品的交付日期；6S是安全守护专家，在舒适宽广、流程明晰的环境中工作，不会发生意外事件，作业者遵守作业标准，不会发生工作伤害，每个人都有危险预知能力，于是安全得以确保；6S是促进作业者愉快工作的专家，工作环境清爽舒适，员工有被尊重的感觉，从而使向心力增强，工作更加愉快。

四、6S怎样做

1. 整理

整理是改善生产现场管理的第一步，其主要内容是对生产现场的各种物品整理，分清哪些是现场所需要的，哪些是不需要的。整理，可以增加生产面积；使通道顺畅，没有杂物，减少磕碰，有利于安全，减少由于物品乱放、好坏不分而造成的差错；使库存最合理，消除浪费，节约资金。在经过整理以后的现场工作，人们会感到舒心，从而追求精干、务实。

经过整理以后，应达到如下要求：

（1）不用的东西不放在生产现场，出现了就坚决清除掉；

（2）不常用的东西也不放在生产现场，可放到企业库房中，待使用时再取来，用毕立即送回库房；

（3）偶尔用的东西可以集中放在生产现场的一个指定地点；

（4）经常使用的东西放在生产现场，这些东西（包括机械设备）都应处于马上就能用上的状态。

2. 整顿

在整理的基础上，对生产现场需要留下的物品进行整顿。整顿不仅仅是摆放整齐，更主要的是使物品摆放科学、合理、规范，有利于生产的合理进行，为提高效率服务。

经过整顿应达到以下要求：

（1）物品在生产现场都有固定的位置，同时，要求平时该物品就在这个位置，不乱丢乱放，不需要花费时间去寻找，随手就可以把物品拿到。

（2）物品要按一定规则，进行定量化的摆放。由于实行规格化、统一化，一看便知数量情况。

（3）物品要便于取出、便于放回，在摆放上有顺序，到什么地方去取什么，用毕能尽快恢复原状，做到先进先出等。

3. 清扫

清扫就是对工作地的设备、工具、物品以及地面进行维护打扫，保持整齐和干净。清扫活动不仅清除了脏物，创建了明快、舒畅的工作环境，而且保证了安全、优质、高效的工作。

清扫，应达到如下要求：

（1）明确分工，自己的辖区，自己清扫，不依赖别人，每个人都把自己的事情做好了，大家的事也就好办了。在此基础上设置必要的专职清扫人员，清扫公共部分，整个清扫工作就落实了。

（2）在对设备进行擦拭、清扫的同时，要检查设备有无异常和故障，加强对设备的润滑、维护和保养工作，保持设备的良好状态。

4. 清洁

清洁是对整理、整顿、清扫以后的生产现场的状态进行保持，这是第四项S活动，这里的保持是指良好状态的持之以恒、不变、不倒退。做到清洁绝不可搞突击，要始终如一、长此以往。

清洁应达到如下要求：

（1）生产现场环境整洁、美观，保证职工健康，提高职工的工作热情、劳动积极性及自觉性；

（2）生产现场设备、工具、物品干净整齐，工作场地无烟尘、粉尘、噪声、有害气体，劳动条件好；

（3）不仅环境美，而且生产现场各类人员的着装、仪表、仪容要清洁、整齐、大方，使人一看上去就感觉训练有素；

（4）不仅要做到仪表、仪容美，还要做到精神美、语言美、行为美，形成一种团结向上、朝气蓬勃、相互尊重、互助友爱、催人奋进的气氛。

5. 素养

素养是一种职业习惯和行为规范，这是6S活动的核心。在6S活动中，始终要着眼于人们素质的提高。提高素养就是逐步形成良好的作业习惯、行为规范和高尚的道德品质。对于一线员工，一定要按时到岗，在工作前，做好一系列精神、物质准备，搞好交接班，形成一种模式，认真地一步一步去做，不需要领导在一旁指挥着、说教着去做，这就是一种素养。这就要求生产现场每个员工都明白，自己该做什么，达到的目标是什么，好的标准是什么，在此基础上，经过反复的实践形成良好的素养。

素养要做到以下几点：

（1）在生产现场工作时，不要别人督促，不需要人提醒、催促；

（2）不要领导检查，那种听说领导来检查了才去动，不推不动，迫于检查的压力，无奈地去做事的人是不会在企业待得长久的；

（3）自觉执行各项规章制度、标准，改善人际关系，集体意识强，自身修养高。

6. 安全

建立一个良好的安全生产环境和秩序是企业各项工作的重中之重。为认真贯彻执行国家安全法规和各项安全管理制度，保障职工的安全与身心健康，杜绝违章作业，杜绝事故的发生，企业要对安全生产工作实行全员、全面、全过程、全方位的精细化管理。

安全管理应达到如下要求：

（1）严格按要求穿戴好劳动防护用品；

（2）严格执行各工种安全操作规程；

（3）各类设备安全防护装置齐全；

（4）安全通道宽敞、安全警戒线分明；

（5）车间设专职安全员巡回检查，发现安全隐患，及时处理。

第五节　企业品质管理文化——QC 管理

QC（Quality Control）小组是质量管理小组的简称，指在生产或工作岗位上从事劳动的职工，围绕企业的经营战略、方针目标和现场存在的问题，以改进质量、降低消耗、提高人的素质和经济效益为目的组织起来，运用质量管理的理论和方法开展活动的小组，是企业全面质量管理工作的重要部分。当今，QC 小组活动在经历了半个多世纪的发展后越发成熟。QC 小组是吸引广大职工积极参与质量管理的有效组织活动形式，是促进企业质量文化和企业管理进步的利器。深入开展 QC 小组活动与"以人为本"的企业文化建设是互相融合、互相促进的。

图 5.7　QC 小组活动

一、质量管理的发展

质量既是企业的生命线，又是塑造企业形象的前提。中外无数企业的兴衰史表明：质量是决定企业兴衰的核心。企业要发展就要把质量放在首位，更要落实到企业的每一名员工心中，形成牢固的质量意识。没有质量，谈不上品牌，发展、竞争都是空谈。

第二次世界大战中期，有一个美国空军和降落伞制造商之间的真实故事。在当时，降落伞的安全度不够完美。经过厂商努力改善，降落伞的良品率已经达到99.9%，但是美国空军却对此公司说"No"，他们要求降落伞的良品率必须达到100%。对此，厂商不以为然。他们以为能够达到这个程度已接近完美了，任何产品也不可能达到100%的合格率。后来，军方要求改变了检查品质的方法，从厂商前一周交货的降落伞中随机挑出一个，让厂商负责人装备上身后，亲自从飞行中的机身跳下。这个方法实行后，奇迹出现了：不合格率立即变成了零。

试想，如果什么事情只有99.9%的成功率，那么每年有20000次配错药的事件发生；每年15000个婴儿出生时会被抱错；每星期有500宗做错手术事件；每小时有2000封信邮寄错误。看了这些数据，我们肯定都希望全世界所有的人都能在工作中做到100%。这就是"零缺陷"。

质量管理思想与实践早在三千多年前就有，不过当时基本上都属于经验式管理。真正把质量管理作为科学管理的一个组成部分，在企业中由专人负责质量管理工作，则是近百年来的事。质量管理的发展大致经历了 3 个阶段：质量检验阶段（20 世纪初—30 年代）、统计质量控制阶段（20 世纪 30—60 年代）、全面质量管理阶段（20 世纪 60 年代至今）。

TQC，即 Total Quality Control，全面质量控制，是以组织全员参与为基础的质量管理形式。它有两个方面的含义：一是全面控制，即以优质为中心，实行全员工、全过程、全方位控制；二是全面质量，包括产品质量和工作质量。

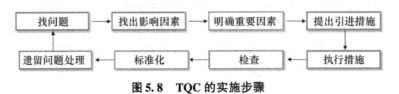

图 5.8　TQC 的实施步骤

二、QC 小组的起源

第二次世界大战后（1945 年），日本由于受国际制裁，经济发展受到制约。为扭转困境，日本确定了以质量为中心的技术救国政策。20 世纪 50 年代起，日本开始对现场负责人进行质量管理教育，并出现了名为"现场 QC 讨论会"的组织。1962 年，日本"现场 QC 讨论会"在质量管理专家石川馨博士的倡导下，正式改名为"质量管理小组"，即 QC 小组，开始在全国注册登记，第一个注册登记的是日本电公社松山搬运机 QC 小组。1964 年以后，日本科技联建立了 QC 小组本部。此后日本把广泛开展 QC 小组活动作为全面质量管理的一项重要工作，提出"质量改进七种工具"。1973 年世界第一次石油危机后，日本企业借助全面质量管理度过经济危机，树立了"日本制造"的质量形象。许多国家和地区在派遣代表团赴日学习考察的过程中，了解体验到 QC 小组对现场质量改进所发挥的巨大作用，其被认为是日本生产力神奇配方的重要成分，于是各国家纷纷学习引进。

QC 小组活动在我国开展有深厚的基础。早在 20 世纪 50 年代初期，就有马恒昌小组、毛泽东号机车组、郝建秀小组、赵梦桃小组等一大批先进的班组，坚持"质量第一"的方针，对工作认真负责，一丝不苟，在提高产品质量上不断做出贡献，提供了班组质量管理的经验。

20 世纪 60 年代，大庆油田坚持"三老四严""四个一样"和"质量回访"制度，在班组内开展岗位练兵，天天讲质量，事事讲严细，做到"项项工程质量全优"，出了质量问题就"推倒重来"。

1964 年，洛阳轴承厂滚子车间终磨小组首创了"产品质量信得过"活动，多年来加工的轴承滚子做到了"自己信得过，检验员信得过，用户信得过，国家信得过"，成为我国第一批"产品质量信得过小组"。所有这些群众性质量管理活动，为 QC 小组在我国的建立和发展奠定了基础。

1978 年 9 月，北京内燃机总厂在学习了日本的全面质量管理经验后，建立了我国第一个 QC 小组。此后，随着全面质量管理的开展，QC 小组活动逐步扩展到电子、纺织、基建、商业、运输、服务等行业。

1979 年全国性的质量管理群众团体——中国质量管理协会成立。1985 年，原国家经委颁布了《工业企业全面质量管理办法》，全面质量管理在全国被普遍推广。

1997年3月20日，国家经贸委、财政部、中华全国总工会、共青团中央、中国科协、中国质量管理协会联合颁发《印发〈关于推进企业质量管理小组活动意见〉的通知》，指出QC小组是"在生产或工作岗位上从事各种劳动的职工，围绕企业的经营战略、方针目标和现场存在的问题，以改进质量、降低消耗、提高人的素质和经营效益为目的组织起来，运用质量管理的理论和方法开展活动的小组"。

QC小组是企业中群众性质量管理活动的一种的有效组织形式，是职工参加企业民主管理的经验同现代科学管理方法相结合的产物。MBA、CEO、EMBA等课程均对QC小组在现代企业管理中的应用有所介绍。

三、开展QC小组活动的宗旨

企业应十分重视发动广大职工参加QC小组活动，因为他们是企业生产、经营、服务活动的主体，占企业员工的大多数，只有把他们都发动起来，围绕企业和员工所关心的各种问题积极开展各种改进活动，提高自身素质，保证工作质量，为企业发展献计献策，并付诸行动，才能使整个企业做到安全文明生产，并开展多种经营活动。

我国在引入QC小组活动后，把QC小组活动的宗旨概括为：

1. 提高职工素质，激发职工的积极性和创造性

这是开展QC小组活动的着眼点，是企业管理从以物为中心的传统管理向以人为中心的现代管理转变的体现。开展质量管理小组活动，通过参与企业内部管理，改进工作及周围环境，从中获得成功的乐趣，体会到自身价值和工作的意义。人们有了这样的感受，便会产生更高的工作热情，激发出巨大的积极性和创造性，自身的潜在智力与能力才会得到更大程度的发挥。这样，企业才能充满活力，呈现出生机勃勃的局面。这是任何一个企业得以在激烈竞争中立于不败之地的基础。

2. 改进质量，降低消耗，提高经济效益

深入开展QC活动，有助于提高员工的质量意识、参与意识、问题意识、改进意识，增强人们的效率意识与节约意识，提高人们爱惜资源、节约资源消耗的自觉性，降低物质资源和人力资源的消耗。

3. 建立文明的、心情舒畅的生产、服务、工作现场

工作现场是职工从事各种劳动，创造物质财富和精神文明的直接场所。人的一生几乎有三分之一的时间是在工作现场度过的。因此，通过开展QC小组活动，改善工作现场管理，建立一个文明的、心情舒畅的工作现场是至关重要的。

四、QC小组活动的作用

人人牢固树立质量意识，通过积极开展QC小组活动，不断改进产品质量、工作质量、服务质量，不单单是关系个人利益的行为，而且是一件关系企业兴衰的工作。

（1）有利于开发智力资源，发掘人的潜能，提高人的素质；

（2）有利于预防质量问题和改进质量；

（3）有利于实现全员参加管理；

（4）有利于改善人与人之间的关系，增强人的团结协作精神；

（5）有利于改善和加强管理工作，提高管理水平；

(6) 有助于提高职工的科学思维能力、组织协调能力、分析与解决问题的能力,从而使职工岗位成才;

(7) 有利于提高顾客的满意度。

五、QC 小组活动与企业文化的关系

QC 活动是企业文化深刻内涵的具体体现和生动诠释。企业文化的核心内容是把员工作为企业最宝贵的资源,全面推进员工素质教育,造就高素质员工、各类专门人才,最大限度地激发他们的潜能,培养其自觉地为企业与自身共同的生存和发展而拼搏进取的精神,为企业发展提供强有力的智力支持。现代企业文化所提倡的"以人为本"的原则和其他显著特征,都通过 QC 活动得以具体全面的体现,可以说,QC 活动是企业文化深刻内涵的具体体现和生动诠释。QC 活动体现了企业的文化内涵,通过提倡全员参与质量管理,使广大员工的智力资源得到融合与充分的发挥,成员共同对课题展开公关,推动企业不断发展和完善。建设良好的"以人为本"的企业文化,则为员工提供了展示才华的平台,把 QC 活动提高到新的水平。二者相互促进,共同发展。

六、QC 小组活动的程序

我们每做一件事,搞一项活动或解决一个问题,都有一种做法或思路,它们都是按照 PDCA 的活动规律进行的。PDCA 循环,由美国人戴明发明,又叫"戴明循环",简称"戴明环",其英文名称为 Plan(计划)、Do(执行)、Check(检查)、Action(总结处理)四个词的第一个字母的缩写。做任何事情一般都要经过计划、执行、检查、总结处理四个阶段,这四个阶段有先后、有联系,头尾相接,每执行一次为一个循环,称为 PDCA 循环,每个循环相对上一循环都有一个提高。熟练掌握和灵活运用 PDCA 循环方法,对于提高质量管理体系运行的效果和效率十分重要。

PDCA 循环有两个特点:一是循环前进,阶梯上升。也就是按 PDCA 顺序前进,就能达到一个新的水平,在新的水平上再进行 PDCA 循环就又可达到一个更高的水平;二是大环套小环,即 PDCA 四个阶段中,每个阶段都可有它本身的小 PDCA 循环。

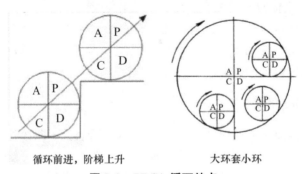

循环前进,阶梯上升　　　　大环套小环

图 5.9　PDCA 循环特点

1. 选题

QC 小组的选题范围涉及企业各个方面的工作,其选题一般应根据企业的方针目标和中心工作、现场存在的薄弱环节、用户(包括下道工序)的需要等制定。选题范围有 10 大方

面；提高质量；降低成本；设备管理；提高出勤率、工时利用率和劳动生产率，加强定额管理；开发新品，开设新的服务项目；安全生产；治理"三废"，改善环境；提高顾客（用户）满意率；加强企业内部管理；加强思想政治工作，提高职工素质。

2. 确定目标值

课题选定以后，应确定合理的目标值。目标值的确定要注意：注重目标值的定量化，使小组成员有一个明确的努力方向，便于检查，活动成果便于评价；注重实现目标值的可能性，既要防止目标值定得太低，小组活动缺乏意义，又要防止目标值定得太高，久攻不克，使小组成员失去信心。

3. 调查现状

为了解课题的目前状况，必须认真做好现状调查。在进行现状调查时，应根据实际情况，应用不同的 QC 工具（如调查表、排列图、折线图、柱状图、直方图、管理图、饼分图等），进行数据的搜集整理。

4. 分析原因

对调查后掌握到的现状，要发动全体组员动脑筋，想办法，依靠掌握的数据，通过开"诸葛亮"会，集思广益，选用适当的 QC 工具（如因果图、关联图、系统图、相关图、排列图等）进行分析，找出问题的原因。

5. 找出主要原因

对原因进行分析以后，将多种原因，根据关键、少数和次要多数的顺序，进行排列，从中找出主要原因。在寻找主要原因时，可根据实际需要应用排列图、关联图、相关图、矩阵分析、分层法等不同分析方法进行。

6. 制定措施

主要原因确定后，制订相应的措施计划，明确各项问题的具体措施、要达到的目的、谁来做、何时完成以及检查人是谁。

7. 实施措施

按措施计划分工实施。小组长要组织成员，定期或不定期地研究实施情况，随时了解课题进展，发现新问题要及时研究、调查措施计划，以达到活动目标。

8. 检查效果

措施实施后，就要检查效果。检查效果就是把措施实施前后的情况进行对比，看其实施后的效果，是否达到了预定的目标。如果达到了预定的目标，小组就可以进入下一步工作；如果没有达到预定目标，就应对计划的执行情况及其可行性进行分析，找出原因，在第二次循环中加以改进。

9. 制定巩固措施

达到了预定的目标值，说明该课题已经完成。但为了保证成果得到巩固，小组必须将一些行之有效的措施或方法纳入工作标准、工艺规程或管理标准，经有关部门审定后纳入企业有关标准或文件。如果课题的内容只涉及本班组，那就可以通过班组守则、岗位责任制等形式加以巩固。

10. 分析遗留问题

小组通过活动取得了一定的成果，也就是经过了一个 PDCA 循环。这时候，应对遗留问题进行分析，并将其作为下一次活动的课题，进入新的 PDCA 循环。

11. 总结成果资料

小组将活动的成果进行总结，是自我提高的重要环节，也是成果发表的必要准备。总结经验、找出问题，进行下一个循环。

以上步骤是QC小组活动的全过程，体现了一个完整的PDCA循环。由于QC小组每次取得成果后，都能够将遗留问题作为小组下个循环的课题（如没有遗留问题，则提出新的打算），因此这就使QC小组活动能够持久、深入地开展，推动PDCA循环不断前进。

第六节 中华优秀传统文化与企业文化的融合

文化是民族的血脉，是人民的精神家园。几千年来，中华民族之所以能够薪火相传、绵延不绝，一个重要原因就是因为中华民族孕育形成了自己的独特文化。这种独特文化赋予中华民族强大的生命力，成为中华民族生生不息的根与魂。中华优秀传统文化源远流长、博大精深，是中华民族的突出优势，积淀着中华民族最深沉的精神追求，包含着中华民族最根本的精神基因，代表着中华民族独特的精神标识，是中华民族生生不息、发展壮大的丰厚滋养。中华优秀传统文化具有非常丰富的内涵。比如，它把仁和孝、忠和恕、礼和义等作为君子修身养性的道德标准，以施王道、行仁政为治世理念，形成了"大一统"和"协和万邦"的国家观念、"大同社会"和"天下为公"的政治理想、"天下兴亡、匹夫有责"的爱国情怀、"宁为玉碎、不为瓦全"的民族气节，造就了中华民族的精神追求，在历史长河中起着教化民众、激励民心、凝聚民族的重要作用。时至今日，中华优秀传统文化已经深深熔铸于中华儿女的血液之中，成为中华民族不断发展的不竭精神动力。

中华优秀传统文化包含着丰富的管理思想，这些思想始终贯穿着中国从古到今的管理实践，涉及行政、经济、军事、文化、家庭等社会的各个方面和层次。儒家尊仁德，法家严赏罚，兵家重谋略，道家讲无为而无不为，都与现代企业管理理论所倡导的经营理念、战略思想和管理原则是相符的。我国的管理不应单纯照抄照搬西方的科学管理理论，而应立足于博大精深的中国传统文化，深挖中国传统文化的资源宝库，将西方科学管理理论与我国传统文化的"合理内核"有机契合起来。

一、儒学思想和企业文化

"仁义礼智信"为儒家"五常"，是儒家思想的核心，不仅在中华民族的发展史中发挥着重要的作用，而且对世界许多国家和地区的政治、经济、文化、社会也产生了巨大的影响。

日本"近代工业之父"涩泽荣一首先将《论语》运用到企业管理中，他开设了"《论语》讲习所"，倡导"论语主义""道德经济合一说""义利两全说""论语加算盘说"，认为"论语中有算盘，算盘中有论语"，认为讲道德、信用可以带来物质利益，而在谋利时要讲究道德、信用。日本东芝公司总经理土光敏夫，丰田公司创始人丰田佐吉、丰田喜一郎等人都喜欢《论语》，丰田喜一郎还将"天地人知仁勇"用作自己的座右铭。日立公司创始人小平浪平把儒家的"和""诚"列为社训。住友生命的会长新井正明以"其身正，不令而行"为座右铭，松下幸之助则认为，企业家要仁爱惠众，生产出像自来水一样多而便宜的产品以回报社会。松下电器公司迄今还在其商业干部学校中，把儒家经典作为商业道德课的教材。

图 5.10　儒家文化的核心思想

韩国每年春秋两季都要在成均馆的大成殿举行孔子的祭祀典礼，政府派高级官员参加。安炳周教授认为，儒家思想对韩国的现代化和经济发展起到了促进作用。他指出："儒家思想对防止现代化发展中产生的私欲、利己主义等不良倾向和社会思想的堕落，可以起到调节作用。因为在价值观方面，儒家文化倡导的为别人做牺牲和忘我的精神是受到普遍尊重和赞扬的良风美德，这些传统思想正是西方所没有的。"

作为企业文化之根基，儒家文化与企业文化对接主要体现在以下方面：

1. 儒家思想的"仁"与企业文化核心价值观塑造

儒家思想以"仁"为核心，"仁"就是要关爱他人、尊重他人，对他人要有仁爱之心，通过包容关爱他人，构建人与人之间的和谐关系，最终达到"仁"的状态。事实上，关爱和尊重他人一直为西方企业领导者所推崇。例如，摩托罗拉公司总裁保罗·高尔文只要听到员工或员工家属生病，一定会在第一时间向员工推荐医生并代为支付医药费。由此可看出，尽管儒家的"仁爱"思想是几千年前的产物，但是时至今日仍能为塑造企业文化核心价值观提供思想来源。

对于儒家思想的"仁爱"观，把它应用到企业文化建设中，就是要求企业树立"以人为本"的理念，并使之成为企业文化的核心价值观。

塑造"以人为本"的企业文化核心价值观的要求是：

第一，企业领导团队要充分尊重员工，把员工放在第一位，管理工作要适应员工，而不是让员工适应管理工作，只有这样才能使员工视企业为"家"。企业要倡导"为政以德"，以"仁爱"之德感化员工，强调德行就是尊重员工的人性。

第二，企业领导团队要关心员工及其家人的切身利益。要为员工提供良好的薪酬待遇、工作环境，将企业的发展与员工的薪酬和福利待遇挂钩，让员工享受企业业绩增长的成果。企业不但要关心员工的切身利益，而且要关心员工的家人，让员工在任何时候都没有后顾之忧。例如，山东省博兴县民营企业——山东京博控股股份有限公司 2012 年开始为 6500 多名员工的父母发放"孝工资"；菏泽市也有一家大型企业为员工的父母发放"孝老金"；在河北、浙江等省都有企业为员工的父母发放"孝工资"。企业通过发放"孝工资"，使员工的父母得到物质上的帮助和精神上的安慰，这大大有助于激发员工的积极性，实现了企业发展与社会和谐的"双赢"。山东京博控股股份有限公司副总裁李继茂说："'孝'文化是公司的核心文化之一,'孝工资'是企业文化的一个具体体现。这个做法让员工的家庭更加和谐,让员工更加关爱老人。同时也能给社会传递一个信号,让更多的企业承担起这份社会责任。"这些措施都是塑造"以人为本"企业文化核心价值观的最好例证,是儒家思想中"仁"的具体体现。

第三,企业领导团队要处理好对外关系。企业不是孤立存在的,它要与方方面面打交道。将"以人为本"为核心价值观的企业文化应用到对外关系的处理上,就是要求企业对外表现出"大仁大爱",想顾客之想、急顾客所急,只有这样企业才能在市场竞争中立于不败之地。

2. 儒家思想的"义利观"与企业文化核心价值观塑造

孔子说:"富与贵,是人之所欲也;不以其道得之,不处也。贫与贱,是人之所恶也;不以其道得之,不去也。"意思是说,君子爱财,取之有道,不义之财不能取。孔子又说:"君子喻于义,小人喻于利。"意思是说,君子以坚持道义为快乐,小人以追逐财利为快乐。孔子的弟子子路问孔子,怎样才能算是一个真正的成人?孔子回答:"见利思义,见危授命,久要不忘平生之言,亦可以成人矣。"意思是说,见到利就要思义;遇到危险要能挺身而出,勇于承担;不管多长时间,只要承诺过的事,就一定要实现它。孔子认为,只要做到这三条,就可以算成人了。可以看出,儒家思想的义利观是义重于利,在义与利发生冲突不可兼得时,强调义重于利。"合利取义""礼以行义,义以生利,利以平民,政之大节也"。义可以产生利,且只要符合义的要求,就可以追求利。用一流的精品回报社会,义在前,利在后。以义为先,可能会使企业暂时损失一定的利益,但其公益行为必能为企业营造一个良好的舆论环境和经济环境,从而开辟广阔的发展前景,这于企业实有百利而无一害。反之,若局限于短期利益,可能使企业获取暴利,但必将背上不义之名,声誉扫地,到头来只能为业主冷落,被市场淘汰,甚至受到法律的严惩,最终失去应得之利。

塑造"义利观"的企业文化核心价值观的要求是:

第一,要始终坚持以义为导向,强调"先义后利",摒弃唯利是图的价值观。尽管企业生存发展的前提条件是获取利润,但企业作为社会组织中的一个成员,绝不可唯利是图,以利作为经营的宗旨,而应始终坚持以义为导向的原则,全面统筹企业的发展。

第二,要始终坚持"见利思义",严禁"见利取利"。"见利思义"是指企业遇到获利机会时,要始终坚持"仁义",即符合道义的原则,通过合法途径获取利润,绝不取不义之财。如果是"见利取利",企业就会在利益面前见风使舵,甚至违法违规,不被社会认可,给自身造成伤害,最终导致衰败。

第三,要始终坚持"以义制利"。企业把"以义制利"作为经营的准则,是企业实现可持续发展的重要保障。制定"以义制利"的准则,企业在谋利的过程中就有了明确的评判标准——哪些利可谋、哪些利不可谋,唯有这样才能促使企业向善,得到真正的利益。

第四,要始终坚持"重义轻利"。如果只以是否赚钱作为评判标准,就会使企业受到现实利益的牵绊而不知所措,为了蝇头小利而忧心忡忡,这样企业就难以发展壮大。孔子说:"君子义以为上。"也就是说,评判荣辱得失要崇尚义。企业要以"重义轻利""以义为重"为原则而追求大利,这是先进企业文化应有的核心价值观。

3. 儒家思想的"诚信观"与企业文化核心价值观塑造

儒家文化倡导"仁、义、礼、智、信"为做人的基本准则。"信"就是信守诺言、言而有信,是做人应当具备的品质,也就是诚信。儒家思想认为"诚信"是立身、立业、立国之本,并重视"诚信"的实践,强调言行一致。"民无信不立""人而无信,不知其可也""主忠信,徙义,崇德也""言必行,行必果""与朋友交,言而有信"。孔子还将"信"作为教学的主要内容之一,与"文、行、忠"一同教授,把"信"和"恭""宽""敏""惠"一起并列为"五德"。

塑造"以诚信为本"的企业文化核心价值观的要求是:

第一,企业的领导团队要有理想、有道德、重信誉并率先垂范,从上到下把诚实守信的观念贯彻落实到经营管理全过程中,这是关键。例如,美国的"安然""世界通信"等公司,都是 CEO(首席执行官)与 CFO(首席财务官)等高层管理者相互勾结做假账,最终使企业破产。

第二,员工要将诚实守信作为为人处世和从业的行为准则,从我做起,从小事做起;企业要将诚信建设融入员工的继续再教育,唤起员工对诚实守信价值观的认同,积极践行诚实守信的价值观,塑造企业的良好形象和声誉。

第三,企业要营造诚实守信的外部环境。企业要生存发展,必须取信各方。而信任是相互的,企业自身要诚实守信,方能得到社会各界的信任。著名日本企业家稻盛和夫说:"能够成功经营大企业者,就是那些使顾客得到好处的人。"企业在经营过程中,要真正视顾客为"上帝",把吸引顾客和满足顾客的需要作为企业应尽的责任,通过为顾客提供高质量的产品,赢得顾客的信赖;积极营造互信的竞争氛围,使企业在市场竞争中能够健康发展,基业长青。

二、佛教精神与企业文化

佛教精神不是简单的佛教教义,而是佛教信仰者身上所具有的一种为人处世的态度。这种处世态度对于在具有深厚东方文化传统的中国建立和完善企业文化有着许多积极意义。

1. 经世济众

为自己和别人解脱痛苦,是佛教蕴含的一种积极向上的精神。佛教在追求层面上讲究"穷则独善,达则兼济",所以他们的自力拯救不能理解为只是追求自我个人的解脱,而是把自我拯救建立在通过个人努力并引导众生共同努力基础上。自度度他、自济济人,或者通过超度他人以求得自己的超度、通过救济别人求得自己的救济,这是佛教中经世济众的基本精神。

企业应该吸纳经世济众的精神,把强烈的社会使命感作为企业追求的终极目标。通过产品来为别人提供服务,当然对于企业的经营方式、所经营的产品,都要做到有所为而有所不为。香港的李嘉诚先生就曾经力排众议,否决开设赌场的董事会提案。企业经营的产品只有是利他的才会有更广阔的市场前景,才会给企业在任何时期、任何地区带来更稳健的经营风格,才能使企业获得更长期的利润。企业树立了经世济众的精神后,通过一定的途径,让企业员工和社会知晓、认同这些精神,会为企业本身的经营带来极大帮助,也会对文化整体建设在一定程度上起到积极作用。

2. 众生平等

佛教教义不要求人绝对服从于某种意志或力量，在佛教中，没有创世者与被创造者，没有领导者与被领导者。佛教中佛与佛弟子的关系，不是领导者与被领导者的关系，而是先觉与后觉、师与徒的关系。释迦佛创立了僧团组织后，没有以领袖自居，而是把自己当成僧团中的一员，与普通僧众一道，持钵乞食，赤足云游。众生平等是佛教的一大特质和基本精神。

对于企业文化而言，众生平等应该作为其基本精神之一，应倡导企业内部员工平等相待。要本着"皆为赤子"的情怀，把企业的各级领导者看作是具有不同分工承担不同任务的普通一员，领导者不是带领团队去执行他所决策和定义的工作目标，而是与团队的其他人员一道去共同实现大家所认可的工作目标。同时，企业应尊重每位员工在企业的发展权利。

3. 重智尚真

佛教作为宗教希望寻求的是人的终极归宿，但是佛教却不是一种盲目信仰的宗教。佛教强调发挥人本身具有的智慧，通过现象来看本质，洞彻声色，证悟真如。佛教之所以重智尚真，在于佛教自认为其所认知或领悟的是客观的真理。佛祖不是真理的创造者，只不过是真理的发现者。佛教更强调"以法为师"。

重智尚真对于企业文化的价值，在于重视人的主观能动性，以及不为事物表象所迷惑，崇尚真理、质问权威的精神。员工的主观能动性是企业永葆青春的法宝。在企业文化中应该鼓励员工去发现企业经营中存在的错误和缺陷，并及时去修补经营中存在的错误和缺陷。对于企业已有的文化，要不断地在经营中去加以检验，以便适当扬弃。敢于对企业已经形成的企业文化提出挑战，就是企业文化中重智尚真的重要体现。

纵览古今，很多佛教信仰者以特有的佛教精神为人处世，在政治、经济、文化以及自然科学方面做出了杰出贡献。在现代企业经营管理方面，同样有很多人借助佛教精神建立起特有的企业文化，为企业在激烈的市场竞争中焕发出了独特魅力，为打造百年老店奠定了深厚的企业文化基础。双星集团在企业文化里引入佛教精神，取得了非常成功的效果，为佛教精神与企业文化的结合树立了典范。

三、道家理念与企业文化

1. 无为而治，道法自然

"无为"就是不做任何违反自然规律、有损道德规范、违反社会法则、有害众生的事情。老子曾说"无为而无不为"，意思是说，不妄为，就没有什么事情做不成。这里，"无为"成了一种立身处世的态度和方法，"无不为"则是其所产生的效果。因此，老子所讲的"无为"并不是消极等待，毫无作为的，而是"为无为""为而不恃""为而不争"，即以"无为"的态度去"为"，充分发挥个人的主观能动性。

随着企业生产规模的不断膨胀，部门不断增加，人员不断扩充，企业活动所涉及的层面也越来越广，越来越深，即使再精明能干、智慧不凡的领导者也无法面面俱到、事必躬亲、样样"有为"。所以，在现代企业管理中，领导者在决策上应"有所为，有所不为"。这就要求管理者能辨别轻重，分清主次，在有关全局和长远利益的"大事"上有所为，而无关紧要的琐碎"小事"则有所不为。被誉为日本"经营之神"的松下幸之助回答"你的经营秘诀是什么"时，强调："我并没有什么秘诀，我经营的唯一方法是经常顺应自然的法则去做事。"松下幸之助的这种管理理念实际上已从另一方面对老子"无为而治，道法自然"一说进行了充分肯定。

企业的发展经历大致可以分为三个阶段：第一个阶段是企业家亲力亲为；第二个是企业家有所为有所不为；第三个阶段是企业家无为而治。第一个阶段，企业的规模相对来说比较小，企业管理不是太复杂，企业家加班加点完全可以应付。第二阶段，企业已经有了一定规模，企业家越来越忙，各种事务性的工作缠身，企业家明显感到精力不够用，在这种情形之下，企业家就要学会有所为有所不为，学会授权。第三阶段，企业的管理已经比较完善，企业员工队伍也比较有战斗力，企业管理模式已经建立，企业家只需把握好经营方向，而无须为日常琐事操心，企业就可以进入无为而治的状态。

2. 上善若水，为而不争

道家讲究自然，崇尚朴素无为。《老子》一书称："上善若水。水善利万物而不争。""以其不争，故天下莫能与之争。"老子"为而不争"其实是不争之争，贵柔、守柔为的是"柔弱胜刚强""天下之至柔，驰骋于天下之至坚"。"柔弱胜刚强"应当是弱势企业的战略目标，即弱势企业应当努力以柔克刚、以弱胜强，战胜自我并战胜竞争对手。"兵强则灭，木强则折"。弱势企业要想在市场竞争中立于不败之地，必须提高认识，保持良好的心态。例如蒙牛创立初期便提出了"第二品牌"的战略，这等于在一开始就将其他竞争对手都甩在了身后，而且又不至于以卵击石。这正是老子所认为的最终要成全事业，必须使自己处于虚曲之处，应当和光同尘、以贱为本、以下为基，如此才能"曲则全"，正如"江海所以能百谷王者，以其善下之，故能为百谷王，终不自为大，故能成其大"。

3. 治大国若烹小鲜，不可烦扰

所谓"治大国若烹小鲜"就是说治理一个国家，就像煮小鱼一样。只能将调味、火候放得适中，文火烹煮，不急躁，不躁动；这样煮出来的东西，色鲜味美；如火候不对，调味不对，心烦躁，下锅后急于翻动，最后只会是一团糟糕。所以企业的治理跟煮小鱼一样，不要常常翻弄。因为一个工厂几十人至上万人，如果制度经常更改，工人们就无法适应，大家也就无所适从，不知道该做什么。如果制度稳定，职工的心就会稳定，就会专心工作，出大成果。所以企业规章、大原则不能变，只能因时间推移、市场演变和软硬环境的改变而做一些小的调整。企业只要一开始抓住了大的原则和方向，制定了大的、基本的规章制度，有了一个正确、基本的运行轨道，在通常情况下，就能"以不变应万变"。只要基本的东西是正确的、较为完善的，就不要轻易去"搅动"它。

开展企业文化调研，分析企业文化的要素及作用。

第六章
装备制造业的企业文化案例

第一节 德国西门子集团的企业文化

德国西门子成立至今已有一百六十多年的历史，业务涉及自动化、能源、交通、医疗、照明、家电 7 大领域，其行业跨度之大在其他跨国公司中极其罕见，业务遍及全球一百九十多个国家，在全世界拥有大约 600 家工厂、研发中心和销售办事处，全球雇员四十多万名。西门子在中国建立了九十多家公司、61 个办事处，拥有超过 43000 名员工，是在华拥有员工数量最多的外商投资企业之一。

西门子能在这么多领域不断创新发展，离不开先进企业文化的指引。员工加入西门子时就接受了西门子集团的一套共同价值观，即勇担责任、追求卓越及矢志创新。加入西门子意味着员工愿意加入一个以这些价值观为基础的集体。西门子在激励之道、沟通方法、人才培养等方面有许多独到之处，可以给有志于打造百年企业的国内企业很多启发。

一、西门子的激励机制

西门子根据员工的不同需求，为员工提供大量机会实现发展目标，并提供具有竞争力的工资与福利，这两方面构成了一种基于员工自身需要的有效激励。

1. 个人目标与公司目标相联系

西门子员工的工资与发展和公司的业绩、发展目标紧密结合在一起。在每一个财政年度，员工需制定"个人目标承诺书"，在承诺书中，员工的年终业绩考核有一定比例是企业当年的业绩完成状况，这样，员工的发展就和企业的发展牢牢绑定在一起了。员工在处理日常工作时，既能从自己部门的角度出发，也能从整体上判断采用何种处理方法对公司的整体会有促进作用，从而不至于在进行判断的时候，只见树木，不见森林。

2. 员工持股计划

西门子拥有与员工分享成功的悠久传统。早在 1858 年，公司创始人维纳尔·冯·西门子就开始和员工分享企业的利润。2010 年公司在包括中国及其他 47 个国家推出了配股计划，希望使员工能够长期地分享公司的成功。西门子持股员工总数增加到了约 12 万人，即在全球员工中每 4 个人里就有一位购买了西门子的股票。西门子股份投资在中国面向全体正式员工实施，中国员工每月可以将不超过工资 10% 的资金购买西门子股票。员工购买西门子股票超过 3 年，可以获得每 3 股赠送 1 股的奖励。成为西门子的股东不仅意味着持有股份，它还表示员工对日常工作、对公司充满信心，并且坚信西门子的价值观和愿景。

3. 企业年金计划

西门子关注员工退休后的生活保障。为了帮助员工在退休后维持较好的生活水准，西门子（中国）总部在中国率先加入企业年金计划，这是由公司自愿为员工提供，旨在帮助员工积累退休资金的公司养老金计划。在企业年金计划中，公司和员工个人将一起缴费，共同为员工的退休生活积累资金。企业年金资金将会按照企业年金法规的要求，由持有国家颁发的企业年金管理资格的专业金融机构按国家规定的信托模式进行管理并投资，在员工退休后可以一次性地领取这笔累积的资金。与国内公司通常使用的年终奖、项目奖等一次性的激励机制相比，西门子创造了一种体现在日常工作中直接有效的激励机制，同时也是一种长期的、基于目标的激励机制，有效地避免了员工在得到一次性激励后的人员流失，是一种非常有效的激励措施。

二、西门子的沟通机制

西门子作为一家大型跨国公司，员工遍布全球，不同国家员工的文化、风俗、信仰等各不相同。即使在同一家公司，也会有多个国家和地区的员工共同工作。为了加强与员工的沟通，将企业文化准确传达，西门子建立了多方位的沟通渠道。

1. 西门子报刊与内部网站

西门子最著名的两个刊物是面向全球的《西门子世界》和面向中国员工的《西门子之声》，在各业务集团都有内部沟通杂志。

同杂志相比，网络对于信息的传播无疑更具时效性，西门子的内部网络是一个包罗万象的信息平台。员工可以很方便地查到任何一个国家同事的办公地址、邮箱或是电话号码，可以及时与其进行联系；可以看到西门子高层的最新动态；可以看到西门子电气公司总裁就西门子冰箱质量向全体员工做的声明；也可以加入一个内部论坛，去帮助其他员工解决问题。这里处处体现了平等互助的氛围，是西门子员工共同的家园。

2. CPD 真诚沟通

在西门子的人力资源管理政策中，CPD（Comprehensive Personnel Development，全面的人员发展）管理可能是最有特色的一个。CPD 其实是一个全面持续不断的过程，它分为两个部分：CPD 圆桌会议和 CPD 员工对话。CPD 圆桌会议每年举行一次，参加人员是中高层经理以及人力资源顾问，他们用一整天时间坐在一起专门讨论员工的发展大事。根据员工的业绩，对每位员工进行潜能预测，分析其日后是否可以成为经理或者高级专家，然后调整他的业绩期望与薪酬水平，探讨如何帮助其职业生涯更好地发展，以及确定其为了达到更高的要求所必须参加的培训。这些内容都确定后，经理签字生效，然后再与员工进行对话。

西门子 CPD 另外一项重要内容是员工对话。员工对话在一年中随时持续进行，由经理人员与员工直接开展，并在年终填写 CPD 员工对话表格。这些表格经过汇总后成为圆桌会议的重要参考。员工对话的内容涉及：员工职能及责任范围；潜能预测；业绩回顾及未达到预期结果的原因分析；未来任务及目标设定；员工完成目前职能要求及未来任务的能力评估；员工本人对职业发展的看法；双方共同商定的发展措施。在 CPD 圆桌会议上对有关员工发展的所有方面（潜能、薪酬和管理学习培训等）做出的决定和计划保持一致性，即不分国界、级别和部门进行沟通。

3. 员工与高层沟通途径

西门子下属每个公司每年都会进行至少一次高层与员工的沟通会。高层向员工传达公司的政策、最新的业绩状况、发展目标和对员工意见的回复。员工在日常工作中也可以越过自己的直接上级和公司高层直接沟通。西门子中国区在公司内网主页上开通了与总裁对话的专栏，西门子中国区的每一位员工都可以直接向总裁提出关于公司的各种想法、投诉和建议。总裁定期针对比较集中的问题通过邮件向全体员工进行解答。

4. 员工建议制度

西门子认为，当每个员工亲身体验到他为企业所提出的合理化建议受到欢迎的时候，他就会同自己的工作以及企业建立起全新的关系。为此西门子设定了3I体系（Ideas，Impulses，Initiative），这是西门子引以为自豪的员工建议体系。它在西门子内部具有悠久的历史。员工为西门子提出合理的建议，公司由专门的评估团队对这些建议进行分析和评估，并建立项目团队负责实施。根据建议产生的效益对提交者给予一定的奖励。员工建议体系为员工创造了一个非常活跃的气氛，鼓励每个人发挥自己的能力和才智。更重要的是，无论是员工的建议是否被接受，这种参与的机会大大增强了其归属感，让他们感觉自己真正成了企业的主人。

通过各种有效的沟通渠道，信息在西门子公司顺畅而迅捷地流动着，如同新鲜的血液一样，为西门子这个工业巨人的身体带来无穷的活力。

三、西门子的人才培养机制

西门子公司能够长盛不衰地发展，并成为世界工业界的一颗璀璨明星，离不开西门子对人才的重视。一套完整的人才选拔、培养方法，是公司整体发展战略的重要组成部分。

1. 重视挖掘内部人才

在众多的招聘渠道中，西门子公司的第一选择永远是内部招聘。西门子信赖自己的员工，并且注重员工的发展，给予他们很多机会与公司一起成长。同时，员工对西门子的忠诚度也非常高，在西门子中任职超过30年的员工比比皆是。

西门子公司为优秀员工提供良好的发展通道。西门子有杰出人才培养计划，公司人力资源部的专员负责联系各部门经理推荐的最杰出的人才，并制定符合其特点的多级职业发展目标，并对各个目标逐一给出计划完成的日期。西门子总部和各公司会对各培养人给予特别的培养支持。如指定资深专家作为导师一对一指导，或将其加入特定的项目小组，增加工作经验，或为其制定专门的培训课程等。此后，人力资源部专员每年定期和部门经理回顾该培养人发展状况，监督并帮助培养人达到发展目标。

2. 完备的培训机制

在颇具灵活性和长期性的商务活动中，人是最主要的力量，知识和技术必须不断更新换代，才能跟上商业环境以及新兴技术的发展步伐，所以每个企业都在努力走上"学习型企业"之路。西门子为员工配置了完备的培训机制。

西门子为员工提供了丰富的培训与学习机会。在西门子集团中，有专门负责培训的西门子管理学院，可以为西门子员工提供管理、经济、技术、语言、办公软件等众多类型的培训。除此之外，西门子在中国区就有上百个合作培训机构，可以为员工提供扩展性的培训内容。西门子还为员工提供了许多的海外培训与工作机会,将员工培养成为全球化的优秀人才。

3. 造就优秀的领导人才

西门子公司人事部经理的日常工作之一是访问高等院校,在那里,他们首先寻找的是"企业家类型的人物"。在学习期间,西门子公司对未来的"企业家们"的基本要求是:有良好的考试成绩、有丰富的语言知识,实习好、工作好。此外,还向他们提出一些更高的要求,诸如有广泛的兴趣,有好奇心,有改进工作的愿望,以及有在紧急情况下的冷静沉着和坚毅顽强。

公司内部设有"管理人员培训部",它负责对工作人员进行观察,并且定期同他们及其上司谈话,最后提出对工作人员继续使用的建议。

此外,西门子公司还特地设置了一个干部培训中心,和十三个基层管理培训中心。每年约有八十名公司管理人员参加培训。在培养管理人才方面公司针对三种能力(专业技术能力、激发和调动个人及团结力量的人事能力、将内部和外部利益协调统一为企业整体利益的能力)进行培训。前两种主要针对基层和中层管理者,第三种则是针对高层管理者。这些培训内容和方法,极大地提高了管理干部的素质和能力。

在激励之道、沟通方法、人才培养以上三个方面,西门子为很多跨国企业指明了进行企业文化推广的方法。同样,对于许多有志于走出国门的中国企业,在国外建立分公司之前,也应该好好研究如何将本公司的企业文化向当地员工推广,只有员工深刻地理解了企业的核心价值观,才能高效专一地为企业贡献自己的力量。

第二节 美国福特企业文化的四大改革

福特汽车公司是世界上最大的汽车生产商之一。福特汽车公司创立于20世纪初,凭借创始人亨利·福特的"制造人人都买得起的汽车"的梦想和卓越远见,福特汽车公司历经一个世纪的风雨沧桑,终于成为世界四大汽车集团公司之一。2008年经济危机时,福特是唯一一家没有经过国家救济而自己走出经济危机的汽车集团。

图 6.1 福特总部

福特汽车是一家充满光荣历史的企业,身为全球第二大汽车厂,是美国人最向往的工作地方,福特汽车确有独到的经营之处,但也有包袱存在。在开创初期,福特汽车的代表产物是 T 型车。这部全世界卖得最好的车子虽然写下了历史，却也因此注定了福特汽车以生产为导向的企业文化。

图 6.2　福特汽车

之后，福特汽车虽然在世界各地逐步建立起了生产据点，却形成了全球各分公司各自为政的心态。在随后而来的竞争期间，长久以来习惯于打"顺风牌"的福特汽车，面临来自日本汽车公司"低价高质"的大举入侵，市场占有率节节败退，于是，福特汽车公司展开了第一波的改造，除了用裁员来降低成本外，还陆续引进了多项产品质量改革计划。

经过二十年的改革阵痛，福特公司重新站了起来，也成为一家注重品质、提供合理价格的汽车公司，而且也逐渐重拾良好的经营业绩。但是，这一切还不够完美，仍有很大的改革空间。对福特公司来说，降低成本、提高质量只是技术性的改革。只要公司能雇佣好的管理人员，运用好的管理工具，并且持续追踪成本与质量，改革就会成功。但是，企业若要长期拥有良好的表现，必须在观念和文化上进行改革。换言之，就是所有的福特员工都必须具有顾客导向的心态，整个公司都必须真正相互合作。

面对"文化改革"的新挑战，1998 年，董事会决定任命纳瑟担任首席执行官。对这位已在福特工作 31 年，但大多数经历都在海外的最高主管来说，董事会所赋予的使命是：打破各分公司、各事业单位、各功能部门各自为政的心态，使福特成为一家真正注重顾客需求，并且真正紧密整合的全球企业。

于是，福特汽车描绘出了新的企业文化四要素：具有全球化想法、注重顾客需求、持续追求成长，以及深信"领导者是老师" 4 项概念。随后，福特公司发展出一套改革教学计划，通过教导、传授或对话的过程，协助组织进行改革。对福特公司如此庞大的组织而言，这的确是按部就班，也是具有效率的方式。

按照计划，福特的高层管理人员从听课与教课开始，逐步进行企业文化的改革。

这主要有 4 个部分组成：

第一部分：巅峰课程

这是一个为期半年的学习过程，对象是企业内较高层的管理人员。首先学员必须参加一个 5 天的密集训练。在这 5 天当中，由高层主管团队担任讲师，与这些学员经历团队建立的过程，讨论福特所面对的挑战，并且分配未来 6 个月所需进行的项目任务。

随后的 6 个月，学员必须花费 1/3 的时间，通过电子邮件、视频会议甚至面对面的方式，讨论、分析与完成所指派的任务。在这过程中，学员会一起与讲师，也就是高层主管团队再见一次面，讨论项目的困难和进度。

最后，学员会再参加一个密集训练，提出改革的想法，并与高层主管团队再进行分享、讨论与学习。于是，在这次的密集训练中，会立刻决定改革计划，并且在一周之内执行。这项计划在 1996 年，纳瑟刚接手福特时就开展了，不仅让福特一百多位高层主管成为企业内的种子讲师，也实际推动了福特的全球改革计划。

第二部分：领导者工作间

这类似于巅峰课程，但所教育的对象扩展到了中层与基层主管，执行时间大约是 100 天。进行的方式还是从 3 天的密集课程开始，而后分配专项任务，运用 100 天的时间进行学员间的讨论、分享与发展改革计划。最后，再通过密集训练，讨论与确定改革计划。

在整个领导工作间中，有 2 个地方相当特别：首先，所有的学员都必须在 100 天之内，参加半天的社区服务。这项做法的主要目的，除了可以让这些未来领导者，了解福特所强调的"企业公民"精神外，也让他们感受到生活中有这么多更需要帮助的人，进而不再有抱怨或不满的心态。另外，所有的学员要以拍摄影带的方式，呈现"新福特"与"旧福特"，以突出新旧文化的差异性。

第三部分：伙伴课程

伙伴课程（Executive Partnering）则是专为培养年轻却深具潜力的经理人成为真正的领导者而设立的。基本上，每次都是 3 位学员组成 1 个实习小组。这个实习小组必须花费 8 周的时间，与 7 位福特汽车的高层主管每天一起工作、开会、讨论或拜访客户。针对一些企业问题或挑战，高层主管甚至会请实习小组提出可行的解决方案。对于实习小组而言，这是一个绝佳的观察和学习机会。通过 8 周实际的工作，这些年轻主管不仅可以学习高层主管的思考观点，更可以了解公司的资源分配、长短期目标，以及策略挑战与问题。

第四部分：交谈时间

交谈时间（Let Us Chat about the Business）由纳瑟自己进行。每周五的傍晚，他会寄一封电子邮件给全世界大约 10 万名福特员工，分享自己经营事业的看法。同时，他也会鼓励所有的员工，回寄任何的想法、观点或是建议。

纳瑟认为，福特要转变为顾客导向的文化，必须培养每一位员工了解如何经营一家企业。因此，在每周一次的电子邮件中，他会谈全球的发展趋势，谈克莱斯勒与奔驰的合并，谈福特的亚洲市场发展等主题，让员工了解高层主管的经营观点，进而让他们也能有类似的思考角度。纳瑟的电子邮件广受员工的好评。他运用最新的科技拉近了与员工的距离，获得了许多员工宝贵的意见与反馈。

自从福特的改革教学计划实行以后，福特汽车公司的文化逐渐产生一些化学变化。不仅有更多的员工参与了公司的改革，还有更多的主管承诺了自己曾经传授的观念。虽然对福特这样一家大型公司而言，改革的确是漫长艰巨的历程，但是，运用上述模式，福特公司正逐步完成改革计划，为成为顾客导向的企业而努力。

第三节　日本松下电器的企业文化

松下公司成立于1918年，最初叫"松下电器具制作所"，由松下幸之助夫妇和妹夫创建，拥有资金不足100美元，生产电灯插座、电熨斗和自行车用灯等，经过多年的奋斗拼搏，松下电器已由一个小电料行发展成为雄踞全球的松下电器企业集团。在美国《财富》杂志1999年全球最大500强企业排行榜上，松下公司位列第26位。

企业文化是企业发展的根本所在，松下公司之所以发展成为世界顶级名牌企业，与其建立的完善的企业文化体系是密不可分的。企业文化的建设必须脚踏实地地从基础做起，在这方面，松下公司的经验值得我们思考与借鉴。

一、低价位的产品经销"自来水哲学"

松下公司的创立者——松下幸之助是一位成就卓著的企业家，他的经营哲学在日本企业界备受推崇。他认为："我们都是站在经营者立场上的人，我感到所谓经营是具有非常高的运动性的，而且是活的综合艺术。所谓经营，并不是轻而易举的事，而是非常有深度的。"松下幸之助经营思想的精华之一，是产品经销的"自来水哲学"。这一思想不仅指导松下公司迅速发展起来，从一个生产小商品的作坊发展为世界著名的大型国际企业；而且这一经营思想被许多日本企业接受，成为日本企业占领全球市场的有效手段。

所谓"自来水哲学"，是松下幸之助对企业使命的比喻。对于这一使命，最简单的表述就是消除世界贫困，使人类走向繁荣和富裕。松下幸之助说："企业的使命究竟是什么？一连几天我都在思考这个问题，直至深夜，终于有了答案。简单来说，就是消除世界贫困。比方说，水管里面的水固然有其价值，然而喝路边的自来水不用付费也不会受到责备，因为水资源相对丰富。企业的责任不正是让世界物资丰富以消除一切不方便吗？""经营的最终目的不是利益，而是完成我们对社会的义务。企业的责任是：把大众需要的东西，变得像自来水一样便宜。"用松下幸之助的话来表达，经营就是从"无"当中制造"有"，通过生产活动给所有人类带来富足丰裕的生活。

从本质来看，"自来水哲学"，就是通过工业生产手段，把原来只能供少数人享受的奢侈品变成普通大众都能享受的普及品。企业经营者的眼睛要盯住人们追求生活进步的欲望，而不是盯住顾客的钱袋。市场是靠价廉物美的产品创造出来的，而不是靠对经销商回扣打折算计出来的，更不是靠坑蒙拐骗欺哄顾客推销出来的。由此，奠定了松下经营的基本方针：质量必须优先，价格必须低廉，服务必须周到。正是这种经营方针，使松下得到顾客的信赖，渡过了一个又一个难关，逐步走上壮大之路。

"自来水哲学"的诞生，本身就是松下公司此前经营经验的积累和升华。早在1927年，松下首次成立电热部，计划生产电熨斗。当时全日本电熨斗每年销量不超过10万个，每个价格在4～5元。而松下幸之助认为："这东西非常方便，但因为价钱贵，很多想用的人都买不起。因此，只要降低价格，就会有许多人去买。如果很多人要买，那么我们就要生产出许多来。月产1万个似乎多，但实际上是能够卖出去的——先决条件是：降低价格，使大家都能买得起。"于是松下决定，通过大量生产来降低价格，每月生产1万个，销售价格为3.2元，结果取得了成功。这一案例，几乎就是美国福特T型车的日本翻版。所以，美国的媒体报道把松下幸之助和亨利·福特相提并论。对此，松下幸之助自己总结说："生产大众化的产品时，不但要推出更优良的品质，售价也要便宜至少三成以上。"

"自来水哲学"在松下幸之助的年代具有巨大的威力，它势必会把松下公司带到规模化经营的道路上。家用电器在日本乃至在全世界的迅速普及，松下公司功不可没。美国的穷人也能开汽车，归功于当年的福特；当今的乞丐也能看电视，则归功于当年的松下幸之助。

松下幸之助认为，有许多商品是人们都需要的。需求是无限的，因而生产的发展也应是无限的。开发与人们生活相关的产品，应当从需求的角度看问题，以积极的态度进行决策。

二、成功的定价方式把产品推向全球

松下公司在制定产品价格时，除了采取低成本水平基础上的加成定价外，还经常采取需求供给价格，即根据消费者的购买能力和需求，制定产品价格——市场基准价格，也就是参考市场上商品的价格，制定自己的产品价格。

松下公司根据产品的特点、成本、需求和市场，选择不同的定价方式，力求物美价廉，成功地把松下产品推向全球。可以说，凡是有电的地方，就有松下公司的产品。

三、不参与无标准降价竞争

松下公司大批量生产以降低成本的经营方式与无标准降价的竞争手法不同。1952年，松下公司扩大电机厂的生产规模，进行厂房扩建，安装新设备。这时另一家日本企业——重型电机厂展开了大幅降价的市场攻势，降价幅度达到30%。重型电机厂的价格在松下代理商中引起很大反响，大家纷纷要求松下公司降低价格，不降价就要失去市场。公司内负责电机部门的经理认为："我们的产品质量不比其他企业差，成本也不高，加上完善的售后服务和最低的成本加成率，产品价格不能太低。降价就要低于成本水平，如果真把价格大幅降下来，那么企业就难以维持生存，而且对方降价30%是一种倾销行为，倾销不可能持久。"

松下公司坚持不跟风降价，同时动员公司员工，利用休息时间上门推销产品，于是顺利渡过了电机降价风波。

1964年，松下公司又遇上了电池大幅降价。当其他品牌的电池纷纷降价维持市场占有率时，松下公司没有降价，电池销售量仍然保持了原来的规模。有的顾客在松下产品专卖店购买电池时说："松下电池现在虽然稍贵些，但是使用的时间长。可见，只要产品具有较高的信誉，企业就不会因为其他产品降价而失去市场。"

四、员工是企业的主人翁

松下取得如此巨大的成就，很大一部分原因在于其以人为本的管理理念中"视员工为企业的主人翁"的思想。松下幸之助曾经说："事业的成败取决于人。""没有人就没有企业。"松下幸之助认为，一个人的能力是有限的，如果只靠一个人的智慧指挥一切，即使一时取得惊人的进展，也肯定会有行不通的一天。因此，松下电器公司不是仅仅靠总裁经营，不是仅仅依靠干部经营，也不是仅仅依靠管理监督者经营，而是依靠全体职工的智慧经营，他们称之为"集合智慧的全员经营"。松下幸之助将"集中智慧的全员经营"作为公司的经营方针。员工不仅要从事生产，还要努力成为企业决策的因素之一，松下鼓励全体员工参与企业的决策和管理，使员工在生产上和管理上等都有显示自己才能的机会，真正成为企业的主人。"集合众智,无往不利",这是松下幸之助用毕生经验悟出的真理。一个企业,如果只是把员工作为赚取剩余价值的劳动力,员工就会消极怠工;相反,如果把员工作为企业的主人翁,员工就会竭尽全力为企业的发展贡献自己的力量。

在20世纪30年代经济大萧条时,日本的许多工厂倒闭,公司接连破产。松下不可避免地也遇到了产品销售锐减、库存产品急剧增加的经营困难。由于松下将自己的员工视为企业的主人翁,因此其制定的处置办法与其他企业经营者完全不同。为防止库存品急剧增多,松下立刻安排制造部门减产,同时宣布以下政策:①绝不裁员;②绝不减少员工薪水,员工实行半日制,但工资却按全天支付。松下将公司所遇到的困难,如实告诉员工,希望他们能够齐心协力推销公司的产品,帮助企业渡过难关。在此种情况下,员工心存感激,努力工作,积极推销产品,通过两个月的努力,将仓库里堆积如山的商品全部卖完。通过全体员工的共同努力,松下胜利度过了经济萧条的困难时期。

既然员工是企业的主人翁,那企业管理层在员工管理上如何来体现这一原则呢?松下幸之助有一段著名的论述:"当员工增加至100人时,我必须站在员工的最前面,身先士卒,发号施令;当员工增至1000人时,我必须站在员工的中间,恳求员工鼎力相助;当员工达到1万人时,我只要站在员工的后面,心存感激即可;当员工增至5万到10万人时,除了心存感激还不够,必须双手合十,以拜佛的虔诚之心来领导他们。"

松下视员工为企业的主人翁,因此毫不保留地把企业的长远计划告知全体员工。1956年,松下制定并向员工发布企业的第一个"五年计划":企业的年营业额实现翻两番的目标,即由1956年的200亿日元提高到800亿日元。松下的这一做法在当时是很新鲜、很特殊的。一方面,企业发布"五年计划",企业界普遍感到没有必要;另一方面,虽然是对内发布,事情难免泄露,就会暴露给竞争对手"商业秘密"。松下却认为,宣布"五年计划"是为了使员工树立理想,让他们有目标、有期待,因而能够提高士气,鼓舞斗志。实践证明,松下的这种做法是成功的。第一个"五年计划"在全体员工的共同努力下,顺利完成,1960年企业的年营业额由1956年的200亿日元提高到1000亿日元,超过原定计划800亿日元的目标。当年又发布了第二个"五年计划"目标,计划在五年后公司实行每周五天工作的制度,而员工的薪金不减。这在当时对那些靠延长工作时间而获取利润的企业来说,无疑是巨大的冲击。松下的员工精神大振,工作热情高涨,生产效率提高,第二个"五年计划"也顺利实现了。1965年又发布了第三个"五年计划":五年后公司的薪金水平、经营水准要赶上欧洲,接近美国。这样的目标产生的轰动效应是可想而知的。

五、重视人才培养

松下公司把人才培养放在首位,有一套培养人、团结人、使用人的办法。松下说"事业的成败取决于人""没有人就没有企业",松下电器公司既是"制造电器用品"的公司,又是"造就人才的公司"。公司根据长期人才培养计划,开设各种综合性的、系统性的研修、教育讲座,并拥有关西地区职工研修所、奈良职工研修所、东京职工研修所、宇都宫职工研修所和海外研修所5个研修所,培养了一支企业家、专家队伍。事业部长一级干部中,多数是有较高学历的、懂管理的,不少人会一门外语,经常出国考察,知识面广,年纪较轻,比较精干,而且雄心勃勃,渴望占领世界市场,有在激烈竞争中获胜的志向。这是松下公司能够实现高效率管理的前提。

六、在提供服务的范围里做生意

无论商品怎么好，如果没有配套的服务，都不能让顾客真正满意。如果服务有不周到之处，那就会招致顾客的不满，也有可能因此而丧失产品本身的信誉。服务在某种意义上比生产、比销售更为重要，无论是什么样的场合，重要的是一定要在能提供周到的服务的范围里做生意。只有以这种姿态，才能坚实地发展生意。

第四节　海尔集团的企业文化

1984年以前，海尔集团还是一家濒临倒闭的集体工厂，亏损达174万元，现已成为全球大型家电第一品牌，在全球拥有十大研发中心、21个工业园，用户遍布全球100多个国家和地区。根据世界权威市场调查机构欧睿国际（Euromonitor）发布的2016年全球大型家用电器品牌零售量数据显示，海尔大型家用电器2016年品牌零售量第8次蝉联全球第一，同时，冰箱、洗衣机、酒柜、冷柜也分别以大幅度领先第二名的品牌零售量继续蝉联全球第一。

当众多企业领导者把注意力集中在改变组织结构，以改善业务成果时，张瑞敏清晰地意识到，领导者职责的一个重要部分是对文化的阐释和发展。张瑞敏把塑造文化看作一个紧迫的业务问题，他认为塑造文化是最重要的高层领导责任，而不是人力资源部门或其他一些部门的责任。只要张瑞敏有新想法，他的副手就开动脑筋努力实现它，把他无形的想法变成有形的业绩，就像一位老师带领一群学生，这群学生信奉老师的真知灼见，把老师的话当作教诲，反复领悟，再创造性地发挥。海尔集团通过成功建设企业文化，增强了企业的内部活力和外部竞争力，加快了企业的发展步伐，使企业在激烈的市场竞争中不断发展壮大。海尔是最早在全国成立企业文化中心的企业，2005年被授予首批"全国企业文化示范基地"称号。1998年3月，"海尔文化激活休克鱼"案例被写入哈佛商学院案例库，张瑞敏应邀去哈佛讲这一课，成为第一位登上哈佛讲坛的中国企业家。2015年《海尔：与用户零距离》让海尔模式再次进入哈佛课堂。2016年年底，Thinkers 50思想实验室（中国）成立，把海尔作为在中国的首个研究基地。海尔正在成为"从输出产品到输出管理模式和思想"的中国企业的典范。海尔善于用简短的、朗朗上口的话语，提出各种理念，统一员工的思想，指导员工的行为，创造了一个又一个神话。

海尔将企业文化分为三个层次，最表层的是物质文化，即表象的发展速度、海尔的产品、服务质量等；中间层是制度行为文化；最核心的是价值观，即精神文化。张瑞敏这样定义企业文化：企业发展的灵魂是企业文化，而企业文化最核心的内容应该是价值观。

一、精神文化

企业精神是企业价值观的核心，是企业广大员工在长期的生产经营活动中逐步形成的，并经过企业家有意识的概括、总结、提炼而得到确立的思想成果和精神力量，是企业优良传统的结晶，是维系企业生存发展的精神支柱。由企业的传统、经历、文化和企业领导人的管理哲学共同孕育，集中体现了一个企业独特的、鲜明的经营思想和个性风格，反映着企业的信念和追求，也是企业群体意识的集中体现。企业精神具有号召力、凝聚力和向心力，是一个企业最宝贵的经营优势和精神财富，它不是可有可无，而是必不可少。

海尔精神是"敬业报国，追求卓越"，讲求个人价值与集体利益、国家命运融为一体，不干则已，要干就干第一流。海尔作风是"迅速反应，马上行动"，这些海尔理念、精神、作风、管理模式、人才观念、用工制度等所有格言和口号表达了海尔的核心价值观，它们代表了海尔的基本信仰和准则，为所有员工指明了共同方向，为他们的日常行为提供了指导方针。它们无休无止地在海尔传播扩散，不断累积起来，最终深入人心。与许多企业相比较，海尔员工的收入并不高，但海尔员工创造性的工作热情却是别的企业无法相比的。靠什么激励员工们去不懈奋斗？海尔的决策者们说，靠的是"敬业报国，追求卓越"的海尔精神，靠的是用先进的企业文化，打造一个个奋斗目标。从当年创造中国冰箱的金牌，到今天努力跻身世界500强，海尔人靠它们振奋精神，战胜自我，永远创业，创新进取。

海尔人价值观的核心是"创新"。海尔文化以观念创新为先导、以战略创新为基础、以组织创新为保障、以技术创新为手段、以市场创新为目标，伴随着海尔从无到有、从小到大、从大到强，从中国走向世界。海尔的这种创新，就是要最大限度地给每一位员工提供一个创新的空间。海尔的小改小革造就了员工中的不少"名人"，也给企业创造了巨大效益。张瑞敏说，这种小改小革不仅在于产生多少效益，更在于员工所表现出的创新精神。在海尔，你甚至不用与员工交谈，便可感受到使他们充满活力的精神世界，平凡而机械的工作与远大的目标紧紧联系在了一起，变成愉快的创造。员工们一簇簇创新的火花，会聚成燃亮海尔事业征程的熊熊火炬。海尔的科研人员平均每个工作日开发1.3个新产品，每个工作日申请2.5项专利，海尔是中国企业中获专利数量最多的企业。

海尔很看重的一件事，就是"观念革命"。这种观念的革命，渗透到海尔的方方面面，并被海尔人形象地凝练为一个个富有哲理的理念："日事日毕、日清日高""斜坡球体论""人人是人才、赛马不相马""只有淡季的思想，没有淡季的市场""先有市场，再建工厂""东方亮了再亮西方""先难后易，出口创牌"等。虽然这些理念大都是出自海尔首席执行官张瑞敏口中，但它们无疑都在员工的精神世界中产生了强烈的回响。海尔企业文化时时赋予员工新的观念，更激发起他们无穷的创造力。

海尔的目标是创中国的世界名牌，为民族争光。这个目标使海尔的发展与海尔员工个人的价值追求完美地结合在一起，每一位海尔员工将在实现海尔世界名牌大目标的过程中，充分实现个人的价值与追求。通过建立共同的价值体系，形成统一的思想和行为。

二、制度文化

致力于企业文化建设的管理者重视价值观的确立，也注重行为方式的塑造。后者依赖于合适的监督系统，使依照公司文化行事的员工获得褒奖，使违背公司规范的员工受到惩罚。没有规矩，无以成方圆。海尔像一个大家庭，但这并不意味着其中充满安逸与纵容。海尔无所不在、毫不容情的监督机制使每一位工作未到位者都痛感"无地自容"。

为了严格把好质量关，张瑞敏创立了"OEC管理法"（Overall Every Control and Clear，全方位优化管理法），是海尔依据自身特色对5S和ISO 9000的概念延伸，是海尔生存的基础，并成为海尔集团对外扩张、推行统一管理的基本模式，管理界称其为"海尔之剑"。

"OEC管理法"的目的是"日事日毕，日清日高"，其管理方法可概括为5句话：总账不漏项，人人都经营，事事都创新，管事凭效果，管人凭考核。"OEC管理法"由三个基本框架目标系统、日清控制系统和有效激励机制组成,是海尔生存的基础,并成为海尔企业集团对外扩张、推行统一管理的基本模式。这种模式奠定了海尔的管理风格:严、细、实、恒。

目标系统:在目标制定出来之后,为确保其目标的执行与实施,需将全体成员认可的目标层层分解落实之后形成各级子目标,然后再将它们串接形成一条完整、系统的目标锁链,包括目标的分解、目标的执行与控制、目标的动态管理、目标效果的评价。

日清控制系统:海尔认为企业的每个员工可以做好一天的工作,而每天都做得好,就是一件难事,"日日清工作法"就是要通过每天的清理和总结,持之以恒地做好企业每天的各项工作,实现天天好的理想目标。在海尔任何一家下属公司都可以看到"日清栏"上的表扬和批评。无论是表扬还是批评,都会在下月的工资单上得到相应体现。

有效激励机制:每个人都有成就需求,"赛马不相马"之所以是一项很好的激励机制,是因为它通过为人们提供挑战机会而促使他们获取成就感。最初工作的挑战机会,有助于企业引进优秀人才,晋升的挑战机会有助于企业稳定人才。这样的策略为年轻员工提供更多的向高层管理人员展示其才华的机会,也鼓励更多的高级负责人发掘有领导素质的年轻员工,然后,通过多种途径来满足他们的要求,包括增加工作责任,安排特殊工作,利用公司内外的培训,在职能部门和分公司之间横向调动,对成长过程中的进步给予反馈,并对如何对待这些进步给予指导等。因而员工的素质得以不断提高,生产力得以健康持续的发展。

许多企业对这些羡慕不已,因为它们自身的规章制度不可谓无,也不可谓不严、不实、不细,但往往说在口头上,写在纸上,订在墙上,就是落实不到行动上。海尔要求把生产经营的每一瞬间管住。在海尔,通过有效的监督和激励机制,保证了政策制度的执行力度,从上到下,从生产到管理、服务,每一个环节的控制方法尽管不同,却都渗透出了一丝不苟的严谨,真正做到环环相扣,疏而不漏。人的质量决定产品的质量,第一流的素质才能造成第一流的产品,许多海尔人处处小心翼翼,生怕自己的一言一行、一举一动有损公司的形象。

三、物质文化

海尔物质层的企业文化包括:厂容、企业标识、厂歌、文化传播网络。

海尔的文化理念是用各种生动活泼的方式进入每个海尔员工心中的。在海尔园区里,员工们胸牌上写意地画着一张微笑的脸,"我是海尔,我微笑"这样的标语随处可见,海尔人的微笑更是让人感到亲切和温暖。到处可见的标语"迅速反应,马上行动"是海尔要求每一位员工必须具备的工作作风,这八个字体现了海尔的市场观和服务观,也浓缩了海尔企业文化的力量。海尔员工人手一本的《海尔企业文化手册》充满时代内涵,既能体现东方文化的亲情与和睦,也能体现融进其中的西方先进管理经验与思想。

海尔通过会议、奖励、庆典等各种仪式来传播和维护企业文化,将隐形的企业文化通过有形的物质形态表现出来,积极强化企业习俗和礼仪等各项行为,同时充分挖掘和发挥内部员工的积极性,为企业注入活力。

海尔通过新闻媒介、分发到每位员工手中的《海尔人》、领导讲话等形式传播企业模范人物,他们是企业中最受人敬重的,他们集中体现了企业价值观,也就是我们所谓的英雄。既有与企业一起成长和成熟的企业家和初创时期的人员,又有从实践中涌现出来的、被职工推选出来的普通人,他们在各自的岗位上做出了突出的成绩和贡献,是企业员工学习的榜样。没有英雄人物的企业文化是不完备的文化，是难以传播和传递的文化。传播企业模范人物对塑造海尔形象、赢得社会理解、建立市场信誉、获得经济效益等起到绝佳的作用，也能满足员工个人的成就需要，同时在企业内部形成一种比学赶帮超的良好局面。

建立良好的劳动条件，建设良好的娱乐休息环境以及文化设施，活跃职工的业余文化生活，能够增强企业的凝聚力，使员工对企业有认同感。海尔习惯用集体活动酿造团队气氛——每年的大小运动会、赴各地的文化传播队、与各地新闻媒介合办的大小活动、CEO与员工一起庆贺生日等，通过这些形式都能有效地传播和维护企业文化，提升集体奋斗取胜的精神，培养员工的团队意识。

四、海尔的典型理念

1. 海尔的质量理念

海尔的质量理念是"高标准、精细化、零缺陷""优秀的产品是优秀的人干出来的"。细节决定成败，什么错误都不可以忽略，但如果忽略了，就不会有今天的海尔品牌。许多企业会把事情分大小来处理，而企业管理，尤其是质量管理，是没有大小事之分的。一流的企业必先有一流的员工，保持人力资源的质量优势是增强企业活力和竞争力的关键，人是企业生产力中唯一具有能动性、创造性的主体因素。

2. 海尔的经营理念

在企业创建初期的经济困难时期，张瑞敏面对被客户退回的76台不合格冰箱，命令当着全场员工的面砸烂，这一砸在员工心中砸出了一种高度的质量意识，砸出了"质量是生存之本""卖信誉而不是卖产品""用户永远是对的"等经营理念，也向世人表明了海尔人高度的责任感。

3. "真诚到永远"的营销文化

海尔用营销文化最大限度地满足用户的需要，不断扩大市场份额。海尔从成立以来，就把诚信、质量、服务作为生产和经营的重点。海尔在服务上所做的文章，更是众所周知。给用户提供他没有想到的服务，比如，用户没想到公司能给他安三通，再比如，看到人家门口有垃圾，海尔人顺手给提下去倒掉。通过"创造感动"的过程，海尔把企业的关心与体贴送到了客户心上。"宁可损失上万元，也不给用户添麻烦"，带走用户的烦恼，留下海尔的"真诚到永远"，这是海尔在实现"质量是企业永恒的主题"的召唤。

4. 海尔的市场理念

海尔的市场理念是"创造市场""只有淡季的思想，没有淡季的产品""只有疲软的思想，没有疲软的市场""市场唯一不变的法则就是永远在变""否定自我，创造市场"。通过深入分析，进行市场调研与细分，在淡季里创造出一个市场来。依靠科研开发实力和不断创新的精神，海尔产品迅速出口到欧、亚、美、非等近百个国家和地区，受到了世界范围内消费者的普遍欢迎。

5. "斜坡球"理论

"斜坡球"理论是海尔集团完善的用人机制和激励机制的理论基础，它道出了企业发展的一般规律。企业在市场上所处的位置，就如同斜坡上的一个球，它受到来自市场竞争和内部员工惰性而形成的压力，如果没有动力，就会下滑。

"斜坡球"理论的公式是：$A=(F_{动}-F_{阻})/M$，其中：A 代表企业发展的加速度；$F_{动}$ 代表企业发展的动力之和；$F_{阻}$ 代表影响企业发展的阻力之和；M 代表企业的质量，即规模。即企业发展的加速度，与企业发展动力之和与阻力之和的差值成正比，与企业的规模成反比。

6. "吃休克鱼"理论

"休克鱼"是海尔对被兼并企业的一个形象比喻。海尔兼并青岛红星电器股份有限公司后，总结这次成功运作的经验，发明了"吃休克鱼"理论。把硬件不错，但人的观念有差距，依赖政府思想严重，产品精细化意识不强，管理不能始终如一的企业称为"休克鱼"，可以兼并。在国内企业兼并成少败多的情况下，海尔用同样的方法先后成功兼并了武汉希岛、顺德爱德、贵州风华等企业，成功率达100%。海尔一个个兼并成功的秘诀，是"吃休克鱼"理论所起的作用。

7. "东方亮了再亮西方"理论

从1984年到1991年，海尔认真地把冰箱做到全国最好。等冰箱成为名牌后，向空调、冷柜、洗衣机等其他领域扩展。海尔先发展相关系数近的产品，后发展系数远的，从"冰箱最好"扩展到"整个家电行业最好"，然后在立足家电行业的基础上，用资本运营筹集来的资金发展其他产业。这一思路被海尔人称为"东方亮了再亮西方"。这个理论包含两个原则：第一，把自己熟悉的行业做大、做好、做强，在此前提下进行与该行业相关的产品的经营；第二，进入一个新的行业，做到一定规模之后，一定要跃居这个行业的前列。

8. "人人是人才，赛马不相马"的用人理念

海尔的用人理念是"人人是人才，赛马不相马"。"人人是人才"，肯定了员工的能力，增强了员工的自信心，形成了良好的精神风貌，成为海尔发展壮大的主力军。"赛马不相马"可以在员工中形成良性竞争，消除员工的惰性，激发员工最大的潜力，从而选出最优秀的人才，成为海尔集团坚实的人才储备。

第五节　山推股份的企业文化

山推工程机械股份有限公司总部在山东省济宁市，是一家集研发、生产、销售铲土运输机械、路面及压实机械、建筑机械、工程起重机械等工程机械系列主机产品及关键零部件于一体的国家大型一类骨干企业，全球建设机械制造商50强、中国制造业500强。作为中国工程机械行业的中坚力量，一直保持着行业排头兵地位，在推土机行业连续十余年保持销售收入、销售台量、市场占有率、出口额、利润"五个第一"的优势，真正肩负起"国之重器"的责任与使命。

山推扎根于儒家文化的发源地济宁，在三十余年的发展历程中，深受儒家文化的影响，逐步形成了以"厚德坚韧 创新奋进"为内涵的独具特色的"山推文化"。山推重磅上榜央视《我爱发明》《大国重器》等黄金档栏目。公司目前拥有一报、一刊、一家园、两网、两微、专题视频、山推新闻联播等9个综合传播平台，开辟《激情山推》等15本电子内刊，先后拍摄《文化之路》《山推30年》专题片，出刊《收获》系列文化成果，开通论坛、博客、微博、微信等自媒体，先后荣获"全国企业文化示范基地"、"全国企业文化建设典范"、机械工业"十二五"企业文化建设示范单位、"山东省首届优秀企业文化品牌"等荣

誉称号，成为全国机械行业企业文化建设的优秀代表。

山推文化，是对山推生存方式、发展之道的提炼与升华，是山推人实现企业总体发展战略目标、成就山推事业的精神诉求与动力源泉，是山推人一贯恪守并在经营管理中践行的原则、精神、价值观和行为准则。

山推文化一脉相承，既源自山东人忠厚诚实的秉性，又源自"孔孟之乡"儒家文化的积淀。因忠厚诚实，山推人一心为厂，务实肯干；因忠厚诚实，山推人诚待客户，有诺必践；因忠厚诚实，山推人团结向上，齐心协力，推动山推融入国际。山推的众多管理实践和文化基因都带有典型的儒学色彩：儒家文化提倡"天生万物，唯人为贵"，山推在管理中提倡人本管理；儒家文化提倡"以信取仁"，山推人格外看重对客户的诚信；儒家文化提倡"以义统利"，山推自觉肩负起企业公民的社会责任；儒家文化提倡"天时不如地利，地利不如人和"，山推提倡"和谐文化"……

山推文化中西合璧，既具备中国企业的优秀特征，也吸收了国外先进企业的优秀基因。从三个工厂合并后的样机试制到批量生产，经过市场多年的洗礼，企业现已立足国内市场并融入国际市场，山推发展之路是中国企业发展的缩影。从最初的企业整顿、企业改制，到企业上市，公司实施了全面质量管理、精益生产管理、事业部制改革，山推体制改革与机制创新是中国企业管理演变的缩影。自引进国外先进技术的那一刻起，"创新"就扎根在山推的土壤中，从引进、消化、吸收直至自主研发，山推人始于创新，发展于创新。自与外资合作的那一刻起，"规范化、精益化"就成为山推管理的主导，一年一小步，五年一大步，从随意到规范，从粗放到精益，山推人在实践中摸索，在学习中进步。

山推文化既立足现实，又放眼未来。山推文化扎根于山推三十余年的奋斗历程，积聚了企业优秀思想，凝结了企业管理智慧，从"壮大主业、厚积薄发"，到"壮大主业、拓展新业；整合资源、精益管理；协同发展、融入国际"，山推文化从雏形到积累成长再到发展提升，其核心是近三十年来拼搏和奋斗所形成的独具特色的管理思想和经营方式。山推文化凝结了企业赢得未来竞争的思想策略，铸就了企业的核心竞争能力，令企业永续经营，持续发展，基业长青。

一、山推文化内涵：厚德坚韧 创新奋进

"厚德"源于《周易》"地势坤，君子以厚德载物"，意指大地的气势厚实和顺，君子以广厚的美德承载万物。其中"德"指对个人的品质、修养、行为的规范和要求。"厚德"指正直、厚道、诚信与质朴，这是山推的企业特点，同时也是山推事业取得成功的重要文化因素。

"坚韧"是指坚固而有韧性。"坚韧"是山推人的优良品质，是山推文化的重要内涵。"坚韧"就是做事要有"韧劲"，切不可半途而废，更不可轻言放弃，只有这样，做起事来才能勇往直前，促成点滴成功，成就宏伟事业。历经风雨，山推人不屈不挠，靠着坚韧的品质，用智慧和汗水去努力克服困难，将山推逐步发展壮大。

"创新"是山推近三十年发展的动力源泉，已经融入山推的血脉，成为山推的灵魂；同时，自主创新也是中国工程机械行业在国际化征途中的必然要求，因为没有创新，就没有未来，创新决定了能走多远、走多久！"不积跬步，无以至千里；不积小流，无以成江海。"创新是一个循序渐进的过程，因此需要鼓励创新，宽容失败，在渐进中提升自我，创造出全

新的局面。

"奋进",指勤奋努力,积极进取,奋勇前进。"奋进"不仅指山推人勤奋实干,在务实中进取,更表现出山推人的聪明智慧,以战略的眼光审时度势,在前进中抓住机遇,锐意进取,以成就山推的辉煌。作为山推文化的重要内涵,"奋进"是山推事业未来发展始终都须倡导的文化因子。

"厚德坚韧"是山推做人做事的根本要求,"创新奋进"是山推继续前行的重要保障,"厚德坚韧、创新奋进"共同构成了山推文化的内涵。

二、山推使命:自强不息,追求卓越,以一流的业绩回报客户、股东、员工与社会

"自强不息",语出《周易》:"天行健,君子以自强不息。"反映了一种自尊、自信、自主和自立的精神。"追求卓越",更是一种奋发图强、开拓创新、不断进取、不断超越的精神。"自强不息,追求卓越",反映了山推人在实现总体发展战略过程中的勇气、信心和气魄。

以一流的业绩回报客户,与客户共发展,为客户提供卓越品质的产品与服务。要成为国际化的工程机械制造商,山推需要以国际化的创新思维、卓越品质的产品、优质的服务,及时、全面、持续地满足客户多样化、差异化的需求,以"专业、专注、专心"的工作精神,为客户创造新的价值。同时,每个山推人都要树立强烈的客户意识,服务客户,珍惜客户。

以一流的业绩回报股东,与股东共繁荣,成为投资价值的缔造者。山推高度关注股东的权益,始终致力于建设卓有成效的公司治理结构,以职业精神诚对股东的信赖,坚持公司信息公开、公正、透明。山推以国际市场为舞台,提高资源的获取和利用能力,实现内外资源的优化配置,开创并保持优良的投资环境,确保股东的投资得到保值、增值,增强股东的信心,赢得股东的信赖。

以一流的业绩回报员工,与员工共成长,提升人生价值。人才是山推最宝贵的资源,也是企业的发展之本、竞争之源;而那些具有强烈使命感与杰出才干的人才,更是撑起山推雄伟基业的脊梁。山推始终本着以人为本的人文理念,坚信企业的发展离不开员工个人的成长,尊重员工的个人价值,最大限度地关心、信任员工,通过建立科学的个人职业生涯规划体系,围绕人才效用最大化原则,设计组织架构与人力资源制度,给予员工宽松的成长环境与广阔的发展空间,增强员工的满意度,最大可能地发挥个人潜能。在实现员工个人价值的同时,达到企业持续健康发展的目标。

以一流的业绩回报社会,与社会共和谐。在追求基业长青的过程中,山推人始终把自己作为整个社会的有机一分子,以促进社会和谐为企业行为准则,坚守商业基本伦理,坚守企业良知,孜孜以求改进品质,通过诚信经营、积极承担社会责任,实现客户、股东、员工与社会的和谐发展。作为享有"大国重器"盛誉的山推股份公司,一直以来,都不忘肩负社会责任。未来,山推也将继续坚守质量承诺、卓越服务,以山推制造的品质和强烈的社会责任感来回报客户和社会。

三、山推愿景:成为拥有核心技术、具有国际竞争力、可持续发展的工程机械制造商

山推要发展,就必须放眼世界,以开放的心态和胸襟,国际化的视角与思维,在国际化平台上实现资源最优化配置,形成国际化竞争优势。"只要找到路,就不怕路远",要成为

国际化的工程机械制造商，山推需要扎根中国、走向国际，实现市场、人才、技术、管理、品牌的国际化。

市场国际化：保持国内市场地位，积极开拓国际市场，为山推扩展更大的发展空间；不断扩大国际市场的销售额占总销售额的比例，提高推土机国际市场占有率；产品与零部件实现多元化，性能满足客户本土化需求，提升产品竞争力；建立国际化的营销部门，拥有一支具备国际化营销理念与经验的营销团队；建立国际化的营销渠道、技术支持和服务体系，形成完善的全球化销售网络；推进海外代理营销模式，执行对国外代理商和营销人员的激励机制，通过他们达到营销山推产品、服务，了解客户需求，预测市场趋势的目的，培养山推的忠实客户。

人才国际化：以本土人才国际化为基础，注重培养人才的综合能力和素质，建设成一支拥有高级管理人才、高端研发人才、国际化经营人才、高层次创新人才和实用技能人才的企业队伍；通过学习、交流、参观等方式培养人才，形成人才国际化视野、理念与思维；通过外部培训、内部共享等方式，提高人才的专业技能和技术水平。

技术国际化：加强自主创新能力，丰富技术研发手段，提升创新研发能力，某些关键技术接近或达到国际先进水平；实现技术团队专业化，形成以高端技术人才为核心的研发团队，具备成熟的技术创新理念与能力；建立科学研发机制，建立健全中长期研发规划，制定有效研发激励政策；以客户为导向，以满足国际客户与海外市场的需求为技术研发基本出发点和终极目标；加强国际技术合作与知识共享，加强与国际工程机械行业巨头的技术合作，促进同行间的技术交流和知识共享；选择适当时机在发达工业国家建立研发机构，与当代国际先进技术接轨。

管理国际化：管理理念上，以国际先进管理理念指导企业经营，增强企业在国际市场上的竞争活力；管理方式上，实行现代的管理模式，推行适合山推和市场竞争的组织结构，提升企业效率；管理制度上，建立健全各种规章制度，做到"决策科学、执行有力、考核到位"；实行精益管理，优化流程，提升产品品质与效益。

品牌国际化：依赖山推品牌的综合竞争优势，建立完善的品牌管理制度，实施长期的品牌战略；拥有成熟的国际营销网络，以产品引领行业发展趋势，建立高度的企业知名度与美誉度；拥有一支熟悉国际市场运作规则、了解国外客户需求、具有国际品牌运作经验的专业品牌管理团队。山推品牌宣传语：选择山推，选择未来。国际化视野，多元化山推。

四、山推价值观：人为本，德为先，新为用

"人"，创造价值，成就企业，是山推的事业根本。"德"，统领个人与企业行为，是山推的立业之基。"新"，以新为用，以新求进，是山推的发展之源。山推以人为本，以厚德驾驭企业，以创新为动力源泉，最终实现山推的和谐共赢，成为山推的核心价值观。

"天地万物，唯人为贵"出自《列子》，强调要把人放到万事万物的首位。"人为本"回答了在山推什么是最重要、最根本、最值得我们关注的。"人为本"，就是要求山推在企业经营管理过程中始终贯彻以人为出发点和中心的指导思想，围绕着激发和调动人的主动性、积极性与创造性展开我们的工作，致力于实现个人的充分、全面、快速发展。"人为本"是山推一直奉行的核心价值观，是保障山推事业顺利前进的根本。不坚持"人为本"，也就没有山推近三十年的持续和谐发展。只有坚持"人为本"的核心价值观，才能调动员工为山推事业奋斗的热情,充分发挥广大员工的聪明才智,山推总体发展战略才能得到不折不扣的实施与贯彻,山推事业才能获得新的发展。满足员工需要,为员工创造安全、舒适、健康的工作环境,改善员工的福利待遇,提供员工职业发展的空间与机会,增加员工的事业成就感。促进员工全面发展,鼓励和提倡员工自主学习,并为员工提供相应的学习环境与培训机会,从而提高员工的综合素质,使员工得到快速的全面发展,实现个人的人生价值。企业在尊重每一个员工的个性和特长并提供发展空间的同时,更应强调与同事的合作和企业整体的团队精神。山推制定的各种规章制度,均以员工的利益为根本出发点,在规范员工行为的同时,使广大员工能够获得因遵守规章制度而得到的利益。将"人为本"落到实处,真正做到关心员工、尊重员工、成就员工。

"道之以德,齐之以礼,有耻且格"出自《论语》。"德"是指个人内心的情感或信念,外显为人的本性、修养、品行。对山推人来讲,品行道德是做人之本;对山推来讲,企业伦理是立企之基。"德"是人安身立命之本,统领个人的言行举止,"小胜凭智、大胜靠德",先做人,后做事,山推需要德才兼备的人。"德为先"是山推近三十年来坚守的道德标准,是山推处理企业与员工、企业与社会的关系的根本指导原则,也是赢得客户、合作方、社会认同与尊重的前提。加强个人修养,养成良好的道德品质,提高山推人的社会公德、家庭美德,追求高尚的道德情操,不断完善自身品格,提升道德境界,用道德塑造精神,做"诚信山推人"。养成良好的职业道德习惯,遵守员工基本行为规范,忠诚、团结、效率、勤勉、守职、守时,正确行使工作权限,维护公司声誉,保守公司秘密。员工之间应以礼相待,相互合作、包容、谅解、关注他人,做到"己所不欲,勿施于人"。尊重人、信任人、培养人、育才用才、尚德尚贤是山推的人才理念。以德治企,德法相济,厚德诚信,是山推道德的立足点。恪守企业伦理道德标准,关注利益相关方的利益,做到言行合一,把道德元素融入山推的品牌形象,树立积极向上的企业形象。

"新"源于《大学》:"汤之盘铭曰:'苟日新,日日新,又日新。'"意思是如果能每天除旧更新,就要天天除旧更新,不间断地更新又更新,反映的是一种不断自我否定、扬弃与超越的精神。对山推来讲,"新为用",就是以创新求发展,通过技术创新、产品创新、管理创新、思维创新促进山推事业的持续发展。创新是企业制胜之道,也是企业前进的动力源泉,更是企业不断提升自我、超越自我的坚强后盾。山推从创立伊始就将创新作为自己成长的基因,从技术的引进、消化、吸收到自主研发,无不体现了创新的精神;如今在国际化的征途中,山推更需要倡导"新为用"的价值观,才能走得更远、更高。创新是一个系统工程,每一名员工、每一个部门都是创新的主体。创新时时处处存在,日常工作中的细节问题都是企业创新的来源,解决好身边这些细节问题就是创新。技术与工艺创新是山推保持行业领先地位的关键所在。本着逐渐改善的想法,山推利用公司内、外多种资源,实施技术驱动和市场驱动两种创新导向,在工艺、加工、制造、装配等各个环节和流程中促进点滴技术改进,同时能够利用企业整体资源优势,投入人力、物力和财力,在关键技术领域实现新技术与工艺的突破和创新。在管理模式和方式上有新的突破,以提高组织的适应能力和获取资源的能力,提高组织效率,鼓励员工创造性的工作,鼓励全公司范围内的创新行为,加强企业在成本、财务、投资、营销、采购、信息化等方面的全面提升。思维创新,保持开放的心态,鼓励不同看法、观点与思想;提倡内部竞争和外部竞争,通过竞争达到创新目的;在风险可控的前提下,容忍失败,给员工提供一个施展创意的自由空间。

五、山推精神：学习，改善，创新，超越

通过不断学习，山推不断成长；通过点滴改善，山推不断进步；通过自主创新，山推不断前进；通过不断超越，山推持续发展。面对未来竞争，山推需要继续加强学习，持续改善，并进一步将创新基因融入山推人的血液中，以不断超越的精神去开创山推新的辉煌。

六、山推理念

山推的经营理念：价值引领，共赢未来。
山推的服务理念：山推服务，时时处处。
山推的质量理念：规则第一，改善到底，共赢互信。
山推的管理理念：流程有据，执行有力，协同有序，管控有效。
山推的人才理念：尊贤敬才，唯才是用。
山推的营销理念：诚信为本，责任为先，服务为道。
山推的研发理念：专注客户体验，创新引领未来。
山推的生产理念：客户至上，精准智造。
山推的安全理念：明责任，抓预防，重落实。
山推的廉政理念：廉立身，俭养德，勤兴业。
山推的社会责任理念：创造价值，回馈社会。

七、5W1H 工作法

5W1H 即对象（What）、目的（Why）、场所（Where）、时间和程序（When）、作业员（Who）、手段（How），依次回答生产什么，为什么生产，在哪儿干，何时干，谁来干，怎么干等一系列的询问，并寻求解决问题的答案。

表 6.1 5W1H 工作法

项目	现状如何	为什么	能否改善	该怎么改善
对象（What）	生产什么	为什么生产这种产品或配件	是否可以生产别的	到底应该生产什么
目的（Why）	什么目的	为什么是这种目的	有无别的目的	应该是什么目的
场所（Where）	在哪儿干	为什么在那儿干	是否在别处干	应该在哪儿干
时间和程序（When）	何时干	为什么在那时干	能否其他时候干	应该什么时候干
作业员（Who）	谁来干	为什么那人干	是否由其他人干	应该由谁干
手段（How）	怎么干	为什么那么干	有无其他办法	应该怎么干

5W1H 分析的四种技巧：

(1) 取消：看现场能不能排除某道工序，如果可以就取消这道工序。
(2) 合并：看能不能把几道工序合并，从而提高效率。
(3) 改变：改变一下顺序，改变一下工艺就能提高效率。
(4) 简化：将复杂的工艺变得简单一点，也能提高效率。

八、JIT

JIT，是 Just in Time 的简称，中文译为"准时生产方式"，其基本思想可概括为"在需要的时候，按需要的量生产所需的产品"。

1. JIT 的核心

JIT 的核心是消除一切无效的劳动与浪费，在市场竞争中永无休止地追求尽善尽美。JIT 十分重视客户的个性化需求；重视全面质量管理；重视人的作用；重视对物流的控制，主张在生产活动中有效降低采购、物流成本。

2. JIT 的目标

JIT 的目标是彻底消除无效劳动和浪费，具体要达到以下目标：废品量最低（零废品）、库存量最低（零库存）、准备时间最短（零准备时间）、生产提前期最短、减少零件搬运、搬运量低、机器损坏率低、批量小。

3. JIT 的原则

在单个产品寿命周期已大大缩短的年代，产品设计应与市场需求相一致，在产品设计方面，应考虑到产品设计完后要便于生产；尽量采用成熟技术与流程式生产；与原材料或外购件的供应者建立联系，以达到 JIT 供应原材料及采购零部件的目的。

4. JIT 的方法

在 JIT 中，试图通过产品的合理设计，使产品易生产，易装配，当产品范围扩大时，即使不能减少工艺过程，也要力求不增加工艺过程。具体方法有：模块化设计；设计的产品尽量使用通用件、标准件；设计时应考虑易实现生产自动化。

九、OJT

所谓 OJT，就是 On the Job Training 的缩写，意思是在工作现场内，上司和技能娴熟的老员工对下属、普通员工和新员工们通过日常的工作，对必要的知识、技能、工作方法等进行教育的一种培训方法。它的特点是在具体工作中，双方一边示范讲解、一边实践学习，有了不明之处可以当场询问、补充、纠正，还可以在互动中发现以往工作操作中的不足、不合理之处，共同改善。因此也称为职场内培训。

1. OJT 的目的

OJT 的目的是让下属员工能熟练而出色地做好自己的工作，提高本部门的整体工作业绩，促进下属员工的个人成长。通过指导别人，负责培训的人自己也获得能力的提高。

2. 如何做好 OJT

首先掌握被培训者的工作情况、技能情况，即熟悉培训对象。

明确告诉被培训者，培训目标是什么，通过培训要让他们达到什么层次标准，即指明培训目标。

明确告诉被培训者，现在他们的水平和希望达到的水平之间差距还有多大，即指明差距。

明确告诉被培训者，为了消除这个差距，实现目标，需要在哪些方面学习，怎么学习，学习多长时间，即给出长期的学习与培训计划。

进一步做出详细的学习、培训内容项目与日程，即做出短期、阶段性的学习、培训计划。

十、6 Sigma（Six Sigma）管理

Sigma（中文译名"西格玛"）在统计学上是指"标准差"，6 Sigma 即意为"6 倍标准差"，在质量上表示每百万个产品的不良品率小于 3.4%。但是 6 Sigma 管理不是指产品质量，而是一整套系统的企业管理理论和实践方法。

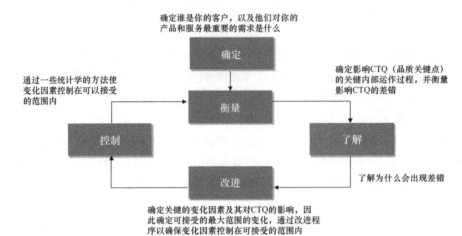

图 6.3　6 Sigma 管理

1. 确定

确定谁是你的客户，以及他们对你的产品和服务最重要的需求是什么。

2. 衡量

确定影响 CTQ（品质关键点）的关键内部运作过程，并衡量影响 CTQ 的差错。

3. 了解

了解为什么会出现差错。

4. 改进

确定关键的变化因素及其对 CTQ 的影响，因此确定可接受的最大范围的变化，通过改进程序以确保变化因素控制在可接受的范围内。

5. 控制

通过一些统计学的方法使变化因素控制在可接受的范围。

海尔企业文化小故事

案例一：砸冰箱——砸出"零缺陷"

1985 年，一位用户向海尔（时称青岛电冰箱总厂）反映：工厂生产的冰箱有质量问题。于是张瑞敏突击检查了仓库，发现仓库中有缺陷的冰箱还有 76 台！当时研究处理办法时，

干部提出意见：一是返工修理，因为都是一些轻微的质量问题，修好并不难。二是降价作为次品销售，当时中国还是卖方市场，老百姓口袋里的钱也不多，这种办法也是可行的。三是作为福利处理给本厂的员工。

然而张瑞敏看到的并不只是这76台冰箱，考虑的不只是财务问题，他更加看重的是造这些冰箱的人，着重考虑的是怎样通过这件事来教育和感化全厂的职工。处理办法终于想出来了：开一个全体员工的现场会，令直接责任者自己用铁锤当众把这76台冰箱砸毁！听闻此言，许多老工人当场就流泪了……要知道，那时候别说"毁"东西，企业就连开工资都十分困难！况且，在那个物资还紧缺的年代，别说正品，就是次品也要凭票购买的！如此"糟践"，大家"心疼"啊！当时，甚至连海尔的上级主管部门都难以接受。但张瑞敏明白：如果放行这些产品，就谈不上质量意识！我们不能用任何姑息的做法，来告诉大家可以生产这种带缺陷的冰箱，否则今天是76台，明天就可以是760台、7600台……所以必须实行强制措施，必须有震撼作用！因而，张瑞敏选择了不改变初衷！

那天，随着一声令下，"咣当""咣当"一阵阵铁锤声，那一排排冰箱，统统变成了一片狼藉的"工业垃圾"。其实，那锤子看上去是砸在冰箱上，实质上却是砸在冰箱厂人的心上或思想上。特别是挥动锤子执行这"光荣使命"的直接责任者，那真是一锤下去，心中一个痛啊！痛心的不是自己现在砸毁了这些冰箱，而是自己在生产这些冰箱时砸烂了自己厂的牌子。正是这一声声很难说清其酸甜苦辣的锤击，真正砸醒了海尔人的质量意识，既然"高质量的产品是由高质量的人干出来的"，那么谁都愿意"高质量的人"是自己！正是这震撼心灵的"砸举"，彻底摧毁了职工们"产品有点质量问题没有什么大了不起"的思想意识，砸掉了"二等品"观念，树立起海尔人"重质量、创名牌"的新观念："要么就不干，要干就要争第一。""只要市场上有比海尔冰箱更好的产品，我们就一定要超过它。"三年以后，海尔人捧回了中国冰箱行业的第一块国家质量金奖牌。

案例二：激活"休克鱼"

1995年7月，青岛市政府决定把红星电器股份有限公司整体划归海尔集团。红星电器本来和海尔一样在青岛市是重点企业，后来由于经营不善，在海尔成为中国家电第一名牌时，红星电器却亏损1亿多元，资不抵债。

此时，在张瑞敏面前摆着一个艰巨任务：如何操作？如何发展？于是，张瑞敏首先提出一个问题：红星电器失败于何处？是技术问题、资金问题，还是员工问题？而他认为：红星的失败，不是少技术，也不是少资金，更不是员工不好，关键是管理不到位，职工凝聚力差，缺乏将现有生产要素有效组合的灵魂。而海尔员工、干部有共同认可的价值观，形成了海尔文化。因此，我们当前的紧迫工作就是将海尔文化输入红星。只要思想认识一致了，统一了，一切都好办。文化是企业灵魂，无形资产可盘活有形资产，通过海尔文化和海尔管理模式可以激活红星。

在划归第二天，杨绵绵就率领企业文化、资产管理等五大中心的管理人员进驻红星，输出海尔企业文化，实施"文化先行"的管理理念，营造公开、公平、公正竞争的文化氛围，灌输并实践海尔的生产经营理念。张瑞敏到红星全体中层以上干部会上推心置腹地讲述自己的管理心得体会，从分析红星亏损的主要原因出发，讲解海尔OEC管理的精神内核，要求大家从我做起，从现在做起，从我出成果，从今天出成果，全方位地对每天、每人、每件事进行清理、控制。

海尔人在红星电器烧的第一把火,就是让原来所有的干部和全厂职工一起参加干部岗位竞争。原来的科长可以竞争处长,原来的处长也可以竞争科长,工人也可以参加干部岗位竞争。结果,原来的一百多名干部,通过竞争上岗的只有三十多人;从来没有当过干部的人,有十多个通过竞争成了干部。这件事,一下就把大家的积极性激发出来了。公开、公平、公正竞争的氛围是一股强大的推动力,人们不知不觉地就被推动得从迈方步到跑步前进了。中央电视台记者去红星电器采访,工人们说,进入海尔集团之后,自己也感到不理解,同样的机器,同样的人,为什么会完全变了个样?他们原来最愿意干的一件事就是上厕所,因为厕所离厂比较远,慢点儿走一个来回要二十来分钟,叫上四五个人出去转一圈,一个多小时就过去了。他们现在上厕所都是跑着去的,海尔集团其实并没有这样的要求,是工人自己的自觉行为。

就这样,海尔没有增加一分钱的投资,没有换一台设备,结果是:兼并的当月即1995年7月,亏损了700万元;8月、9月仍然亏损,但亏损额大大减少;10月份达到盈亏平衡;11月份盈利15万元,年底完全摆脱困境。

被救活了的红星电器的职工们,牢固树立了"只有淡季思想没有淡季产品"的经营理念。他们开始把目光投向市场,决心开发出多种多样的产品,使本厂没有淡季。"小小神童"洗衣机就是填补淡季的产品。它是针对夏季的上海市而设计的,因为上海人很喜欢清洁,每天都要洗衣服,而一般的洗衣机都太大,夏天的衣服比较少,很需要"小小神童"这种体积比较小、耗水和耗电都比较少的洗衣机。"小小神童"一生产出来就往上海送。果然不出红星厂设计人员所料,其一上市就大受欢迎。在北京等一些大城市,也出现供不应求的局面。结果,在过去认为是淡季的日子里,红星电器的生产已经忙不过来了。

课后练习

1. 西门子是如何对企业员工进行激励以及通过何种渠道将企业文化传达给员工的?
2. 福特汽车公司用企业文化推动企业的改革,他们有什么成功的经验和启示?
3. 松下公司视员工为企业的主人翁,在实际行动中是如何体现的?
4. 企业文化对海尔的发展起到了什么作用?从中我们可以得到哪些启示?
5. 山推股份是如何推进和实施企业文化的?
6. 以小组为单位,结合所学专业特点,创建模拟公司,比如:机械产品创新设计公司、设计咨询公司和管理咨询公司等,小组成员在教师指导下参与公司组建,模拟制定出各自公司的经营理念、企业精神、价值观念和道德规范等,并通过多种有效手段进行贯彻落实,使每位学生在实践过程中体会认识到一个企业人所应该具备的素质。
7. 以班级为单位,去当地有代表性的企业进行参观交流,亲身感受企业的经营理念、人才理念、企业精神等,并撰写心得体会。

第三篇

企业名人篇

第七章

装备制造业名人故事

第一节 陈舟——创业型名人

1995年大学毕业后，陈舟就来到秦川机床集团，后离开。直到2008年，离开机床行业多年的他加入山东永华机械有限公司，重新步入机床行业，一干就是十年。

山东永华机械有限公司成立于2007年，成立之初公司主要从事各类金属模具的设计、生产。拥有各类金属加工设备、数控机床等仅三十余台（套），注册资本660万元，年生产各类模具八百余套（件），年完成产值2000万元。公司产品单一，规模小，市场竞争力弱，社会经济效益不显著。

图7.1　山东永华机械有限公司总经理陈舟

公司成立后第二年，就遇上世界金融危机。当时市场萎缩、库存积压、企业裁人、前景暗淡，就连股神巴菲特都建议"现金为王"。抄底需要勇气、需要经验，更需要的是对未来市场的信心。山东永华怎么办？是静观其变、暂停项目、明哲保身，还是继续投入，以低价格拿到配套件？这一年刚好陈舟来到了山东永华。陈舟非常看好国内的机床行业市场，认为国内机床市场发展空间大。作为高速发展中的、世界第一的中国机床市场，不可能因为金融危机而戛然而止。于是陈舟带领山东永华毫不犹豫地选择了后者，成功抄底。

为提高企业核心竞争力，提升企业产品科技水平，公司顶点定位，谋划发展。2008年6月投资2.6亿元，年产1000台数控机床的加工项目奠基开工，项目占地110亩[①]，高标准规划、施工，被济宁市确定为重点工业投资项目。2009年6月该项目一期工程竣工投产，新增就业岗位200个，同时公司也完成了资本升级，注册资本达到4575万元。2010年4月斥资上亿元开工建设二期龙门加工中心项目，2012年9月正式投产，该项目拥有同行业中最

---

① 1亩＝666.67平方米。

大的 15000 平方米恒温无尘装配车间，采用最新节能环保的地源热泵技术实现对整个车间的恒温净化控制，新增二十余台（套）进口高精尖加工设备和检测仪器，为永华生产各类高精密加工中心主机奠定了坚实的基础。2013 年，永华机械三期重型龙门镗铣加工中心竣工投产。

陈舟凭借多年的机床行业销售经验，把公司的产品定位为以下模式：以中端数控机床为基础，以高、中端产品为主导，最终走向高端市场。在开发高端市场的同时，将建立更多中高端客户群。目前公司的主要产品有大型龙门加工中心、高精密卧式加工中心、高速立式加工中心等，产品广泛应用于汽车、船舶、电子、模具制造等多个领域，部分高档机床已远销欧洲市场。而且陈舟还要求公司秉持"产品第一，精诚合作"的经营理念，始终以完善的客户服务体系为用户提供高品质的售前、售中、售后服务和专业的技术支持，辅助用户完成高复杂度的加工任务。山东永华在陈舟的带领下，已经在国内机床业开辟出一片天地，凭借优质的产品和服务，在全国十多个重点省市地区设立销售办事处和售后服务网点等，谱写出机床行业的一段成功传奇。公司于 2008 年通过了 ISO 9001 国际质量体系认证，并在 2010 年一跃成为鲁西南地区最大的加工中心研发生产企业，产品品质、服务水平皆处于行业领先地位。企业多次获得"守合同重信用企业""安全生产工作先进单位"等荣誉称号。

凭借积极的创业创新精神，陈舟先后荣获了"2013 年度济宁市优秀创业青年""兖州市十佳创业青年"等多项荣誉称号，同时兼任兖州区政协委员、济宁市青年企业家协会理事、济宁市机械行业商会理事等社会职务。

陈舟用自己一贯的优异表现践行着自己的所思所想，一如他经常所讲的："爱岗，是我们的职责；敬业，是我们的本分；青春，是我们的资本；奉献，是我们的追求。"

第二节　梁稳根——自主创新振兴民族工业

图 7.2　三一重工股份有限公司董事长梁稳根

梁稳根，1956 年 1 月出生于湖南涟源的一个山村，1983 年毕业于中南矿冶学院（现中南大学）材料学专业，高级工程师。1983 年至 1986 年在兵器工业部洪源机械厂工作，曾任计划处副处长、体改委副主任。1989 年下海创办涟源特种焊接材料厂。1991 年将企业更名为湖南三一集团有限公司，并担任董事长，是三一集团的主要创始人。1994 年，湖南三一重工业集团有限公司正式成立；1995 年更名为三一重工业集团有限公司；2000 年，重组成立三一重工股份有限公司。2003 年，三一重工在中国 A 股成功上市。

梁稳根的梦想是"种植一块中华民族工业的试验田，铸造中国的世界名牌"。矢志振兴中国民族工业的三一重工快速发展成为以高科技为支柱的国际型产业集团，主导产品有工程机械、超硬材料、焊接材料、客车、网络通信设备等。三一重工成为湖南民企第一股、中国工程机械民企第一股，成为中国最大的工程建设机械制造企业之一，拥有近 100 项国家技术专利，产销量在同行业位居前列。公司出口业务已经拓展到土耳其、中国台湾、中国澳门、东欧、非洲、东南亚、南亚、中东、俄罗斯、南美等国家和地区，树立了中国民族工业良好的品牌形象。

多年来，梁稳根率领的三一重工始终坚持自主创新的道路，为中国工程机械赢得了国际声誉。2002 年 9 月，在香港国际金融大楼施工现场，三一混凝土泵将混凝土送上了 406 米的施工面，比原来由国外老牌企业创造的 308 米的世界纪录提高了将近 100 米！2003 年 9 月，在举世瞩目的三峡三期工程工地上，三一重工新一代三级配混凝土输送泵试打成功，使输送三级配混凝土成为现实，填补了国内外工程机械领域的又一项空白。通过自主创新，三一重工混凝土泵车三次刷新长臂架泵车世界纪录，三一重工高压力混凝土输送泵多次创世界单泵垂直泵送世界新高。同时，三一重工还成功研制出世界第一台全液压平地机、世界第一台三级配混凝土输送泵、世界第一台无泡沥青砂浆车、亚洲首台 1000 吨级全路面起重机、全球最大 3600 吨级履带起重机、中国首台混合动力挖掘机、全球首款移动成套设备 A8 砂浆大师等，不断推动"中国制造"走向世界一流。

三一重工 6S 中心已遍布全国主要大中城市，在全球拥有近 200 个销售分公司、两千多个服务中心、近万名名技术服务工程师。三一重工相继在印度、美国、德国、巴西投资建设研发和制造基地。自营的机制、完善的网络、独特的理念，将星级和超值服务贯穿于产品的售前、售中、售后全过程。

凭借卓越的产品质量和优秀的售后服务两把利刃，凭借产品性价比上的绝对优势，凭借系统、规范的市场营销和服务体系，三一重工迅速抢占国际市场。三一的出口业务蒸蒸日上，不仅树立了中国民族工业良好的品牌形象，而且为国家创造了大量的外汇收入。

第三节　牛宜顺——敢为人先创大业，回报社会为人民

牛宜顺，1955 年 1 月出生，高级经济师，1982 年加入中国共产党，现任山东华勤集团党委书记、新马青党委书记，先后获得"全国劳动模范""济宁市优秀共产党员""济宁市八五功勋企业家""山东省劳动模范""山东省优秀乡镇企业家""全国优秀乡镇企业家""风云鲁商"等荣誉称号。他所领导的公司先后荣获国家农业部、化工部"中国行业最大规模乡镇企业""全国乡镇企业科技进步先进单位""山东省重合同守信誉企业""利税双过千万优秀企业""AAA 级信用企业"等荣誉称号。

图 7.3　山东华勤集团党委书记牛宜顺

牛宜顺是在兖州市、济宁市乃至山东省都为多数人所熟悉的名字，很多人都知道他是优秀的企业家，都熟悉他将一个只有资产几万元的乡镇企业发展成为拥有固定资产60亿元的大型企业集团的创业经历，但更多的人知道他是一位致富不忘乡亲、真情回报社会的党委书记，是一位热心于公益事业、热衷于慈善事业的慈善家。

1989年，牛宜顺顶住压力、克服困难，毅然创建胶带厂，并在急剧变化的大时代中抢抓机遇、锐意进取，伴随汹涌澎湃的经济大潮，走出一条成功的创业之路。1997年，国家提倡企业改制，牛宜顺个人出资600万元，一次性买断企业内部集体资产产权，成了一家民营企业的老板。第二年，与法国德普勒合资之后，华勤的生产技术突飞猛进。他最初创办的胶带厂现在已发展成为一家以科技研发、生产经营汽车轮胎、工业用输送带为主，集电力、化工、生物工程、国际贸易于一体的大型民营企业集团。

多年来，牛宜顺在带领华勤集团快速发展的同时，将"顽强拼搏、锐意进取"的经营理念与"成己达人、回报社会"的宗旨相结合，从未停止造福一方、回报社会的脚步。他在企业中积极倡导造福一方人，爱心献社会的责任理念，强化企业文化的渗透，努力打造一个积极履行社会责任的现代化、国际化企业，并将履行社会责任放在一个很高的位置上。

牛宜顺积极倡导实施惠民工程。他总是说做事先做人，一人富了不算富，带领大家共同富，才是一个共产党员的职责。华勤集团从一个乡镇企业发展成为现代化的大型企业，离不开当地人民的大力支持，所以在企业的发展壮大中也一直致力于当地新农村的建设，实现老百姓的富裕。牛宜顺先后投资4600万元对大马青村、小马青村进行旧村改造，新建了24幢高标准居民住宅楼；投资600万元为小马青村建起高标准小学、幼儿园；新修了村内、村外的道路、自来水等设施，扶持建立起了年产万吨蔬菜的农业龙头企业，并为周边村民免费供电、供暖；同时为周边地区失去土地的农民免费培训技能，使其上岗就业，解决了一千多人就业难的问题。另外，还为村里60岁以上的老人每人每年发放补贴，过年过节时发放慰问礼品，真正实现了村企合一，受到农村干部群众的广泛赞誉。

牛宜顺一直关注社会公益事业。其中包括对本地弱势群体的扶助和本地学生的奖学金设立。牛宜顺一直认为和谐社会的建立既要有财富的积累，更要有人文的和谐，他经常说财富重要，和谐更重要，和谐社会的建立更体现在弱势群体生活质量的提高上，因此每年他都为周围的弱势群体和贫困家庭捐赠一定数额的资金，用于他们生活的改善。同时，作为一个土生土长的农民企业家，他更感到知识的重要性，坚信知识改变命运，他特地在当地设立了奖学金，用于奖励家庭困难、品学兼优和考入大学的学生，他的目标是将奖学金的设立发展成为一个长期、持续性的公益平台，未来可以加载更多教育及养护的公益项目，以便帮助更多的学生接受教育。自然灾难很难避免，但对受灾群众的帮助不难办到。2007年7月，牛宜顺向兖州慈善总会捐赠18万元，用于突发自然灾害的救助。在2008年"5·12"四川地震后，牛宜顺在第一时间向四川灾区捐款60万元，他也是兖州市第一个向地震灾区捐款的企业家。他说："震灾是对企业文化与企业管理的考验，是对一个具有责任心企业家的考验，只有同时具备管理能力与责任感的企业，具有强烈责任心的企业家，才能够把握中国经济发展的脉搏，得到民众的信任，并紧紧抓住灾区那一双双吁求援助的手。"

牛宜顺坚持"敢为人先创大业，回报社会为人民"的做人做事原则，乐善好施，扶贫济困，贡献社会。他十多年如一日，积极投身社会公益事业，广博的爱心和执着的追求，使他成为全市民营企业家中扶残助残的带头人、捐资助学的慷慨人、抗震救灾的热心人、关注贫困的有心人,在社会慈善和公益事业的广阔领域里,都留下了他动人的事迹。尽管他是一个拥有几十亿资产的企业家、一个荣誉满身的优秀共产党员,他所带领的企业也获得过省市和国家级的四十多项荣誉,但他依然过着普通人的生活,因为他为自己设定了更高、更远的公益目标,他将把扶弱济贫、匡扶正义的传统美德继续发扬光大,会将更多的财富贡献给社会。

第四节　谭旭光——工人起步的企业家

谭旭光,1961年2月出生,中共党员,天津大学机械制造与自动化博士,高级经济师,十届、十一届、十二届全国人大代表,现任山东重工集团有限公司董事长、党委书记,潍柴控股集团有限公司董事长,潍柴动力股份有限公司董事长兼 CEO,潍柴重机股份有限公司董事长,兼任中国工业经济联合会主席团主席,中国机械工业协会副会长,中国企业联合会/中国企业家协会副会长,中国内燃机工业协会理事长。

谭旭光 1977 年高中毕业后进入潍柴,被分配到研究所当试验工人,此段长达 10 年的经历,令他对柴油机产品有了完整系统的认识,亦培养了他前瞻、开阔的思维方式。

图 7.4　潍柴控股集团有限公司董事长谭旭光

他从 1980 年起便担任潍柴技术中心团支部书记,负责共青团工作。在这段时间里,他结合青年工作的规律,开展了许多符合青年需求的活动,他组织的潍柴"青年之家"活动成为全国典型,荣获"全国优秀青年之家"称号。

1987 年,潍柴组建外贸小组,调谭旭光当业务员。1989 年他代表公司前往北京主管部门递交在广交会上参展的申请,从机械工业部争取到了允许在广交会上单独设立潍柴的展位,潍柴因此成为全行业第一个越过进出口公司可直接和外商做生意的企业。不久,公司派他常驻印尼,任首席商务代表。谭旭光在印尼这个千岛之国,踏遍了每一个岛屿,一年时间潍柴发动机在印尼的销量增长了十几倍。由于业绩骄人,他继而被提拔为厂外贸处处长、外贸公司总经理。从 1992 年到 1998 年,在他的带领下,潍柴的外贸进出口从弱到强,硬是将出口额从 30 万美元做到了 6000 万美元,占据了潍柴年度总销量的半壁江山。10 年的外贸生涯使谭旭光对国际柴油机产品及市场有了深刻而全面的了解,为他日后的成功打下了坚实的基础。

1998 年年初,拥有上万人、建厂五十多年的潍坊柴油机厂已 6 个月发不出工资,由于欠息、欠税、欠费,厂里经常断水、断电、断原料,人心涣散,濒临倒闭。年仅 37 岁,时任潍柴厂副厂长兼进出口公司总经理的谭旭光被任命为厂长,成为潍柴历史上最年轻的厂长。

1998年6月27日上午9时,潍柴召开了潍柴管理干部班组长会议。会上,谭旭光做了45分钟的讲话,提出了著名的"约法三章":坚持原则,敢抓敢管,不做老好人,不当太平官;扑下身子,真抓实干,为企业干实事,为职工办好事;以身作则,清正廉洁,要求职工做到的,我们首先做到,不允许职工做的,我们坚决不做。"约法三章"后来成为潍柴领导干部做人做事的标准。

　　为使企业走出困境,他带领潍柴开展了卓有成效的改革。首先,开展了劳动、人事、分配制度三项制度改革和"三三制"产权改革,将一个计划经济体制下的大企业再造为适应市场经济的、有竞争力的全新企业。其次,调整思路,迎难而上,拓宽了配套市场。上任头两年,他亲自跑市场、走访客户,凭着执着精神和责任感,带领潍柴彻底扭亏为盈。同时,通过实施产品经营和资本运营双轮驱动,延伸了产业链条,完善了产业布局。其中对潍柴乃至行业影响最为深远的就是重组湘火炬。潍柴从此拥有了国内唯一的重卡发动机(潍柴)、商用车(陕重汽)、变速箱(法士特)、车桥(汉德)、汽车零部件(湘火炬火花塞、株洲齿轮)的黄金产业链。

　　1998年,潍柴的销售收入不到6亿元,而到2011年达到983亿元。媒体形容潍柴是"十年创造了百倍的增长速度",企业也从一个濒临破产的小公司发展成了国内装备制造行业的领军企业,真正重塑了潍柴辉煌。

　　2009年以后,是山东重工和潍柴全面走向国际化的时期,重要标志就是实现了跨国并购"三部曲"。2009年6月18日,经山东省政府批准,以潍柴集团为主体,联合山东工程机械集团、山东汽车集团,组建了山东重工集团,由谭旭光担任董事长、党委书记。他的职业生涯进入了全新的阶段,全球化发展成为他最为关注的事情。

　　2012年1月,潍柴集团出资3.74亿欧元并购了意大利法拉帝集团,进入高端消费品制造领域,推动公司从单纯依靠投资拉动向投资与消费双重拉动转型。

　　2012年9月,潍柴动力出资7.38亿欧元,并购了德国凯傲集团30%和林德液压业务70%的股权,掌控了全球高端叉车和高端液压核心技术。

　　由于谭旭光在公司产权改革、产品运营、资本运营和产业布局规划等方面的卓越成就,2005年和2010年他先后两次被评为CCTV中国经济年度人物。2011年12月,他被评为"2011年度中国十大创新人物"。2013年1月,他当选"上市企业最具影响力资本人物"。

第五节　胡胜——"大国工匠"的金属雕刻人生

　　中国自古就崇尚工匠精神。"庖丁解牛"的故事广为人知,"鲁班精神"更是家喻户晓……今天,在我们身边,更不乏秉持工匠精神之人。他们的成功之路不是上名高中、进名大学,而是追求职业技能的完美和极致。靠着传承和钻研,凭着专注和坚守,他们成为国宝级的顶级技工,成为一个领域不可或缺的人才。他们在平凡岗位上几十年如一日地潜心研究,看似从事着普通的工作,却用精湛的技艺、专注的精神,参与着我国最尖端的科技项目。"技可进乎道,艺可通乎神。"在炉火纯青的技艺锤炼中,高级技工们不仅可实现自我价值,更为奔腾向前的创新时代注入动力。

　　央视纪录片《大国工匠》让人们了解了一个特殊的群体。他们是焊工、钳工、研磨师……却在各自的工作中做出了贡献,成为行业中的领军人物。他们数十年如一日地追求着职业技能的极致化,靠着传承和钻研,凭着专注和坚守,缔造了一个又一个的"中国制造"。那些在车间里的传承和钻研、专注和坚守,让不少网友惊叹,"原来还有这样一群人的存在"。火箭"心脏"的焊接人高凤林,他在0.16毫米宽度的焊点上,创造出神奇的"火花艺术";中国商飞上海飞机制造有限公司高级技师胡双钱,从业三十多年,加工过数十万个飞机零件,从没出现过一个次品……每一个技艺精湛的工匠背后,都有常人难以想象的付出,比如忍受着"铁屑飞下来烫到脸上就烫一个泡"的痛苦。

图7.5　中国电子科技集团公司第十四研究所三厂数控车高级技师胡胜

胡胜,中国电子科技集团公司第十四研究所三厂数控车高级技师,我国精密加工制造领域的领军人物,被誉为"工人院士"。从一名职高毕业生成为全国数控技能大赛职工组数控车第一名、全国技术能手,荣获中华技能大奖,胡胜在车床上诠释着精益求精、追求完美极致的工匠精神。

"在金属上进行雕刻"

空警2000预警机,是我国自行研制并形成战斗力的大型预警机。机身上方安装的雷达,可以360度全方位覆盖,2009年国庆阅兵仪式上首次亮相,便震惊世界。这个雷达关键零部件的加工生产,是由胡胜带领团队完成的。在最初研制过程中,雷达滤波器结构件生产遇到了技术瓶颈,其对精度的要求苛刻,有的误差要求不能超过一根头发丝的1/10(0.005~0.008毫米),甚至要达到0.004毫米的精度,哪怕一丝划痕也不能出现。当第一批加工样品送检时,被列出了多项问题。胡胜整天泡在车间里,没日没夜地阅读资料、与同行切磋、开机实验……经过两个多月的攻关,最终加工出合格产品,打破国外技术封锁,为研制生产出中华民族的"争气雷达"奠定了基础。

明朝曾有人著文《核舟记》,描写一个手艺奇妙精巧之人,"能以径寸之木为宫室、器皿、人物,以至鸟兽、木石,罔不因势象形,各具情态",赞叹其"技亦灵怪矣哉",而胡胜的"核舟记"则刻写在金属件上。

胡胜的日常工作就是在一千多种刀具中,快速准确挑选出最合适的一款,且加工出的产品精度误差不超过0.004毫米。胡胜先后在机载火控、机载预警、舰载火控、星载等一系列具有国际先进水平的重点科研项目中,承担关重件(关键件、重要件)加工七十多项,攻克了毫米波雷达的波纹管一次车削成形、机载火控雷达反射面加工变形等技术难题。

"事业精心,工作精细,产品精致,团队精锐"——十四所三厂车间墙上、车床上方悬挂的标语,诠释了胡胜及其团队的作风。

"心静不下来,活儿干不了"

雷达零部件对精度的要求苛刻,还在于需要加工者选取不同的刀具。要想精雕细琢,首先要能快速准确地从一千多种刀具中选出最合适的那一款。胡胜将一千多种刀具按照使用功能及其材料构成加以分类,经过两次筛选,剩下十几种或几种刀具备选,然后结合加工材料的特性再选择刀具。

每当遇到一种新材料,胡胜需要先仔细研读金属材料手册,掌握材料的物理特性、金相图等,再努力寻找材料中一些关键的"细枝末节",最后结合自己的经验,选取最合适的刀具进行加工。最快的时候,胡胜试做一个零件就能找到合适的刀具和切削参数,而一般人常常要做几个,甚至更多的零件才能最终找到合适的刀具。"挑出来的刀具,常常不能满足要求,一些非标刀具,必须手工打磨。"胡胜说。打磨刀具是件辛苦活儿,更是件技术活儿。心静不下来,活儿干不了。打磨刀具必须精心、静心,稍有不慎,不仅会毁了刀具,甚至会出现工伤事故。别人打磨的刀具往往只能使用十几次,而胡胜打磨的刀具则可以上千次地使用。

电脑编程主要解决产品造型问题,而雷达零部件加工关键是精度。有的零部件要求加工精度不超过 0.004 毫米的误差,而现有机床的精度只能达到 0.005 毫米。怎么办?胡胜通过掌握材料的热膨胀率,再了解加工、检验时的温度,算出其中的温差,最后将精度做到了 0.003 毫米。加工精密零部件时,对操作工的手感要求极高。如果力度过大,产品就会变形,力度太小又做不出形状。对此,同事张立松说,别人在休息,胡胜总是一次次反复进行实验操作。长期的积累,对精致的追求,使得胡胜的手感"炉火纯青",掌握分寸"不差毫厘"。

"我会干好工匠活儿,直到退休"

因为觉得当技工前途不大,当年职高班上的 32 名同学,如今只有胡胜一人还在坚守。

他说:"不管做什么事情,只要用心执着去做,就会出成果。在十四所,不断面临新材料、新工艺对雷达研制生产带来的挑战,而迎接挑战,追求完美极致正是最让我有存在感的事情。我会在数控岗位干好工匠活儿,直到退休!"

这种执着,从胡胜 17 岁职高毕业后,进入一家国有工厂当车工、开始接触数控车工技术的一刻起,就在他头脑中渐渐萌发。8 年后,胡胜因为技艺精湛被作为特殊人才引进到十四所,成为该所第一批数控机床操作工。也正是从那一刻起,胡胜"大国工匠"的成长之路踏上新征程。

调研当地的制造业名人,讲述名人故事,分享体会。

第四篇

职业素养篇

第八章

工匠精神

第一节　工匠精神的内涵

《说文》里记载："匠，木工也。"今天，"匠"早已从木工的本义演变为心思巧妙、技术精湛、造诣高深的代名词。"工匠"就是指有技艺专长的人。工匠们喜欢对自己的作品精雕细琢，不断改善自己的工艺，苛求产品的极致质量，把品质从99%提高到99.99%，享受着产品在双手中升华的过程。所谓"工匠精神"，就是指工匠对自己的产品精雕细琢、精益求精的精神理念。

德国和日本，一直被视为两个最具工匠精神的国家。其实，在中华民族优秀传统文化里，从不缺少工匠精神的精髓。数千年历史中，既有鲁班、黄道婆这样的大师级工匠，也有同仁堂、云南白药、茅台酒等老字号品牌，当代更有华为、海尔、格力等一批可与跨国巨头争锋的龙头企业，这都是中国工匠精神的典范。可以说，在追求极致、精益求精、精雕细琢等方面，中外的工匠精神内涵没有本质差别。

鲁班，姓公输，名般，鲁国人（都城山东曲阜，故里山东滕州），出身于世代工匠家庭，由于父兄们耐心地传授，加上他的勤奋学习和对极致的不断追求，长大后成了一名技艺高超的木匠，制作出攻城用的"云梯"、舟战用的"勾"，创制了"机关备制"的木马车，发明了曲尺、墨斗、刨子、凿子等各种木作工具，还发明了磨、碾、锁等。作为"百工圣祖"，鲁班流传给后世的，不单单是他发明的工具，还有渗入血液的"工匠精神"！

图8.1　中国古代大师级工匠——鲁班

庖丁解牛的故事家喻户晓。厨师给梁惠王宰牛。其手所接触的地方、肩膀所依靠的地方、脚所踩的地方、膝盖所顶的地方，哗哗作响；进刀时没有不和音律。梁惠王问："你解牛的技术如何高超到这种程度啊？"厨师回答说，要依照牛体本来的构造去宰去解，他的刀刃始终像刚磨过一样锋利。厨师还说，每当碰到筋骨交错、很难下刀的地方，他便格外小心，提高注意力，动作缓慢，把视力集中到一点……庖丁解牛的故事告诉人们一个道理，做任何事只有做到心到、神到、手到，才能达到出神入化的境界。

工匠精神的内涵应包括以下几个方面：

1. 精益求精、完美极致的品质追求

精益求精是工匠精神最为称赞之处。精益求精,"精",完美;"益",更加。已经非常完美了,还要做得更加完美。完美极致是匠人的追求,没有最好,只有更好。《诗经》里就歌咏过对玉器、石器的加工"如切如磋""如琢如磨"。"庖丁解牛"的故事广为人知,"班门弄斧"的故事更是家喻户晓。匠人匠心出精品,历代能工巧匠们匠心独具,从"雨过天青云破处"的汝窑瓷器到"无须一铁一钉"的古建筑榫卯结构,创造了独具风韵的"东方制造"。

精益求精,为了把品质从99%提高到99.99%,不惜花费大量的时间和精力,孜孜不倦,反复改进,不达标准不罢休,将产品和服务的每个细节都尽可能做到完美和极致,做出让客户无可挑剔的一流产品。

李斌,上海电气液压气动有限公司液压泵厂数控工段长。液压泵是李斌所在工厂的主要产品之一。受制于技术水平,国产液压泵的最高转速总在每分钟2000转以下,而世界最高水平每分钟能达到6000转。我国高端工程机械配套的高端液压泵大部分依赖进口。李斌主动向上级提出承担攻关任务,决心彻底改变我国液压技术落后的面貌。这一重点攻关项目需要攻克的是世界级难题,有11个关键技术难点,工厂的技术人员前后攻了二十多年都没有解决。加班是李斌和工友的常态。经过二百多次试验,他们终于将11个关键技术一一攻破,使自产液压泵的工作压力由250千克上升到350千克,转速由每分钟1500转上升到每分钟6000转,主要技术性能达到国际先进水平,从此打开了我国工程机械行业的高端市场。李斌说:"把简单的工作做到极致,就是工匠精神。现在社会上很流行'差不多',对于工作、对于生活,什么都是差不多,但拥有工匠精神的人能做到百分百,就不会允许自己做到99.99%。"

图8.2 上海电气液压气动有限公司液压泵厂数控工段长李斌

2. 严谨细致、执着专注的工作作风

工匠做事严谨细致,一丝不苟,对产品采取严格的检测标准,确保每个部件的质量,不达要求绝不轻易交货。

工匠做事执着专注,一生只做一件事,一件事就做到极致。他们认准自己的目标就不轻易妥协和放弃,甘愿为一项技艺的传承和发展奉献毕生才智和精力,执着一生,坚守一生。因为全神贯注,所以持之以恒,因为持之以恒,所以以之为乐。就像《我在故宫修文物》里的那些匠人师傅们,如果没有镜头的记录,或许他们还会一直默默地在故宫修复文物,一辈子只做好一件事。

在湖南天雁机械有限责任公司有这样一名"手艺人",坚守岗位30年,成为行业里的"镀铬工状元"。他就是热表车间镀铬班班长甘军华。因镀铬是有毒有害工种,能长时间坚持下来的人寥寥无几。甘军华不到17岁就开始从事镀铬工作,成为车间里工作时间最长的"元老级"人物。甘军华的工作就是给气门镀铬。镀铬有10道工序,溶剂配比最危险,也最关键。但溶剂配方和槽液浓度不好掌控,过程看不见摸不着,稍微高出一点或低一点,产品质量就会大打折扣。他认为干了镀铬这一行,就得把这行的功夫钻透、钻烂、钻到极致。因此,甘军华先后自费购买几十套专业书籍自学,并虚心向师傅和同事请教,在实践中埋头摸索。终于,他将每道工序、每项工艺、每个细节、每种原理弄得滚瓜烂熟,练就了一双"火眼"和"神手",凭着肉眼观察和手感触摸就能判断生产是否正常、是否有异常及可能存在的问题。甘军华说:"每天对着溶剂,看了30年了,早已烂熟在心。"除了吃饭睡觉,其余时间几乎都守在车间,甘军华取得的成就,与他"一生只做一件事"的坚守密不可分。

图8.3　湖南天雁机械有限责任公司甘军华

3. 爱岗敬业、淡泊名利的职业情怀

用心做一件事情,这种行为来自内心的热爱,喜欢才会投入,热爱才会痴迷。热爱自己所从事的职业,远远胜过这种职业给自己带来的财富。不仅把工作当作赚钱养家糊口的工具,而且树立起对职业敬畏、对技艺执着、对产品负责的态度,把工作当成一份事业,干一行,爱一行。"习之不如好之,好之不如乐之",兴趣是最好的老师,"好之""乐之"方能不改初衷,一以贯之。只有热爱自己的职业,才能够全身心投入工作,才能干出成绩,成为"大匠"。

敬业,就是对所从事的职业怀有敬畏之心,视职业为自己的生命,干一行,爱一行,精一行。中华民族历来有"敬业乐群""忠于职守"的传统,早在春秋时期,孔子就主张人在一生中始终要"执事敬""事思敬""修己以敬"。"执事敬"是指行事要严肃认真不怠慢;"事思敬"是指行事要专心致志不懈怠;"修己以敬"是指加强自身修养,保持恭敬谦逊的态度。在实际工作中,敬业就是脚踏实地,埋头苦干,不计得失,兢兢业业做好本职工作;我们常说的吃苦耐劳、默默无闻、一丝不苟、精益求精、孜孜不倦、恪尽职守都是对敬业精神的最好提炼。

工匠有耐得住寂寞,板凳能坐十年冷,经得起诱惑,功名利禄不动心,不急功近利、不贪图名利的职业情怀,秉持赤子之心,摒弃浮躁喧嚣,在本职岗位上坐得住、做得好。

高凤林，中国航天科技集团公司第一研究院国营二一一厂（首都航天机械公司）特种熔融焊接工、发动机车间班组长。1980年技校毕业后，高凤林一直从事火箭发动机焊接工作，在厚度、薄度均在毫厘之间的管壁上，一次次攻克难关，被称为焊接火箭"心脏"的人。我国发射的一百四十多枚长征系列运载火箭，都是依靠他焊接的发动机成功推向太空，而这个数字占到我国发射长征系列火箭总数的一半以上。在高凤林心中，事业为天，技能是地。为了练好基本功，他吃饭时拿筷子练送丝，喝水时端着盛满水的缸子练稳定性，休息时举着铁块练耐力，冒着高温观察铁水的流动规律，并练就了"如果焊接需要，可以10分钟不眨眼"的绝活儿。亚洲最大"长二捆"全箭振动塔的焊接中，高凤林连续不断地在表面温度高达几百摄氏度的焊件上操作。在他的手上，至今可见当时因严重烤伤留下的疤痕。在我国第一台大喷管焊接中，高凤林常常要保持一个难以忍受的焊接姿势，一焊就是1个小时，每天工作到深夜三四点，回到家时腰、手臂已近麻木，要用毛巾热敷，才能减轻痛苦。经过30个日夜的攻关，完成了长达近千米的焊缝加工。为了攻克国家某重点项目，近半年的时间，他天天趴在冰冷的产品上，关节麻木了，皮肤青紫了，他甚至被戏称为"和产品结婚的人"。外资企业曾以高薪和解决住房等条件聘请他，高凤林不为所动，作为职工队伍的引领者，他也有过获得提拔转为管理人员的机会，但其放弃了。"干航天是我的理想，我的根在焊接岗位上。"高凤林执着地坚守在航天一线，将个人利益置之度外，不计得失，全身心扑在工作上，用自己的默默奉献谱写出为祖国、为航天鞠躬尽瘁的人生壮歌。

图8.4 焊接火箭"心脏"的高凤林

4. 不断精进、技艺精湛的职业技能

精业，就是精通自己的业务，对工作所需的知识和技能有一个全面透彻的了解，在专业领域不断追求进步，技艺不断精进，操作娴熟精湛。心有精诚，手有精艺，必出精品。

宁允展，南车青岛四方机车车辆股份有限公司钳工高级技师，长期从事高速动车组转向架的研磨和装配工作，第一位从事转向架"定位臂"研磨的技能工人。作为高速动车组九大关键技术之一，转向架直接关系到高铁的运行安全和乘坐舒适性，定位臂则是转向架上连接车轮的核心部位。为了保证安全可靠，定位臂和轮对节点必须"严丝合缝"，而这要靠手工研磨来实现。定位臂经过机器粗加工后，留给手工研磨的空间只有0.05毫米左右，相当于一根细头发丝的宽度，磨少了，精度达不到要求，磨多了，动辄十几万元的部件可能报废。通过反复摸索和试验，宁允展钻研出了一套研磨方法，将研磨效率提高了1倍多，研磨精度也极大提高，有效保障了高速动车组转向架的高质量制造。0.1毫米的时候，国内大概有十几个人能干。到了0.05毫米，别人都干不了了，目前就只有他能干。宁允展说，"工匠就是要凭实力干活，凭手艺吃饭，想办法把活干好"。

图8.5　南车青岛四方机车车辆股份有限公司钳工高级技师宁允展

5. 勇于攻关、赶超时代的创新精神

"工匠精神"强调执着、坚持、专注，甚至是陶醉、痴迷，但绝不等同于因循守旧、拘泥一格的"匠气"，其中包括着追求突破、追求革新的创新内蕴。工匠既要对职业有敬畏、对质量有要求、够精准，又要富有追求突破、追求革新的创新活力。

古往今来，热衷于创新和发明的工匠们一直是世界科技进步的重要推动力量。中华人民共和国成立初期，我国涌现出一大批优秀的工匠，如倪志福、郝建秀等，他们为社会主义建设事业做出了突出贡献。改革开放以来，"汉字激光照排系统之父"王选、"中国第一、全球第二的充电电池制造商"王传福、从事高铁研制生产的铁路工人和从事特高压、智能电网研究运行的电力工人等都是"工匠精神"的优秀传承者，他们让中国创新重新影响了世界。他们凭借丰富的实践经验和不懈的思考进步，带头实现了一项项工艺革新，牵头完成了一系列重大技术攻坚项目。他们是持续改善、勇于创新的推动者。

在常人眼里，"头戴安全帽，身挎电工包，上至检查电路，下至更换电灯"，就是一位普通电工的身影。可谁也没有想到，从注浆压力传感器制作，到顶管掘进机研制，24年来共有15项发明革新在李增红手中诞生，其中4项被评为国家级发明专利，7项被评为国家实用性专利，累计创造经济价值两千多万元。李增红，中铁上海工程局市政工程有限公司电力设备维护工，从一位普通电工成长为一名"创新达人"，再次印证了"三百六十行，行行出状元"之理。创新与否不仅在于工作属性，更在于干工作的人有没有创新的责任和激情。诚如李增红自己所言："不想创新的电工，很难说是一个合格的电工。"有了创新的责任和激情，哪怕学历再低，也可以通过刻苦攻读迎头赶上；哪怕工作再忙，也可以利用业余时间补充；哪怕机会再少，也可以创造环境捕捉机会。

第二节　工匠精神的作用

从雕木成凰到庖丁解牛，从精密探测的地震仪到深埋千年依旧锋利的古剑，从庄子"技进乎道"到魏源"技可进乎道，艺可通乎神"，再到中华人民共和国成立后的"大庆精神""两弹一星""载人航天"，都是工匠精神在不同历史时期的生动彰显。正是技术从业者们的精益求精、追求完美，才铸就了我国制造业的辉煌。

当前，我国正处在从工业大国向工业强国迈进的关键时期，培育和弘扬严谨认真、精益求精、追求完美的工匠精神，对于建设制造强国具有重要意义。有些产品我们做不出来，恰恰是因为缺乏用心钻研、勇攀高峰的工匠精神；有些产品我们做出来却没有竞争力，也正是因为缺乏把工作当责任和使命的工匠精神。工匠精神是中国制造要补的"精神之钙"。一个没有工匠精神的工匠，是打造不出精品、成就不了经典的；一个没有工匠精神的民族，是书写不了大国传奇、实现不了强国梦想的。

一、党和政府积极倡导工匠精神

2015年五一国际劳动节前夕，央视新闻频道播出了《大国工匠》系列节目，讲述了大国工匠匠心筑梦的故事。有人能在牛皮纸一样薄的钢板上焊接而不出现一丝漏点；有人能把密封精度控制到头发丝的五十分之一；还有的人检测手感堪比X光般精准。大国工匠们"技术报国"的价值，丝毫不逊色于其他职业。中国科学技术大学原校长朱清时就曾说过，"一个国家、一个社会需要多种多样的人才，既要有一流的科学家、教授、政治家等，更要有高素质的工人、厨师、飞机驾驶员等高技能人才"。工匠们的成功之路，不是进名牌大学，拿耀眼文凭，而是矢志不渝，默默坚守在平凡的岗位上，追求职业技能的完美和极致。央视这个节目让普通劳动者走进镜头，它释放出一个信号，那就是国家对工匠精神的呼唤。

2016年3月5日，国务院总理李克强做政府工作报告时首次正式提出鼓励企业开展个性化定制、柔性化生产，培育精益求精的工匠精神，增品种、提品质、创品牌。"工匠精神"首次出现在政府工作报告中。在之后的1个月时间内，李克强总理3次强调了工匠精神。总理为何要提工匠精神？因为这是我们的差距。三千多家制笔企业、二十余万从业人口、年产圆珠笔四百多亿支……中国已经成为当之无愧的制笔大国，但一连串值得骄傲的数字背后，却是核心技术和材料高度依赖进口，大量的圆珠笔笔头的"球珠"需要进口的事实。我国生产圆珠笔的历史从1948年开始，这70年里，我们飞机、大炮、原子弹、高铁、航天飞船都造出来了，居然不能生产看上去既普通又廉价的圆珠笔珠。中国作为世界制造业大国，为何我们却无法实现一个小小零件的完全自主研发和生产？"圆珠笔之问"更是"中国制造业之问"。小小圆珠笔折射出的，是我国制造业很多领域都面临的问题：虽然产业规模居世界前列，设备也是世界一流，偏偏做出的产品档次不高。在经济飞速发展的大背景下，企业过度追求"投资少、周期短、见效快"带来的短期利益，忽略了产品的品质。此前，国人在海外抢购马桶盖、电饭煲现象屡屡见诸报端，这正是这一症结的缩影。只有将一丝不苟、精雕细琢、守正创新的精神理念融入生产、设计的每一个环节，中国制造才能实现由量到质的突破，中国才能实现从"制造大国"迈向"制造强国"。

2016年4月26日，习近平总书记在知识分子、劳动模范、青年代表的座谈会上发表重要讲话，指出技能是立业之本，人不管天赋如何，只要勤勤恳恳，脚踏实地，都可以有创造价值的机会，弘扬工匠精神，打磨精品，劳动人民只要敢想敢干，就会用诚实的劳动创造美好的未来。

2016年12月14日，"工匠精神"入选2016年十大流行语。

2017年3月5日，李克强总理在政府工作报告中再次强调："要大力弘扬工匠精神，厚植工匠文化，恪尽职业操守，崇尚精益求精，培育众多'中国工匠'，打造更多享誉世界的'中国品牌'，推动中国经济发展进入质量时代。"这是工匠精神第二次被写入政府工作报告。

2017年10月18日，习近平总书记在十九大报告中提出，"建设知识型、技能型、创新型劳动者大军，弘扬劳模精神和工匠精神，营造劳动光荣的社会风尚和精益求精的敬业风气"。

各级政府、教育部门、工会、行业、企业、学校纷纷开展工匠精神主题宣传、学习讨论活动。

二、提倡工匠精神是促进我国制造业转型升级的需要

"十三五"时期，我们仍然面临着经济发展方式转型和产业结构升级的重大任务，而要完成这一任务，实现由制造大国到制造强国的转变，实现由中国制造到中国创造的跨越，离不开广大职工的创新和创造，离不开对工匠精神的继承和发扬。

截止到2012年，全球寿命超过200年的企业，日本有3146家，为全球最多，德国有837家，荷兰有222家，法国有196家。为什么这些长寿的企业扎堆出现在这些国家，是一种偶然吗？它们长寿的秘诀是什么呢？它们都在传承着一种精神——工匠精神！

德国企业一直秉持工匠精神，精雕细琢，追求品质完美极致。无论是设计，还是功能，都在同类产品中表现优异。众多代表优秀严谨工业态度和世界最高品质标准的德国品牌行销全球。这些透着贵族气质的工业品，简洁纯粹，精准聚焦，淋漓尽致地展现着德国人一丝不苟的务实作风。它们充分表达了日耳曼民族对产品的信仰和尊重，只有如此才能让情感的魅力与工业化美感结合得浑然天成。德国制造业是世界上最具竞争力的制造业之一，这在很大程度上源于德国在已有顶尖工业水平上的工匠精神。近两百年来的德国现代化道路，从外部看，是一条技术兴国、制造强国的道路；从内部看，支撑这一道路的是"工匠精神"。

改革开放以来，中国制造业高速增长、雄冠全球，但高能耗、低技术、低创新、低附加值让"中国制造"难以真正扬眉吐气。随着劳动力成本的持续上升，中国制造业面临越来越大的压力。小米CEO雷军提出，"要在用户看不到的地方做到最好"，而不是一味追求效益最大化。这些都要求企业始终保持精益求精的工匠精神，对产品抱有负责的态度，注重工艺的精致化，坚持做精品。只有这样，"中国制造"才能真正成为"中国创造"。

三、提倡工匠精神是供给侧结构性改革的需要

中国经济步入新常态，"需求侧"投资、出口、消费的三驾马车均显疲态，传统的"需求侧"手段，即财政政策和货币政策，已无法妥善、全面地解决当下的难题。在这样的背景下，中央推进供给侧改革。供给侧结构性改革包括化解产能过剩、降低企业成本等，总结一点，就是要提供有效供给。

重振工匠精神是推动供给侧结构性改革的重要着力点。应当看到，当前经济形势严

峻，充满机遇和挑战，要跨越中等收入陷阱，步入现代化发达国家行列，绝不可心存侥幸，指望延续以往粗放的拿来主义经济发展模式。必须大力弘扬创新文化和工匠精神，坚定不移地推进供给侧结构性改革，增强企业核心竞争力，从根本上为中国经济高效益、优结构的发展提供动力，实现中国制造向中国创造、中国速度向中国质量、中国产品向中国品牌的突破。

2016年，中国游客从日本买回大量马桶盖，引发社会广泛讨论。商务部的数据显示，2016年中国游客在境外消费约1.2万亿元，继续保持世界主要旅游消费群体称号。诸多消费者为什么如此热衷于国外购物？"质量过硬"是一个重要原因。其实，像马桶盖、电饭煲这种小东西，技术含量并不高，很容易制造。但是把这些小东西造好、造出口碑就不太容易了。这需要我们有精益求精的工匠精神。

目前，国内消费需求在升级，人民群众渴望更高品质的产品和服务。一方面，传统制造业应当下大气力去产能、去库存，发扬工匠精神的优良传统，制造过硬产品，培育世界品牌。另一方面，推崇制造服务业新理念，将制造与服务紧密联系在一起，采取轻资产模式向"微笑曲线"两端发展，一边是研发，一边是销售的品牌营销，研发应整合国际先进资源，销售同样也需要整合社会资源，如此才能够集中精力把客户体验做到极致。而用户体验是衡量企业是否具有工匠精神的重要标准之一。好的产品，要让消费者在购买、使用、售后服务等整个过程中都能感受到美好的用户体验。追求极致的用户体验应当是现代制造业的终极目标，也是工匠精神一丝不苟的内在要求。

四、提倡工匠精神是实施"一带一路"倡议，推动中国制造走出去的需要

当前，在中国制造走出去的过程中，一些产品的质量也常常受到诟病。要在竞争中取胜，关键在于提高中国制造的产品质量。只有充分发扬工匠精神，培养大批高素质的大国工匠，才能打造高质量的产品，提高企业的核心竞争力，推动中国制造走出去。

五、提倡工匠精神是满足企业个性化定制、柔性化生产的需要

李克强总理在2016年《政府工作报告》中提到，鼓励企业开展个性化定制、柔性化生产，培育精益求精的工匠精神，增品种、提品质、创品牌。在这里，工匠精神是和个性化定制、柔性化生产并提的。

六、提倡工匠精神是劳动者就业和提升个人素质的迫切需求

加快中国制造向中国创造的转变，实现制造大国向制造强国的转型，完成中国经济由低端向中高端的华丽转身，没有秉持工匠精神的广大工匠式的高素质的劳动力，没有高素质劳动力的精致生产是不行的。因此，必须大力提升劳动力这个最为关键的生产要素的素质。我们现在是人口大国，但不是人才大国，更不是人才强国。我们有不少农民工干的是苦力活，但也有不少人学有一技之长。正是那些学有一技之长的农民工返乡后创业创新带活了一个村或者一个地区。在他们身上体现的不仅是一技之长，更重要的是勇于开拓的工匠精神。当前中国国防工业、中高端制造业等方面"工匠"人才供给严重不足，高级技术工人非常缺乏。发达国家高级技工占技工的比例为20%~40%，而我国还不到4%。

七、提倡工匠精神是国家意志和全民共识的需要

当工匠精神成为全社会热议的话题时，它已经超越了企业层面，而提升为中华民族是否需要和培育工匠精神的问题。国家已将工匠精神提高到全社会、全民族的价值导向和时代精神层面上。召唤踏实务实、执着专一、宁静致远的工匠精神，不仅是当下企业改善供给、更好地满足消费需求升级换代的迫切需要，也是我们从制造大国向制造强国转型的必然选择。

工匠精神不应仅局限于制造业，更应成为全社会的共同价值，成为一种国民精神与文化，无论企业还是个人，都应逐步养成严格自律、精益求精、注重细节的职业精神和素养。

尊重员工的价值、启迪员工的智慧、实现员工的发展，不仅是员工个人成长的强烈需求，同时也是现代企业的责任和使命。而工匠精神作为一种职业精神，是企业员工提升个人精神追求、完善个人职业素养、实现个人成长进步的重要道德指引。美国旅馆业巨头康拉德·希尔顿年轻时有过在酒店打工的经历。最初，上司安排他打扫卫生，刷马桶是其中的必要环节。希尔顿对这份工作不满意，对待工作很懈怠。有一天，一位年龄稍长的女同事见他刷的马桶很不干净，就亲自为他做示范，并告诉他，自己刷完的马桶，是有信心从里面舀水喝的。这件事对年轻的希尔顿触动很大。从此他一改对工作的懈怠应付，逐渐树立起踏实认真、一丝不苟的职业精神。后来，希尔顿拥有了自己的酒店，并在行业内独树一帜。回顾他的成功之路，不难发现，他年轻时所遭遇到的"喝马桶水"的职业精神教育这一课，是他成长、成才、成功的重要精神财富。事实上，企业员工所具有的高尚职业操守和强烈工匠精神，同拥有较高专业知识技能一样，是其自身立足职场的重要条件和在未来职业生涯中脱颖而出的制胜法宝。

第三节　工匠精神的塑造

从本质上讲，工匠精神是一种职业精神，是职业道德、职业能力、职业品质的体现，是践行社会主义核心价值观、弘扬劳模精神、劳动精神的具体实践。大学生是未来活跃在企业生产一线的技术技能型人才，是企业实现高效运作、中国制造实现由大变强的推动力，应脚踏实地，潜心钻研，夯实基础，既要掌握知识本领、身怀一技之长，也要积淀职业素养、自觉加强工匠精神的培养，为将来建功立业打下坚实的基础。

一、培养工匠精神，首先从爱开始

工匠精神源于哪里？表面上可以理解为认真专注，把产品做到极致，其实更深层次的是源于一个字："爱。"工匠的成功离不开对工作的热爱。只有热爱自己的工作，才会对工作勤勤恳恳、兢兢业业，才会对工作有细致入微的投入和执着，才会一丝不苟，追求完美，才会做出精品。大学生们要了解职业，培养职业兴趣，热爱职业，具有爱岗敬业、忠于职守的职业道德，对职业敬畏，对工作执着，对产品负责。

二、培养工匠精神，从公共课教学中践行

在《毛泽东思想和中国特色社会主义理论体系概论》和《思想道德修养与法律基础》等思想政治理论课的学习中，把民主法制教育、职业素养教育、行为养成教育、时代精神教

育和安全教育等与课堂教学有机地结合起来，增强对工匠精神的历史溯源和认知传承，将社会主义核心价值观、建设文化强国等内容与培养工匠精神相结合，将培养职业道德与培养工匠精神相结合，做到知行统一。强国、敬业都需要大力弘扬工匠精神，深刻理解工匠精神的重要意义，了解工匠精神的内涵及意义，明确培养工匠精神对于提升自身专业技能和专业能力水平的重要价值，提高认识，培养践行工匠精神的积极情感和自觉意识，为促进良好职业精神的形成奠定坚实的基础。通过案例分析、视频播放、专题讨论、调查访谈、社会实践等多种形式，加深对工匠精神的认识理解和情感认同。端正学习态度，养成良好的行为习惯，自觉践行工匠精神。

在职业生涯规划、创新创业、就业指导等课程的学习中，培养职业认同感，树立远大的职业理想，做好职业规划，了解企业对毕业生的要求，以行业企业模范人物为榜样，践行工匠精神。

加强对产业文化、企业文化、专业文化的学习和了解，培养职业认同感。

三、培养工匠精神，从专业教学中践行

在专业课程的学习中，不放过每个环节、每道工序和每个细节，培养严谨认真的学习态度；了解相关技术的发展历史，培养传承创新的能力。

在实习实训中要充分认识工匠精神在提升专业能力和专业水平中的重要作用。工匠精神要求我们不但要有高超的技能，还需要有精益求精、追求极致的精神。因此在学习和练就技能时要严谨、一丝不苟、耐心、专注，要严格执行操作要领标准，要有吃苦耐劳的精神，遇到挫折不退缩，反复练习，不断磨练技艺，让追求极致成为习惯。

四、培养工匠精神，从校企合作中践行

校企合作是培养工匠精神的重要方式。组织学生走进工厂、企业、车间，零距离接受企业文化和职业精神的熏陶。邀请企业专家指导学生的职业生涯规划、业务技能和创业实践，将学校培养与企业实际对接。通过联合培养、订单培养、冠名培养、委托培养等形式与企业联合办学，将企业文化、员工行为规范作为必修课程，落实到工学结合、产教一体、准员工管理、半工半读、项目化教学、合作式学习中，为学生在校期间接受企业规范管理和学习企业的先进管理理念、技术知识创造条件。学生不仅要强化技能学习、练就职业本领，更要用企业的价值理念规范日常行为，培养职业情感，增强职业意识，遵守职业规范，践行职业行为，信守职业文化，努力成为合格的"准职业人"。

五、培养工匠精神，从日常行为中践行

工匠精神不是虚无缥缈的空中楼阁，它体现在一个人日常学习、生活、工作的每一个细节之中，需要平时一以贯之的认真态度和良好习惯，需要执着精神的支撑和长年累月脚踏实地的历练。如果一个学生平常习惯于迟到早退甚至旷课，习惯于作业不按时交甚至不交，习惯于自由懒散，毕业后进入企业，很难摇身一变成为一名杰出的工匠。所以，从摒弃不良习惯入手，增强规矩意识，自觉规范个人行为，认真对待每一项学习任务和工作任务，兢兢业业、忠于职守、持之以恒地完成，认真负责地履行全部岗位职责。把工匠精神的培养落实到日常行为的全过程，细化到学生文明宿舍创建、戒烟行动、早操晨练、劳动实践、社会服务各环节，在日常宿舍、班级管理中引入企业 6S 管理、团队协作、质量文化、安全意识等元

素，按照企业要求规范自身行为，为将来走上职场提前磨砺勤业、敬业的职业精神，培养自理自立、自主文明的良好素养，提高从校园人到职业人的自觉和自信。

六、培养工匠精神，从校园文化中践行

校园文化是学校培育工匠精神的重要载体，将职业、企业、行业的文化要求以及对从业者的素养要求融入校园文化建设中，把企业元素、生产岗位元素融入校园文化活动中，培养学生的职业理想与职业归属感。

在理论教学、实践教学、实习实训等各环节中感受文化元素，践行工匠精神，实现从知识、技能到素养的高度融合。通过身边的教师及企业师傅，感受他们严肃认真、一丝不苟的工作态度，感受他们对教育教学活动的设计、组织、实施的注重细节、追求精益求精，体会工匠精神的本质，自觉追求工匠精神。在真实的工作环境和企业文化熏陶中培养和践行工匠精神。在校内实训教学中，体会企业标准及规范在实训中的执行情况，体会企业先进技术，体会企业环境及现代化管理，践行企业清理、整顿、清扫、清洁、素养、安全的6S管理，要求做到"作业现场物品工具有序摆放，作业期间保持配件、工具、油污三不落地，通道保持畅通，消防设施定期检查，确保功能正常，工具箱责任到人定位放置，机器设备定期保养到漆见本色铁见光，旧件整齐摆放，废件及时处理，桌椅地面整洁"。在校外实训基地，学生以准员工身份参与企业生产实践，从产品的研发到核算、生产、设计、包装、销售、管理等各环节零距离观察企业运行方式，适应员工快速的工作节奏，感受企业有形的规章制度、运作流程、岗位职责和无形的精神文化，学习企业师傅严格遵循行业企业标准、精于细节、严谨专注的态度，体验员工对工作、对岗位的执着追求，在真实工作环境中强化工匠精神的培养。

在第二课堂中感受文化元素，践行工匠精神。在技能大赛中体验崇尚劳动光荣、高超技能的氛围，在耳濡目染中积淀工匠精神。在社团活动中学会交往、包容、竞争和合作，增强社会责任感和使命感，培养自强自立意识。在道德规范教育、职业道德教育、现代工业文明进校园、企业文化进课堂、职业教育活动周等专题实践活动，社会企业专家、行业能手、优秀毕业生工匠精神宣讲报告会等活动中感悟、习得内涵丰富的工匠精神，进而内化于心、外化于行，成为价值追求和自觉行动。

"工匠精神"入选年度流行语 看看总理这一年怎么解读

2016年3月5日，李克强总理做政府工作报告时首次正式提出"工匠精神"。12月14日，"工匠精神"入选2016年十大流行语。这一年来，"工匠精神"也是总理使用的高频词。企业、个人、政务与工匠精神结合，总理怎么说？

2016.03.05

鼓励企业开展个性化定制、柔性化生产，培育精益求精的工匠精神，增品种、提品质、创品牌。——李克强总理代表国务院向十二届全国人大四次会议做政府工作报告

企业+工匠精神=？

总理这样说：企业+工匠精神=品质　品牌　信誉　信心

2016.03.29

弘扬工匠精神，勇攀质量高峰，打造更多消费者满意的知名品牌。——李克强对第二届中国质量奖颁奖大会做出重要批示

2016.04.26

生产更多有创意、品质优、受群众欢迎的产品，坚决淘汰不达标产品。——李克强主持召开国务院常务会议

2016.05.11

培育和弘扬精益求精的工匠精神，引导企业树立质量为先、信誉至上的经营理念。——李克强主持召开国务院常务会议

2016.05.18

搞企业不能"大而化之"，必须用"工匠精神"，精益求精推动央企提质增效、焕发生机。——李克强主持召开国务院常务会议

2016.05.23

"中国制造"的品质革命，要靠精益求精的工匠精神和工艺创新，其中关键是以客户为中心。——总理考察东风商用车重卡新工厂

2016.05.25

企业家精神和工匠精神有机结合，可以使产品品质和企业效益都有提升，更好满足消费者对产品和服务的需求。以大数据为代表的创新意识和传统产业长期孕育的工匠精神相结合，使新旧动能融合发展，并带动改造和提升传统产业。——李克强出席中国大数据产业峰会暨中国电子商务创新发展峰会

2016.05.30

把创新精神、企业家精神和工匠精神结合起来，解决"最先一公里"和"最后一公里"问题，打通科技成果转化通道。要把创新精神、企业家精神和"工匠精神"协同起来，形成社会发展的强大动力。——李克强出席全国科技创新大会、两院院士大会、中国科协九大第二次全体会议并发表重要讲话

2016.06.26

"飞鸽"等老品牌企业承载着几代中国人的历史记忆。要以时不我待的紧迫感加快转型、抢抓机遇、紧贴市场需求，大力弘扬勇于开拓的企业家精神和精益求精的工匠精神。——李克强在天津考察

2016.07.04

弘扬企业家精神和工匠精神，不断创新技术、产品与服务，提高主业的核心竞争力，推动传统产业改造升级。——全国国有企业改革座谈会在京召开，李克强做出批示

个人＋工匠精神＝？

总理这样说：个人＋工匠精神＝人才大师　人才强国

2016.04.15

注重增强学生实践能力，培育工匠精神，践行知行合一，多为学生提供动手机会，提高解决实际问题的能力，助力提升中国产品的质量。——李克强在北京召开高等教育改革创新座谈会并做重要讲话

2016.04.24

工匠也可以成为大师！上大学和读高等职业学校，不管走哪条路都可以成为大师。——李克强在四川芦山县考察

2016.05.24

中国经济的新旧动能转换，需要更多发挥人力资源优势，大力提倡工匠精神，培养大量既熟悉新经济又掌握传统产业技能的人才，创造更多适应市场和消费者需求的产品。——李克强在贵阳出席中国大数据产业峰会

2016.07.15

举办"世界青年技能日"活动，就是要营造尊重劳动、崇尚技能的社会氛围，引导广大青年大力弘扬工匠精神，走上技能成长成才之路。——"世界青年技能日"到来之际，李克强做出重要批示

政务＋工匠精神＝？

总理这样说：政务＋工匠精神＝推动国家发展　增进人民福祉

2016.03.29

要以壮士断腕的决心和工匠精神，抓好"放管服"改革实施，严格责任落实，用实实在在的成果推动国家发展、增进人民福祉。——李克强在全国推进简政放权放管结合优化服务改革电视电话会议上发表重要讲话

2016.04.01

我在今年《政府工作报告》里提出，要"培育精益求精的工匠精神"，我们做好营改增的准备实施工作，也要有工匠精神。现在距全面实施营改增仅有一个月时间，改革到了关键时刻，要努力让"好钢"用在"刀刃"上，把工作做好做细。

同时，我们也要以工匠精神精心准备，打好改革的这一仗，让企业切切实实感受到税负"只减不增"。要实现这一目标，就要做大量扎实细致的工作。财政税务和其他部门要加强沟通，发挥好国税和地税两个积极性，还需要做好培训，让工作人员也用工匠精神把工作做扎实、做精细，确保改革成效。——李克强就全面实施营改增到国家税务总局、财政部考察并主持召开座谈会

2016.04.11

当前国际国内经济形势仍然很复杂，困难与希望同在。政府也要秉承工匠精神，要把工作做扎实、做精细！——李克强总理主持召开部分省（市）政府主要负责人经济形势座谈会。

 课后练习

1. 工匠精神的内涵是什么？
2. 培养工匠精神有何意义？
3. 结合自身实际谈谈如何践行工匠精神。

第九章

团队协作精神

第一节　团队协作精神的作用

团结协作，互帮互助，是职业行为中应该遵守的基本职业道德，也是我国的优良传统，是中华民族悠久历史文化的结晶。早在春秋战国时代，孔子的弟子就提出"和为贵"。"和"就是指团结、和睦，这是最珍贵的。"将相和"的佳话流传至今，不是廉颇的骁勇善战，也不是蔺相如的口若悬河，而是两人保江山、为社稷、为百姓，同仇敌忾、团结协作的胸怀。如果廉颇和蔺相如两人争权夺利，只顾自己的利益，国家都有可能因此灭亡，更别提两人的一己私利了。这些典故和故事都说明了团结的重要性。一滴水，怎样才能永不干涸？

一个国家、一个民族、一个政党要讲团结，不讲团结就会出现分裂。在南斯拉夫，塞族和阿族之间争斗，发生内战，导致了外国势力入侵，国家、民族、政党四分五裂。我国各族人民大团结，取得了辉煌的成就，香港、澳门顺利回归，这和一百多年前我国军阀混战、满目疮痍、挨帝国主义打而割地赔款形成鲜明的对比。团结使祖国更加繁荣富强，也将促使台湾早日回归祖国。

对于一个企业，团队协作同样非常重要。不具有团队精神的人，无法融入企业现代化建设之中。近年来一些企事业单位在招聘、引进人才时，也把团结协作能力作为一项重要的考核内容。如果员工不能团结，不会协作，不能融入一个崭新的团队，就会被用人单位拒之门外。

团队协作精神在企业中的作用主要表现在以下几个方面：

一、团结协作是集体目标实现的基础

随着现代科技文明的发展，专业化分工越来越细，每个环节、每项工作的完成都离不开团结协作。现代化生产和经济的规模化发展也决定了我们只有将个体的力量联合起来才能实现工作目标，也才能最大限度地发挥个体的潜能。在科学技术大发展的今天，我们所面临的工程技术问题是综合的，学科间的相互渗透、交叉，使得任何一项工程不可能孤军奋战就能完成。美国的阿波罗登月计划，参加的科学家和工程师有四十二万人，参加的单位有两万多个，大家发扬互相支持、互相配合的协作精神，才取得最后的成功。

有了团队并不等于就有了团结协作。在形形色色的团队中，一种是螃蟹团队，被关在竹篓里的螃蟹，如果有一只想爬上去，下面的螃蟹就拼命拉住，结果谁也上不去。另一种是大雁团队，在飞行过程中，它们不停地拍动翅膀，为后面的同伴创造有利的上升气流，同时它

们不停地鸣叫，互相打气激励。

如果在工作当中，一个人敷衍了事，两个人互相推诿，三个人三个思路的话，那就不要指望工作会有什么进展了。"一个和尚挑水喝，两个和尚抬水喝，三个和尚没水喝"。这在管理学上是著名的"华盛顿合作定律"，意思是，当你组成一个团队的时候，你不能简单地认为三股力量的结合就会产生巨大的能量。三个不同的人在合作中可能会有三种完全不同的想法，这不但不会造成合力，甚至会产生离心力，即三个人之间因为目标和想法的不一致而发生分歧，导致工作完全无法开展。著名童话作家克雷洛夫曾经写过一个寓言故事。天鹅、梭子鱼和虾一起拉车，它们三个都十分卖力，累得满头大汗。然而奇怪的是，无论它们如何努力，车却始终停在原地不动。这究竟是为什么呢？原来，天鹅拉着车拼命地往天上飞，虾则拉着车使劲向后拖，而梭子鱼则朝着池塘的方向拉。它们谁也不愿意改变用力的方向，车子自然就拉不动了。这就是企业管理中常会出现的内耗现象。团队成员一个人一个看法，一个人一种工作思维，难以达成共识，造成的结果就是团队缺乏明确的目标和方向。久而久之，企业就会因为这种内耗而造成问题堆积，寸步难行。一个企业组织涣散、人心浮动、人人自行其是，甚至搞"窝里斗"，集体的目标如何能实现？

图9.1　寓言故事：天鹅、梭子鱼和虾

二、团结协作能充分发挥员工个人的潜力

团队协作能激发员工的潜力，让每个人都发挥出最强的力量。一个团结协作的企业，能够激发高涨的士气，鼓舞每一名员工的信心，激发每一名员工的热情，为每一名员工创造力的发展提供足够的空间。一个团结协作的企业，员工互帮互助，取长补短，个人能力必将得到大大的提升。哲学家艾思奇曾说："一个人像一块砖砌在大礼堂的墙里，是谁也动不得的，但是丢在路上，挡人走路是要被人一脚踢开的。"一个人只有紧紧依靠集体，才能发挥出无穷的力量，一滴水只有放入大海才不会干涸。在一个缺乏团结协作的企业，个人再有雄心壮志，再有聪明才智，也是惘然。

万事不求人，只会吞下自我封闭的苦果。团结一致，紧密协作，个人才能走向成功。要想成功，任何人都需要他人的帮助。1901年到1996年，获得诺贝尔奖的人近五百人，其中三百人的研究是合作成果，占总数的三分之二以上。

三、团结协作能充分发挥集体的力量

团结协作能超越个体认知以及个体力量的局限性,发挥集体的通力协作作用,合作成果往往超过成员个人业绩的总和,收到一加一大于二的结果。"三个臭皮匠赛过诸葛亮""人心齐,泰山移""众人齐心,黄土变金""一根筷子轻轻被折断,一把筷子牢牢抱成团""没有完美的个人,只有无敌的团队",这样的雅言俗语都揭示了团队精神的巨大作用。

从前,有两个饥饿的人得到了一位长者的恩赐:一根鱼竿和一篓鲜活硕大的鱼。其中,一人要了一篓鱼,另一人要了一根鱼竿,于是他们分道扬镳了。得到鱼的人原地就用干柴搭起篝火煮起了鱼,他狼吞虎咽,还没有品出鲜鱼的肉香,转瞬间,连鱼带汤都被他吞了。不久,他便饿死在空空的鱼篓旁。另一人则提着鱼竿继续忍饥挨饿,一步步艰难地向海边走去,可当他看到不远处那片蔚蓝色的海洋时,最后的一点力气也使完了,他也只能眼巴巴地带着无尽的遗憾撒手人间。

又有两个饥饿的人,他们同样得到了长者恩赐的一根鱼竿和一篓鱼。只是他们并没有各奔东西,而是商定共同去找寻大海,他俩每次只煮一条鱼,经过遥远的跋涉,来到了海边。从此,两人开始了捕鱼为生的日子。几年后,他们盖起了房子,有了各自的家庭、子女,有了自己建造的渔船,过上了幸福安康的生活。

这个故事告诉我们,单靠个人的力量,两人都无法生存。只有团结协作才能实现双赢。

每个人都有缺点,团队就是由一群有缺点的人构成的,但当他们互相搭配、优势互补、目标一致时就能产生巨大的、甚至是无可阻挡的力量。所以说没有完美的个人,只有完美的团队!

第二节 团结协作精神的表现

在企业中,团结协作精神表现在以下几个方面:

一、企业员工对企业有强烈的归属感与一体感

员工对企业有强烈的归属感,把企业当成自己的"家",把个人前途与企业命运系在一起,愿意为企业的利益与目标去奋斗,对企业目标、企业决策持肯定和支持的态度,认可和接受企业的共同价值观,并在实践中维护和发展企业的价值观,自觉为企业贡献力量。

员工对企业具有无限的忠诚,绝不允许有损害集体利益的事情发生。在处理个人利益与团队利益的关系时,企业员工会义无反顾地采取集体利益优先的原则,个人服从集体,宁愿牺牲私利。

员工极具集体荣誉感,为企业的成功而骄傲,为企业的困境而忧虑。

二、企业员工之间相互协作、共为一体

员工之间具有强烈的认同感,彼此把对方视作"一家人",都是企业的一分子。他们相互依存,荣辱与共,互敬互重,待人礼貌谦逊;相互宽容,容纳各自的差异,在发生冲突时,求同存异,彼此信任,待人以诚,相互帮助,在工作上互相协作、共同提高,在生活上

彼此关怀。他们和谐相处，充满凝聚力，他们又彼此促进，为了团队的成功指出对方的缺点，为了促成更好的合作，追求团队整体的和谐。

三、企业员工对企业事务尽心尽力

团队在发展过程中努力争取对成员的全方位投入，培养成员的责任感，让成员参与管理、共同决策。不但让成员发挥其体力，还运用其脑力和心力，以充分调动其积极性、主动性。团队成员把团队的事视为自己的事，干事积极主动，不仅尽职尽责，且尽心尽力，认真勤勉，充满活力热情。

具有团结协作精神的企业，必将具有无敌的竞争力。

第三节 团队协作精神的培养

一、培养团队协作精神的途径

团队协作，要求每一位成员牢记团队宗旨，心往一处想，劲往一处使，工作中互相支持，生活上互相关心，每个人都能发挥特长、发挥优势，能够利用自身的优势无私地支持他人、帮助他人；只有大家携手并进，同舟共济，才能坦诚相见、彼此理解、相互信任。

培养团结协作精神，可以从以下几方面着手：

1. 要保持良好的人际关系

让良好的人际关系渗透在日常工作和管理的每一个环节里。

本田宗一郎是本田技研工业公司的鼻祖，学徒工出身的他，使一个小小修理店发展成为日本乃至世界一流的摩托车制造公司，在世界摩托车市场占有四分之一的份额。1948年他研究开发出双缸98毫升的"D"型发动机，随之而诞生了"本田—梦幻D"型摩托车。但是他只精于发明制造，而拙于推销，一直打不开销路。后经人介绍认识了具有商业才干的藤泽武夫，两人开始合作，他当即委任藤泽武夫为公司常务董事长，两人从此建立了相互信任、亲密合作、相互支持的关系，成为日本经营史上的"最佳搭档"。藤泽武夫在一次记者招待会上总结说："我认为老大与老二的和睦相处、互尊、互信、互爱，才是企业成功的最关键因素。"本田宗一郎也说："我不需要和我性格相同的人，我始终深信不同性格、不同能力的人，群策群力，事情才能做得更好。"

在企业中，每一名员工都需要搞好与同事的协作配合，多交流、多协调、多沟通，互相帮助，共同提高。

团结协作，也要有克己容人的态度。同事之间、上下级之间彼此间多一些理解和宽容，对别人一味地求全责备，就没有人能和你共事。要善于团结那些与自己有不同意见的人，共同把事情办好。要坚决消除同级相害、同美相妒和互相拆台的动机和行为，杜绝背后议论人、编造传播谣言的情况发生。在工作中遇到挫折时，要相互理解和谅解，而不是互相推诿；要携手并进，同舟共济，相互信任，共渡难关，而不是树倒猢狲散。

2. 多参加集体活动和学习培训

参加集体活动，可以培养员工的团结协作意识，进而产生协同效应，在遇到困难的时候就能集体想办法、出主意，凝聚集体的力量。参加集体活动，也是保持企业团队锐气的必要条件。"能用众力,则无敌于天下矣;能用众智,则无畏于圣人矣"。

培训学习的目的是将形成的整体学习力转化为企业团队意识和集体智慧,不断提高凝聚力和工作能力。共同学习有助于实现成员之间的信息和资源共享。通过在学习中直接交流、讨论,可以拓展每名成员思维的深度与广度,同时也有利于培养他们团结互助的协作精神。

3. 要勇于充当"绿叶",乐于奉献

绿叶精神说到底就是一种奉献精神。人无论是在生活中,还是在工作中,首要的问题就是要端正自己的心态,如果总觉得自己是在为别人付出,总是埋怨自己得到的与付出的不对称,那么就不可能达到乐于奉献的高度。

在我们的日常工作中,当工作流程不畅通时,营销部就指责生产部,生产部就指责采购部,采购部又指责财务部……这样就会导致没完没了的指责,不利于问题的解决。如果每个部门的人都拿出乐于奉献的心态,事情就好解决了。如果真是别的部门做错了事,那么我们可不可以一起来想出办法,帮助对方去解决呢?用方法去帮助对方,而不是用埋怨去责怪对方,我们不就会成为一个很团结、很有战斗力的团队了吗?正如 NBA 里的韦德,他就是甘于充当球队的"绿叶",而不是与勒布朗·詹姆斯争当球队的老大,正是这种勇于充当"绿叶"的精神,才成就了热火队的冠军。

每当秋季来临,北方的大雁都会成群结队地南迁,飞往温暖的南方去过冬。飞行时雁群通过共同扇动翅膀来形成一个相对的真空状态,为后面的队友提供了"向上之风",但飞翔的头雁是没有谁给它真空的。由于头雁体力消耗大,大雁就轮流来当。漫长的迁徙过程中总有大雁带头搏击,这是一种牺牲精神。当中途飞累了停下休息时,它们中有负责觅食、照顾年幼或老龄的青壮派大雁,有负责雁群安全放哨的大雁,有负责安静休息、调整体力的领头雁。在雁群进食的时候,巡视放哨的大雁一旦发现有敌人靠近,便会长鸣一声给出警示信号,群雁便整齐地冲向蓝天、列队远去。而那只放哨的大雁,在别的大雁都进食的时候自己不吃不喝,也是一种为团队牺牲的精神。如果有一只大雁受伤或生病而不能继续飞行,雁群中会有两只大雁自发地留下来守护照看受伤或生病的大雁,直至其恢复或死亡,然后它们再加入新的雁阵,继续南飞直至抵达目的地。大雁就是靠着这种团队精神,千里迁徙,飞达目的地。如果只有一只大雁,是永远也完不成长途迁徙的,中途就可能会失去生命,它可能忍受不了飞行的孤独,也可能忍受不了寒风的侵袭。只有形成一个完美的团队,才能保证每一个成员都可以完成南迁的飞行目标。

二、培养团队协作精神,要处理好几种关系

1. 处理好团结与竞争的关系

在市场经济中,竞争是必然存在的,单位与单位、企业与企业、个人与个人之间都要以竞争促进发展。在积极竞争的同时要注意团结,要善于团结同事、联合同行、协调工作,以取得双赢。为了大局而讲团结,为了大局而谦让,这样就能够把团结搞好。

2. 处理好分工与协作的关系

在社会化大生产活动中,在企业的生产线上,在服务行业中,每个从业人员所处的岗位都有明确的分工和岗位目标责任制,但这不等于个人完成了所分配的工作就算尽职尽责了。在团队中,领导与成员之间的区别不在于职务而在于职责。工作中既有分工又有合作,这样才能形成团体的凝聚力,实现集体共同的目标。

3. 处理好团结协作、互帮互助与坚持原则的关系

团结协作、互帮互助，讲的是在坚持原则基础上的团结，是从国家利益、集体利益出发的团结，而不是借讲团结搞拉帮结派，搞小团体，搞哥们义气，甚至相互包庇缺点，奉行自由主义，取消批评和自我批评。否则，只能给国家、集体经济带来损失。

三、培养团队协作精神，要克服几种思想

1. 寄生主义的思想

个别人存在不劳而获的思想，存在"大锅饭"思想，不思奉献，一味索取，不是靠自身的劳动来实现个人价值、获取劳动报酬，而是靠别人的劳动创造价值养活自己，认为只要有单位就得发工资、别人有奖金我也不能少。

2. 享乐主义的思想

在个别人看来，如今的年代，再强调艰苦奋斗就是一种落后，一种保守。久而久之，他们的思想发生了变化，工作马马虎虎，生活不拘小节，吃喝讲究排场，事事都得攀比。出入高消费娱乐场所，出手阔绰，花公款再多也不心疼。用车要讲排气量和品牌，办公条件要讲豪华、气派，接待场面要讲档次，花费令人咋舌，却从不计算费用开支与实际工作效果。还有，个别人一朝权力在握，就染上好逸恶劳、讲究享受、投机取巧的陋习，甚至贪污腐化，走上犯罪道路。

3. 功利主义的思想

个别人以"少干活，多拿钱"为准则，在思想上存在名利至上、不求奉献的倾向。对工作挑挑拣拣，不愿在相对艰苦的基层和生产一线工作，不愿意从事收入少的岗位，给多少钱出多少力。有名有利的工作抢着干，无名无利的工作"踢皮球"，甚至有些工作不愿意干。

4. 个人主义的思想

由于受大环境影响，一些人过分追求自我价值、盲目崇尚自我的思想逐步滋长蔓延。听不进他人的意见和建议，个人意识膨胀，做事故步自封；考虑问题不从大局着眼，仅从个人私利或局部利益出发，无视纪律，各行其是，执行力缺失；对他人的工作不正面支持，积极协作，而是袖手旁观，甚至瞎议论、乱评价，暗地设置障碍，影响正常工作。

以上种种错误的思想，尽管只体现在极少部分人身上，却严重地影响了团结协作，消磨了人们的斗志，动摇了人们的精神支柱，长此以往必将影响事业的进步与发展。因此我们必须高度重视，时刻警惕，及时纠正。

结合自身实际谈谈如何培养团队协作精神。

第十章

用户至上的服务精神

第一节　用户至上是企业发展的根基

21世纪是质量的世纪，也是质量竞争更加激烈的世纪。在产品质量上，不仅要在功能和性能上符合标准，还要不断满足用户对功能和性能标准以外的新要求，使用户获得精神上的享受。而要做到这一点，企业必须建立"用户第一、用户至上"的价值观。

一些公司提出的"用户完全满意和忠诚"，正是这种经济背景下的产物。原摩托罗拉公司负责质量的副总裁戴尔·米新斯基明确指出："当今世界经济发展中，一个企业的产品和技术是比较容易被学习和模仿的，而建筑在用户完全满意共同价值观上的质量文化，需要相当长的时间来培育。"美国1988年开始的波多里奇国家质量奖评定标准中，逐年加大"用户满意度"在企业经营业绩中的评定比重。欧洲、澳洲质量奖也基本如此。

2016年1月份的贴吧事件、4月份的魏则西事件引起了网民对百度的广泛批评和质疑。百度公司董事长兼CEO李彦宏向全体员工发出内部信，表示百度强调"用户至上"，牺牲收入在所不惜，要用壮士断腕的决心表达整改态度，未来必须保证用户至上，实行用户体验审核的一票否决制度等举措。

在市场经济体制下，企业经营成败的关键是能否赢得"市场"和"用户"。企业能做到完全让用户满意，赢得市场和用户，就能争得产品销售份额，就能在市场竞争中取得胜利，就能兴旺发达，否则就会倾舟覆没。这就是企业要树立"用户至上"价值观的根本原因。

第二节　用户至上的内涵

正确理解用户至上的内涵，应包括以下几个方面：

（1）用户至上，必须树立"用户是我们的衣食父母"的观念。用户是我们存在的理由，是我们最大的无形资产。如果我们失去了服务的对象，没有用户的消费，也就意味着企业生命的停止。公司的用户越多，人气越旺，越显出企业的生机和活力。企业的生存和发展，领导的成就和业绩，员工的尊严和体面，全依赖于用户对我们的信赖和支持。

（2）用户至上，必须树立"永远让用户满意"的观念。我们要把自己始终置于用户的严厉挑剔和审察之下，虚心接受来自各方面的意见和建议，从善如流，不断改进服务，使之达到尽善尽美。做一次令用户满意的服务并不难，难的是长期为用户提供不厌其烦、不畏其难的优质服务，始终坚持让用户满意，从而留住老用户，争取新用户。一旦对用户服务不到位，公司需要用十倍甚至更多的努力去补救，挽回不良影响往往比争取良好印象更迫切。

（3）用户至上，必须树立"内部服务链"的观念。用户有内部与外部之分：外部的用户可以是市场上的顾客，产品的经销者、消费者或再加工者；内部的用户是企业工序之间的下道工序。要通过努力提高"内部服务链"的运转质量，来保证和提升"外部服务链"的工作质量。

第三节 用户至上的实现

史蒂夫·乔布斯（Steve Jobs）曾经骄傲地说："在苹果公司，我们遇到任何事情都会问：它对用户来讲是不是很方便？它对用户来讲是不是很棒？每个人都在大谈特谈'噢，用户至上'，但其他人都没有像我们这样真正做到这一点。"

在信奉"顾客是上帝"的今天，如果企业文化倡导的"用户至上"只停留在口头上，那么势必会被竞争浪潮拍在沙滩上。究竟乔布斯带领下的苹果公司是如何真正做到客户至上的呢？

一、关注用户，聚焦需求

事实上，苹果不太关注消费者群体，而是密切关注用户在使用产品过程中的体验。从个人用户的反馈中，找到下一个需要攻破的目标。相比关注产品的消费群体，关注用户的需求更直接。正如乔布斯所言："你不能只问顾客要什么，然后想法子给他们做什么，等你做出来，他们已经另有新欢了。"因此，不锁定消费群体，一步到位，从需求入手。这不仅有助于对产品精雕细琢，使之更具人性化，同时也会促进消费群体的扩大，因为作为消费者的我们喜欢一种产品，往往是留恋其独特的体验。

苹果的产品，无论是Mac、iPod、iPad，还是风靡一时的iPhone，都显得与众不同。早在20世纪80年代初期，乔布斯就表示"我们非常需要一台与众不同的计算机"，于是，苹果开始聚焦于计算机的开发。21世纪初期，同样的理由驱动了iPhone及iPad的开发。当时，苹果的高管们表示，使用那些性能糟糕的智能手机很令人头痛，并希望开发出更好的智能手机。苹果总是会开发一些实用且认为能比其他竞争对手做得更好的产品。结果表明，苹果做到了。

二、专注细节，持续坚持

接触过苹果产品的消费者都会有这样的感觉：即使不知道这些产品的性能也会被精致、近乎完美的外形吸引。与其他的产品制造商不同的是，苹果的设计师有权主导产品。大部分公司在提出产品理念、营销计划以及其他产品相关的策划时，都不会事先与该产品的设计师进行沟通。这种行为在苹果是很无礼的。苹果的设计师有权主导所有与产品相关的活动，他们有权主导产品未来的理念。正是基于这样的企业文化，苹果的产品独树一帜。此外，在硬件方面，苹果的产品也特别讲究。尽管安卓系统与iOS系统都备受用户青睐，但是安卓系统的流畅度和稳定性远远不及iOS系统。

三、追求卓越目标

与此同时，苹果坚持既然做一件产品，就要将其做到自己范围内的极致。乔布斯在1997年重回苹果后开始调整苹果的产品线，把正在开发的15种产品缩减到4种。在裁掉部分员工、减少运营成本的同时，使苹果能有更多的精力做好这仅有的4种产品，并不断出精品。2007年苹果的股票每股从7美元飙升至74美元，市场价值620亿美元。事实证明，产品不在多，而在精。只有精品才能占领市场，并长盛不衰。

1. 用户至上的内涵是什么？
2. 如何践行用户至上？

附录 1
装备制造业行业分类代码

代码			类别名称
门类	大类	中类	
C			制造业
	33		金属制品业
		331	结构性金属制品制造
		332	金属工具制造
		333	集装箱及金属包装容器制造
		334	金属丝绳及其制品制造
		335	建筑、安全用金属制品制造
		336	金属表面处理及热处理加工
		337	搪瓷制品制造
		338	金属制日用品制造
		339	铸造及其他金属制品制造
	34		通用设备制造业
		341	锅炉及原动设备制造
		342	金属加工机械制造
		343	物料搬运设备制造
		344	泵、阀门、压缩机及类似机械制造
		345	轴承、齿轮和传动部件制造
		346	烘炉、风机、包装等设备制造
		347	文化、办公用机械制造
		348	通用零部件制造
		349	其他通用设备制造业
	35		专用设备制造业
		351	采矿、冶金、建筑专用设备制造
		352	化工、木材、非金属加工专用设备制造

续 表

代码			类别名称
门类	大类	中类	
		353	食品、饮料、烟草及饲料生产专用设备制造
		354	印刷、制药、日化及日用品生产专用设备制造
		355	纺织、服装和皮革加工专用设备制造
		356	电子和电工机械专用设备制造
		357	农、林、牧、渔专用机械制造
		358	医疗仪器设备及器械制造
		359	环保、邮政、社会公共服务及其他专用设备制造
	36		汽车制造业
		361	汽车整车制造
		362	汽车用发动机制造
		363	改装汽车制造
		364	低速汽车制造
		365	电车制造
		366	汽车车身、挂车制造
		367	汽车零部件及配件制造
	37		铁路、船舶、航空航天和其他运输设备制造业
		371	铁路运输设备制造
		372	城市轨道交通设备制造
		373	船舶及相关装置制造
		374	航空、航天器及设备制造
		375	摩托车制造
		376	自行车和残疾人座车制造
		377	助动车制造
		378	非公路休闲车及零配件制造
		379	潜水救捞及其他未列明运输设备制造
	38		电气机械和器材制造业
		381	电机制造
		382	输配电及控制设备制造
		383	电线、电缆、光缆及电工器材制造
		384	电池制造
		385	家用电力器具制造

续 表

代码			类别名称
门类	大类	中类	
		386	非电力家用器具制造
		387	照明器具制造
		389	其他电气机械及器材制造
	39		计算机、通信和其他电子设备制造业
		391	计算机制造
		392	通信设备制造
		393	广播电视设备制造
		394	雷达及配套设备制造
		395	非专业视听设备制造
		396	智能消费设备制造
		397	电子器件制造
		398	电子元件及电子专用材料制造
		399	其他电子设备制造
	40		仪器仪表制造业
		401	通用仪器仪表制造
		402	专用仪器仪表制造
		403	钟表与计时仪器制造
		404	光学仪器制造
		405	衡器制造
		409	其他仪器仪表制造业

附录 2
制造企业文化宣传口号

1. 没有品质,便没有企业的明天
2. 品质,企业未来的决战场和永恒的主题
3. 有品质才有市场,有改善才有进步
4. 提供优质产品,是回报客户最好的方法
5. 全员参与,强化管理,精益求精,铸造品质
6. 团队精神是企业文化的核心
7. 行动是成功的开始,等待是失败的源头
8. 技术是基础,管理是动力
9. 质量是企业的生命,安全是职工的生命
10. 安全是最大的节约,事故是最大的浪费
11. 脚踏实地、实事求是、点滴创新、用数据说话
12. 自我提升、良性竞争、相互欣赏、相互支持
13. 只有不完美的产品,没有挑剔的客户
14. 没有执行力,就没有竞争力
15. 我们理念是:没有最好,只有更好
16. 市场是企业的方向,质量是企业的生命
17. 市场是海,企业是船,质量是帆,人是舵手
18. 市场竞争不同情弱者,不创新突破只有出局
19. 高品质的产品源于高标准的工作环境
20. 仪器设备勤保养,生产自然更顺畅
21. 安全用电、节约用水,消防设施定期维护
22. 培养员工是企业成功的最好途径
23. 人的能力是有限的,人的努力是无限的
24. 创新是魂,人才是本
25. 团结、奉献、开拓、高效
26. 优秀的员工忠于公司,忠于职业,忠于人格
27. 事前计划,事中控制,事后检查,事完评价
28. 工厂制造产品,心灵创造品牌
29. 以诚信的态度做人,以专业的操守做事

30. 我们要打造精诚合作、注重效率、善于学习、有礼有序的团队
31. 诚信是立身之本和合作基础，品质是服务前提和工作目标
32. 搭梯筑台、公平竞争、尚德重能、人尽其才
33. 成本关乎企业成败，降低成本能让企业拥有竞争优势
34. 思路决定出路，态度决定高度
35. 我们极度鄙视乱吐、乱丢等不文明行为
36. 善待别人就是善待自己
37. 人人有改善的能力，事事有改善的余地
38. 创新是根本，质量是生命，务实是宗旨，效益是目标
39. 用户满意是企业永恒的追求
40. 成功者找方法，失败者找借口
41. 三不原则：不接受不良品，不生产不良品，不放行不良品
42. 百年大计质量第一
43. 制造需降低成本，竞争依赖高品质
44. 企业成功的秘诀在于对人才、产品、服务三项品质的坚持
45. 改善即改革，改革先革心
46. 勿以恶小而为之，勿以善小而不为
47. 全员培训，同步提高，创新进步
48. 管理始于训练，止于训练
49. 确定标准是品质管制的第一步
50. 唯有不变的是不断求变的创新
51. 安全责任重于泰山，安全警钟时刻长鸣
52. 成功是一种习惯
53. 态度决定一切，细节决定成败
54. 走出实验室没有高科技，只有执行的纪律
55. 态度决定行为，行为培养性格，性格决定命运
56. 宁可因高目标而脖子硬，也不要为低目标而驼背
57. 合格的员工从遵守开始
58. 争做一流员工，共造一流产品，同创一流企业
59. 持续改善是企业文化的精髓

参考文献

[1] 余祖光. 产业文化育人典型案例［M］. 北京：高等教育出版社，2012.

[2] 余祖光. 产业文化读本［M］. 北京：高等教育出版社，2012.

[3] 刘洪银. 从学徒到工匠的蜕变：核心素养与工匠精神的养成［J］. 中国职业技术教育，2017（30）.

[4] 芦羿君. "工匠精神"融入中等职业学校德育的研究［D］. 石家庄：河北师范大学，2016.

[5] 李玉刚. 迁移企业职工素养提升的实践与思考［J］. 工会博览，2011（8）.

[6] 樊真. 制造业的意义及发展趋势［J］. 工业技术，2005（27）.

[7] 赵慧. 工匠精神融入高职校园文化的路径研究［J］. 职教论坛，2017（17）.